中国图书出版责任伦理研究

甄巍然 著

科学出版社

北京

内 容 简 介

中国图书出版业在全面实行转企改制过程中，承受着来自内外部的产业化改革、市场化竞争和数字化改革等冲击，传统的出版文化责任与职业价值与商业化所带来的功利主义价值观形成交锋与博弈。本书以"责任伦理学"为理论基础，透过图书出版内容生产与市场消费过程中呈现的各种"怪现象"，批判性地反思出版行业的伦理失范行为，并借此进入出版主体的职业认知与价值层面，剖析其面对出版责任伦理困境时的感知与评价、出版责任冲突中的行为与心态选择、出版责任冲突的归因等相关问题。同时，以布尔迪厄的"场域"理论探析造成出版责任伦理失范的原因，最终提出内修出版主体职业责任伦理、外建出版职业伦理规范的双重路径。

本书可供图书出版从业者、传播伦理研究者和关注文化传播的相关学者及研究生阅读使用。

图书在版编目(CIP)数据

中国图书出版责任伦理研究/甄巍然著. —北京：科学出版社，2020.3
ISBN 978-7-03-057730-6

Ⅰ. ①中… Ⅱ. ①甄… Ⅲ. ①图书出版-社会责任-研究-中国
Ⅳ. ①G239.2

中国版本图书馆 CIP 数据核字（2018）第 124314 号

责任编辑：吴卓晶　张景肖／责任校对：马英菊
责任印制：吕春珉／封面设计：北京睿宸弘文文化传播有限公司

科学出版社出版
北京东黄城根北街 16 号
邮政编码：100717
http://www.sciencep.com

北京虎彩文化传播有限公司 印刷
科学出版社发行　各地新华书店经销
*
2020 年 3 月第 一 版　　开本：B5（720×1000）
2020 年 3 月第一次印刷　　印张：14 1/4
字数：191 000

定价：129.00 元
（如有印装质量问题，我社负责调换〈虎彩〉）
销售部电话 010-62136230　编辑部电话 010-62143239（BN12）

序

出版物既具有精神产品属性，也具有物质产品属性，在承载人类知识和智慧、影响社会道德观念以及提高民族科学文化素质方面起着重要作用。党的十八大以来，出版业取得了突出成就，同时我们也要看到，当前出版业重数量不重质量的问题仍很突出，低俗、庸俗的出版物频频出现，垃圾书屡禁不止。出版如果成为市场的奴隶，就是淡忘了出版的本质和初心。图书是重要的文化产品，支撑其内容生产的，既有作者的知识建构，更有编辑和出版社的价值选择。因此，图书出版失范的背后实质是出版组织和编辑个体文化使命感的淡漠和职业责任感的缺失。追根溯源，出版失范现象反映了出版主体职业价值观的畸变。

正是出于对这种现象的关切与反思，甄巍然以"责任伦理"作为理论框架来探析出版乱象问题。从选题的确立到资料搜集、访谈调研和素材整理，再到反复调整论文结构，经过两年多的不懈努力，她的博士论文顺利通过了答辩，为她的博士生涯画上了圆满的句号。而今，她将修改过的书稿呈现在我面前请我作序的时候，时光已悄然逝去四年有余。

仔细阅读书稿，我认为该书有以下三个特点值得肯定：

第一，较为全面地呈现了目前图书出版业责任缺失的种种表现，对这些现象进行了分类描述，并列举了大量典型的代表性案例。从图书及不合格图书所暴露的问题入手，是该书一个重要的切入点。现象的描述需要有大量的例证来支撑，该书将出版责任缺失的表现概括为"图书四大怪现象"，对应于"把关缺失"、"创新责任缺失"、"诚信缺失"和"价值导向缺失"四种责任缺失。

第二，采用质性研究方法（深度访谈和网络民族志）来获得更为直观的材料，并在材料间反复进行反思与验证，这种严谨的治学态度值得肯定。甄巍然为了深入研究出版人职业环境、职业生涯、职业困境等问题，多次深入到出版一线近距离接触业界的出版人员，与他们探讨出版责任缺失的种种现象以及产生的根源。这些素材的获得也在一次次调整着作者对这个问题的最初看法，大量素材间相互验证以及作者对不同岗位出版人的不同回应进行有序梳理之后，凝结为该书第 4 章中"出版人责任伦理困境认知与责任价值失衡"这一重要观点。

第三，对原因的分析采用场域理论进行解构。该书从布尔迪厄场域理论的基本观点出发，将影响出版责任伦理的三大要素概括为出版场、主导资本和出版人习性，并将出版责任缺失归因于"外场域"力量渗透对出版责任伦理的消解作用和"内场域"区隔与断裂对出版责任伦理的扭曲两个朝向力量的影响。这种诠释具有较高的思考站位，将社会学的理论与出版业现存问题、职业传统、人物和事件等有机地融合在一起，反思的深度和理论的高度都使该书在问题归因的剖析上充满了学理性。

当然，该书主要探讨的对象是传统图书出版，如若将数字出版中存在的问题也放置其中，则更显全面和完整。对于没有将数字出版领域的相关问题收入该书，作者也表示遗憾，但囿于成稿篇章结构的完整性，以及正在搜集的素材还未形成成熟的定论，便不再勉强扩充，拟将其作为下一部书稿的计划。我衷心地希望甄巍然能以此书的出版为研究起点，继续对该问题进行更多维度和更深层面的探讨。

凌寒溽暑弗倦，积久必能淹贯。该书的出版实乃作者心血之结晶，也是她勤勉求学、笔耕不辍之见证。孔子曰："志于道，据于德，依于仁，游于艺"。希望甄巍然志存高远，心无旁骛，在治学道路上不断取得新的成就。

谨以此文为序！

任文京

2019 年 12 月于河北大学紫园

前　言

图书是人类知识和智慧的结晶，承载着传播人类文明进步的使命。图书出版活动既是知识生产的过程，也是知识传播、文明传承的过程。

进入 21 世纪以来，随着我国文化体制改革的深入发展，我国图书出版业处在全面转型时期。一方面，在国际出版市场竞争日趋激烈的态势下，跨国出版传媒集团强势进入中国市场，给中国出版业带来前所未有的市场压力；另一方面，国内出版企业化改制初步完成和出版市场体系的建设逐步完善，使我国出版企业生产模式开始从粗放型向集约型转变，一批有创新精神和市场活力的出版企业脱颖而出，除了老牌的出版企业之外，还有相当一部分是由大众出版市场孕育的优秀的民营企业。

习近平总书记在十九大报告中指出："文化是一个国家、一个民族的灵魂。文化兴国运兴，文化强民族强。"新时代的出版人应不忘初心、牢记使命，自觉承担弘扬中华优秀传统文化的重任。在政治、经济、文化、科技的多重推力之下，中国的图书出版行业积极承担传播文化、兴国育民的重要使命，迎来了蓬勃发展的春天。

国外文化产业的规模化、市场化发展趋势在全球范围内形成连锁反应，包含出版业在内的文化产业市场的全球化拓展给中国（由于各方面客观条件所限，港、澳、台地区不在本书的考察范围内）出版业带来压力，出版产业化改革势在必行。中国出版产业相对薄弱的状况使更多人主张加快产业化步伐，特别是加大出版产业集中度。于是，各地出版企业纷纷进行各种形式的资本联合，民营出版企业因势利导并以其灵活的市场机制快速成长起来。

无疑，出版产业化改革确实增强了出版业的动力与活力，使出版业呈现欣欣向荣的局面。但是，浮华背后是我国出版业处于"滞胀"的困局：单本图书的盈利空间越来越小，不得不以扩大规模、增加品种予以弥补，而品种量的增加非但不能自我拯救，反而造成了库存压力，使码洋总数和利润总额之间的差距越来越大，出版社的商业压力分散在一线的编辑身上……整个行业处于一种恶性循环的困局中难以突破。

当前，亟须认清的现实是中国出版业在取得巨大成就的同时，也因面临外部资本入侵和内部体制转型的阵痛，图书市场上开始出现鱼龙混杂、良莠不齐的"乱象"。出版市场的国际化促使我国出版界更多地效仿跨国出版公司的管理模式，以利润为旨归的管理思维也悄悄地侵吞着中国出版行业的主流价值观。利润最大化的商业逻辑和模仿跟风的惰性思维使图书市场混乱——买卖书号、盗版书、伪书、垃圾书猖獗，编辑无暇顾及出版所背负的文化传承与文化创新，只能盯紧市场，挖掘、策划、炒作畅销图书；图书质量似乎成为最微不足道的事情，讹误现象层出不穷。在图书的商业炒作中，粗制滥造的跟风书、注水书、打榜书等充斥实体和网上书店；为制造畅销书而曲意迎合读者的趣味，低俗、恶俗、媚俗图书屡见不鲜。出版伦理缺失现象日渐增多，出版界正在面临价值虚无的行业危机。

同时，数字技术冲击下的出版传播领域发生翻天覆地的变化：出版形式的多样化、阅读终端的多元化、阅读习惯和购书习惯的转变等都促使传统出版业必须直面数字化时代的转型。而关键的问题并不在于渠道或终端的技术变革，甚至不在于电子阅读带动的图书市场产业链的重新搭建，而在于产业链背后所隐藏的出版文化忧患：网络出版、手机出版、自助出版等非传统出版由于网络技术的无门槛化，或缺少高素质的专业把关人而使许多粗制滥造的、价值虚无的文化垃圾图书大量存在，加上网络浏览习惯和普遍的娱乐氛围使出版功能从文化引领走向娱乐迎合，甚至掀起低俗、恶俗、媚俗之风，数字出版界整体品位下降。为此，一批传统的出版人和文化界人士开始警醒，如巢峰、刘杲、沈昌文、郝振省、聂震宁、陈昕、俞晓群等，他们著书立说，或直面出版产业改革中的各种问题，号召出版界要坚守出版本质；或回忆出版文化界的往事，以求重拾出版精神，重构出版的文化守望之责。

总之，出版乱象也好，数字出版对传统出版的冲击也罢，能够拯救出版业的出口仍然在于出版业内部，即需要回归出版的本质。图书是传统出版业的文化产品，支撑其内容生产的既有作者的知识建构，也有编辑和出版社的价值选择。出版乱象既是市场逻辑下商业利润刺激带来的行业失范，也体现为图书出版人职业价值观在政治、商业与文化三股力量影响下呈现的扭曲与变形。图书出版失范的实质是出版组织和编辑个体文化使命感的淡漠和职业责任感的缺失。因此，必须超越表面现象，从图书编辑出版行为的失范问题延伸至出版人的职业价值认知世界，探究其隐藏的责任认知偏见与职业价值虚无，最终归于在市场压力和数字技术的双重冲击和双向转型中，探寻重构出版人责任伦理的路径。这是关乎完成转企改制后我国图书出版业未来的可持续发展问题，是关乎中国优秀文化的传承创新和整个社会价值导向引领的重要问题，也恰恰是本书研究的初衷与最终旨归。

本书以中国出版业的市场与数字技术的双向转型为研究背景，以当前出版业存在的出版伦理失范现象与问题为研究对象，总结并剖析其内外两大失范：以图书"怪现象"为表现的出版责任伦理外在失范、以出版责任为主体表现的出版责任观内在失衡，进而分析其原因与对策。

全书包括 6 章，主要内容如下：

第 1 章为图书出版责任伦理研究的背景与价值。本章主要包括出版责任伦理研究的时代背景与研究意义、国内外出版伦理相关研究的梳理与述评、本书的基本概念、主要内容、创新点与方法等。

第 2 章为出版责任伦理研究的理论依据与学说。本章主要包括两个部分：一部分是阐释并评价本书的理论基础，即从伦理学中"责任"内涵的释义、概念的流变，到后现代主义批判语境下"责任伦理学"的提出过程。从对责任内涵的界定中明确本书核心概念的具体指向，并分析基于伦理秩序的两种责任路向：韦伯基于政治伦理首先提出"责任伦理"与"信念伦理"两个概念，而在马尔库塞和哈贝马斯对工业文明的后现代主义批判语境下，聚焦于阐释约纳斯创建的"责任伦理学"，包括约纳斯的学术研究生涯、主要研究成果与责任伦理学的核心内容。另一部分是对本书"出版责任伦理"的内涵界定与研究范畴的确立。首先，从厘清出版责任伦理与出版伦理、出版伦理与出版道德、出版责任与出版自由、出版伦理与出版法律等关系入手，将其作为界定"出版责任伦理"内涵的前提；其次，分别从研究主体、客体、本体三个方面确立本书的主要范畴，并在探讨这三个范畴的基础上提出本书的主要研究思路。

第 3 章为图书"怪现象"中的出版责任伦理失范。本章基于前述图书是图书出版责任伦理载体的理论，通过载体反映出版责任伦理的状况，因此，从评价图书的视角来呈现出版责任伦理的外在表现。笔者通过对读者市场的问卷调查和对出版业界的采访，总结出当前图书市场的四类"怪现象"——讹误现象（讹误书）、跟风现象（跟风书）、虚假现象（注水书、伪书、打榜书）、低俗现象，并分别对四类现象的典型表现进行评述，反思现象背后暴露出的图书出版人在把关责任、创新责任、诚信责任、文化导向责任四个方面存在的缺失。

第 4 章为出版人责任伦理困境认知与责任价值失衡。本章基于前述出版责任伦理的主体是出版人，即所有从事出版职业的行动者的理论。考虑到出版人本身是一个由不同地位、不同文化水平和职业能力的大量个体组成的群体，因此，本书依据图书出版流程将不同环节上的把关人作为不同的出版人，将此群体分为一线编辑、资深编辑（出版企业或民营公司中层管理者）、总编辑（包括社长）三类，对其出版责任困境进行质性呈现。在转企改制基本完成后，出版业进入后改制时代的背景下，出版人职业责任观遭遇的伦理冲突问题日渐突出，本书分别设计了三种不同的资料搜集方法，通过对出版主体职业责任认知的特征、对出版责任困境的感知与评价、对出版责任冲突的行为和心态、对出版责任困境的归因等几个方面进行反思，进而对出版人职业责任观的趋向有一个总体的呈现与概括。

第 5 章为场域视角下出版责任伦理的影响因素剖析。本章以布尔迪厄的场域理论诠释影响我国出版责任伦理的三大要素——出版场域、主导资本与出版人习性。在此基础上从两个方面分析出版责任伦理失范的原因：一是出版场"外场域"的力量渗透对出版责任伦理的消解作用，即"政治场"权力约束使出版责任伦理趋向形式化、"经济场"商业规则使出版责任伦理趋向利益化、"道德场"价值虚无使出版责任伦理趋向去道德化；二是出版场"内场域"间的区隔与断裂对出版责任伦理的扭曲，即出版"大生产场域"扩大化与规范无力带来的责任错位与问责缺位、出版组织场域资本转向带来的责任冲突与游离、出版行动者责任习性个体差异带来的责任断层。

第 6 章为后改制时代我国图书出版责任伦理的双重建构。本章是责任重构的路径分析，分别从三个方面进行论述。第一，中西比较、路径借鉴，即对中外出版责任伦理的比较，特别是对德国中小出版社的责任理念与欧美老牌出版社的责任传统的借鉴。第二，建构后改制时代我国出版责任伦理的双向路径，即以文化"忧患"打造出版人核心责任观的内向重构与以"智慧"型出版组织责任管理体系为基础的外向重构。重新解读文化产业"做大做强"的正确逻辑关系，提出构建以文化忧患为核心的责任价值观和以审慎智慧的出版品格作为责任规约的内外兼顾的出版责任伦理体系。第三，中国图书出版责任伦理的问责力量，分别包括组织管理问责、行业自律与监督机构问责、社会文化力量的批评问责等。

结语部分将后改制时代的图书出版责任伦理重构放置于中国文化发展的大背景中，讨论其时代意义与研究价值。图书出版从业者的职业责任引导与培育不仅可以激发行业内在的发展潜力，还可以产生推动文化可持续发展的巨大动力。

由于作者水平有限，书中难免存在不足之处，敬请读者批评指正。

甄巍然

2019 年 12 月

目　　录

第1章 图书出版责任伦理研究的背景与价值

在中国，图书出版机构曾作为文化事业单位，承担文化保存、传承和教育教化的社会责任，而事业单位的性质也使出版业长期处于制度保护之下，无须承担其经济责任。20世纪90年代末开始的文化体制改革打破了中国出版业的安逸状态，产业化既给出版业带来创新的活力，也将事业体制的出版从业人员带入一个新的竞争场域，尤其是利润化、资本化的风浪冲击着传统的出版职业价值观，出版职业道德空间被无限挤压，出版伦理陷入困境。

1.1 图书出版责任伦理研究的时代背景与意义

1.1.1 图书出版责任伦理研究的时代背景

自20世纪七八十年代开始，欧美国家出版业作为传媒业的一部分被卷入传媒资本的并购浪潮中，美国一些规模较大的出版公司陆续投身传媒业。例如，兰登书屋加入德国贝塔斯曼集团，西蒙与舒斯特出版公司加入维亚康姆集团，法拉·斯特劳斯及吉洛克斯出版社被德国霍尔茨布林克出版集团收入囊中，哈珀·柯林斯出版集团与新闻集团结合等。在欧美传媒业高度垄断的情况下，出版业也不可避免地成为国际商业资本逐利的战场，并重新构建起大众化的出版物消费模式，精英出版时代的出版职业理想与文化追求逐渐被资本吞噬。

美国的出版业早在20世纪末就进入以管理为中心的时代。商业利润的挤压使欧美国家的出版业出现了各种问题：编辑职业角色的变化，单本图书的市场定价与利润核算超越其文化价值，出版集团的会计人数超过编辑人数，艺术、哲学、历史等文化书籍被逐渐抛弃而昙花一现的廉价书籍畅销……读者想看什么就提供什么，市场才是检验图书成功与否的试金石，出版业和其他行业不再有什么不同，书就是商品，追求利润天经地义（甘琦，2012）。美国出版业处于高度的商业垄断中，跨国出版集团占据了美国出版业的绝大部分份额，数量颇多的独立出版社虽然生产图书的品种占全美图书总品种的比例较大，但无法在销售额上与跨国出版集团相比。同一时期的日本出版业，也因出现市场"滞胀"问题而引发"出版大崩溃"，出版社大面积倒闭，图书品种骤增带来的在架周期短、退货量和库存量增多、"新书见光死"现象普遍（小林一博，2004）。

同时，数字技术的推动、无门槛化的非纸质出版的发展、阅读终端的多元化等都在为传统出版渐失市场推波助澜。亚马逊上的电子书销量已经超过美国实体书销量，传统出版商不得不选择与电商巨头合作，电子书的低价销售使出版商不断地承受价格战带来的市场压力。

尽管欧美出版业体制属于商业主导，出版组织都是私营企业（无论是营利性还是非营利性的出版社），但传统欧美出版业一向是"观念的行业"，奉智性价值、审美价值、社会价值为尊，观念的先导性是其灵魂（甘琦，2012）。图书出版是分众或小众的传播活动，"好书不获利"也被视为在情理之中。因此，长期以来欧美出版业并不是用来赚钱的，而是"绅士的生意"。但随着资本的大规模渗透和主导，出版业所有权日趋集中和竞争愈演愈烈，使出版社面临巨大的时间和金钱压力，忽视书籍制作水准。结果是我们眼前这一大堆制作松散、经不起时间考验、充斥着手民之误的书籍（柯蒂斯，2000）。利润驱使的资本运作给出版界带来的不仅是编辑的文化素养降低、市场敏感性增强，而且是出版价值观形成单纯以营利为目的的畸变。

欧美出版产业发展的现状与问题值得我们反思和借鉴，如何规避商业与技术所带来的出版价值挑战与风险成为探索中国出版业未来可持续发展之路的关键。

1.1.2 图书出版责任伦理研究的理论创新意义

伦理学本身具有实践哲学特性，出版伦理研究也倾向于关注实践层面的理论，因此，从整个的研究领域来看，选题对厘清、构建并丰富出版伦理内容具有一定的理论参考意义。

国外的伦理学工作者大多从事应用研究，以探究和寻找协调个人生活、组织管理与社会发展不同层面的纷繁复杂的关系、道德、文化等问题。伦理学绝不是一门纯粹制定规则或标准的学问，相反，它的首要任务是告诉人们如何认识自己的生活目的，并为实现一种善的生活的内在目的而培植自我的内在品格和美德（王国银，2006）。由此，出版伦理学研究旨在告诉出版活动主体如何认识自己的职业、行业，并将"出版之善"作为活动的内在目的而培植行业自身的内在品格和美德。出版伦理研究具有行业属性和职业特征，有其自身的规律性和特殊性。一如本书所具有的独特性：职业伦理的性质区别于一般的伦理研究；由于本书着眼于中国的出版业发展状况，而具有明显的中国现实色彩，从而有别于其他国家或一般意义上的出版伦理，特别是对出版自由的实现条件的论述各不同。因此，本书在参考和反思国外出版管理的现行模式和具有普世意义的出版自由的基础上，在中国现行的出版管理体制下研究出版伦理问题，以期对中国的出版伦理理论和实践进行一定程度的梳理，将出版伦理与出版职业道德规范进行区分，并在此基础上强调"底线伦理"与"规范伦理"之外的出版主体内在的责任伦理，以此来澄清、创新并丰富中国出版伦理理论与实践。

1.1.3 图书出版责任伦理研究的实践参照意义

伦理是主观伦理价值观与客观道德实践的统一，它本身凸显了重要的实践意义。图书出版责任伦理研究强调以出版实践中存在的问题为切入点，研究旨归本身就是朝向实践，是对当前中国图书出版现实伦理困境的呈现与反思，是对突破困境、进行责任伦理重构路径的探寻，因此，无论是研究的出发点还是落脚点都突出了较强的实践意义。

第一，研究重在发现中国图书出版业转型过程中的现实伦理问题，具有较强的针对性。本书对当前出版界伦理缺失问题进行呈现和反思，具有重要的现实意义。出版责任伦理实质是出版主体的责任价值观和责任践履，它主要以出版组织向社会提供的各类出版物为载体呈现。本书通过对读者的相关主题调查，并结合文献研究，总结几个方面的图书出版失范现象，并逐一进行责任缺失分析。这一过程从整体上呈现中国转企改制背景下图书出版伦理的各类失范问题，这些问题成为出版实践纠偏的参照，也为出版从业者进行行业自省提供了反思参照。

第二，关于图书出版从业者的职业责任观考察，呈现并反思当前存在的责任冲突和伦理困境，有利于更有针对性地解决问题。本书从发现当前出版伦理所面对的困境与困惑入手，通过多次的质性访谈从不同的角度呈现问题的多个方面，真实而全面地反映转企改制背景下出版从业人员内在的职业责任认知状况，并通过分析类比发现其职业责任观的发展趋向，为反思图书出版责任伦理失范现象找到根源。

第三，关于图书出版责任规范体系的分析与探讨，有利于完善并强化中国出版职业道德规范。本书在结合国外出版责任传统及责任激励与规范状况的基础上，有针对性地提出从职业责任观的培育和出版组织责任规约的内外两个向度重构出版责任伦理，所提出的责任践履路径具有一定的实践可行性。

1.2 国内外出版责任伦理研究概述

职业伦理包含职业价值观和职业道德规范两个部分，两个部分密切联系、相互影响。对于职业活动者来说，职业价值观是职业伦理应然性的内在认同，职业道德规范是外在的规约力量，内外统一形成完整的职业伦理。出版责任伦理相应地体现为出版职业价值观和职业道德规范两个方面，这两个方面的研究是本书所需要考察和分析的内容。

1.2.1　国内出版责任伦理研究述评

将国内相关文献分为出版职业价值观研究、出版责任研究、出版职业道德规范研究三个方面，通过对相应主题文献的搜集与研读，分析相关研究文本与本书研究角度的异同，为本书研究的开展提供参照。

1. 出版职业价值观研究

在进行出版职业价值观研究文献的搜集前，对该主题进行分解，大致包括编辑出版人员的职业道德定位、出版的价值追求、编辑价值观、出版文化性等相关讨论。

第一，关于出版职业道德、出版价值、编辑价值观等具体主题的研究成果。

何永国（2009）的《出版工作者职业道德研究》，论述了中国出版职业工作者职业道德规范形成规律，将出版职业道德的构成分解为职业理想、职业态度、职业责任和职业良心等多个方面。

田常清（2011）的《企业化背景下的出版价值追求》，对当代出版价值取向进行考察，总结了出版价值追求的两大指向和基本内涵，并阐述了出版人的角色塑造和文化使命。

贺圣遂和姜华（2012）的《出版的品质》，通过对 21 位中外出版家出版职业生涯的述评，除了对颇具传奇色彩的出版人职业生涯的咏叹之外，更旨在将其文化理念、职业抱负作为当前中国出版业之镜鉴。

另外，张西山（2007）的《编辑的文化视界》、肖燕（2006）的《文化消费时代编辑的角色定位及文化责任》、钟丽君（2010）的《试论图书编辑的职业精神》、傅伟中（2011）的《强化社会责任感是建设新闻出版强国的首要任务》都从不同的角度探讨了编辑的角色定位、文化责任和职业精神。

但伦理问题所涉及的是行为的是与非、善与恶及行为背后的动机、态度、情感等，这并非仅是职业道德规范所能涵盖的。因此，出版伦理研究应当从更具哲学意味的角度出发，对出版主体职业道德向伦理视阈延伸、剖视。

第二，对出版文化的反思，阐释出版的文化属性与使命，多涉及出版责任。

郝振省（2008）的《出版文化理性研究》，包罗出版传媒领域的方方面面，特别是提到当前"出版界存在着文化弱化甚至是较为严重的'非文化'现象"，从不同的角度分析了出版界如何强化文化理性，如"'商务'之魂：文化追求与商业利益的统一""让我们以文化人自居""出版软实力与文化性修炼""重复出版现象再研究"等。

周百义（2008）的《出版的文化守望》则从产业观察的角度提出"商业化时代出版人的文化追求""论出版社可持续发展""创新：出版社永恒的追求"等观点。

从以上论著的内容来看，出版伦理研究在整个出版研究领域中并非热点，而是处于边缘化状态；但从出版专业核心期刊刊载文章的量化统计来看，出版伦理及其相关研究呈现逐年增长之势，说明出版伦理问题研究日渐受到重视。而以出版伦理为题的专项研究尚未被发现。以责任伦理为视角进行的分析探索更具有跨学科的意味，使出版伦理的实践问题研究具有了更深刻和多维的理论参考视角。

2. 出版责任研究

出版责任的研究，主要体现为两个层面。

（1）从管理学的角度，对出版组织社会责任进行讨论。蔡翔等（2013）在《理想与市场之间——出版单位转企改制后社会责任研究》中，从管理学的"责任铁律理论""利益相关者理论""社会契约理论""企业公民理论"等角度阐释出版企业社会责任的"经济学逻辑"，并提出"实践路径"。

刘伟见（2012）的《基于利益相关者的我国出版企业社会责任评价体系研究》也从管理学的角度，聚焦于更为精细的点——出版企业社会责任评价体系，并进行更深入、更严谨、更具有学术性的分析建构。

另外，张立舒（2012）的《中国高校出版企业社会责任意识研究》、周勇剑（2010）的《国有出版企业社会责任现状及对策研究》、蒯明峰（2011）的《基于健康养生书市场现状的出版社会责任研究》、周一苗（2009）的《1897—1949 商务印书馆社会责任观研究》等也都选择了管理学的研究视角。

此类研究虽应和了出版转企改制的现实，具有实践针对性，却暴露了出版"管理时代"阴影下的出版研究功利性倾向和思维惯性。本书则从出版的文化本质入手，认为亟待反思并建构的不是管理学角度的外在利益驱动，而是伦理学角度的内在价值驱动。

（2）从编辑个体的角度来考察编辑的责任。王军（2000）在《编辑责任的理论界说》中将编辑的责任分解为编辑三项基本权利（选题策划权、编辑创造权、传播受馈权）和编辑三大义务（服务义务、导向义务、文化积累和传播义务）。贾世传和李冰洁（2005）在《21 世纪编辑责任撷谈》中提出编辑责任包括重大的政治责任、高尚的道德责任、神圣的学术责任、勇敢的创新责任和无私的提挈责任。李金龙（2008）在《论编辑责任的缺失与整饬》中界定编辑责任：良心、正义、知识、立场和观点的总和，它是构成编辑工作的基础。

这类文献从编辑个体的角度分析了责任编辑的责任内涵、责任缺失问题和如何强化责任意识等，为本书分析出版责任提供了重要参考，但囿于篇幅，这些文献大多是浅尝辄止，多为编辑工作的随感、总结和观察思辨式文章，较少运用社会学方法进行直观呈现和深刻反思，因此，属于经验性总结，主观体验和评判性较强。

3. 出版职业道德规范研究

出版职业道德规范的研究，主要包括出版从业者的职业伦理失范问题、职业道德规范体系建设等相关主题。这类文献主要发表在编辑出版类学术期刊上。

周海忠（2009）在《出版伦理缺失之痛》中痛斥出版界的伦理缺失现象，总结归纳了四个方面："不求创新，挖作者就行""不论手段，能畅销就行""不讲道义，我做成就行""不讲质量，有关系就行"。

蒋志臻（2012）在《新形势下出版伦理的失范与规范》中提出后改制时代中国图书出版伦理失范主要表现为社会教育功能弱化、市场竞争不择手段、盗版侵权违反法律，提出以发展的观点明确出版伦理的原则与内容；加强道德文明建设，开展出版伦理教育；重视激励机制，以正面、主流思想引领出版伦理。

另外，何军民（2009）的《出版伦理：利益追求与文化使命之间的博弈》、汪曙华（2013）的《论当前我国出版伦理的失范与规范》、潘启雯（2011）的《出版伦理：编辑不可忽视的本分》、雷鸣（1995）的《论市场经济与出版伦理》、刘伟见（2003）的《当出版遭遇伦理》、许淳熙（1995）的《科技期刊编辑出版中伦理问题的分析与对策》、翟兴波和李璐（2009）的《书名背后的出版伦理失范》等，都从不同的角度讨论了出版伦理失范的问题与解决方法。

这类研究多从出版现象入手，归纳其特点或阐释其原因，最后探讨对策。这类研究对当前中国出版界存在的伦理缺失现象进行有力呈现，对本书的着力点选择具有参考价值；但同时这类研究大多只做了宏观上的描述和主观感悟式的总结，分析也多停留在纯粹反思和批判出版现状和问题上，缺少从特殊到一般的理论提升过程。

1.2.2　国外出版责任伦理研究述评

国外关于出版责任伦理的文献主要集中于三个层面：传播伦理与出版文化研究（传媒伦理、媒介伦理等）、出版职业道德研究（出版人传记和出版职业道德个案研究等）、图书出版责任研究。

1.　传播伦理与出版文化研究

克利福德·G. 克里斯蒂安等（2000）的《媒体伦理学：案例与道德论据》，主要对新闻、广告和公关等领域中的伦理问题进行案例讲析。其中导言部分的伦理基础及前景中推理的波特图式、五个伦理学准则[①]的相关介绍和阐释，对本书应用责任伦理进行分析提供了更为广阔的伦理学理论借鉴。

与本书主题相关的编辑出版研究论著，主要呈现了当前各国出版界的现实状况，也从一定的角度对出版文化、出版价值、编辑责任等进行探讨。诸如英国的伊恩·麦高文和詹姆士·迈考尔（2000）的《国际出版原则与实践》；甄西翻译的三部日本出版问题论著：小林一博（2004）的《出版大崩溃》、长冈义幸（2006）的《出版大冒险》、植田康夫（2011）的《出版大畅销》等。但这些研究大多呈现出版实践体验，而不是问题研究。这类研究论著尽管并不专门针对图书出版伦理，但在很大程度上为本书提供了研究问题的参考和论据支撑。

2.　出版职业道德研究

美国学者柯蒂斯（2000）的《编辑人的世界》一书探讨了在美国编辑出版工作中，出版人需要考虑出版经济效益，即为出版社赚钱。在责任和利益发生冲突时，他认为唯一的办法是遵循一个重要的真理：编辑人最重要的责任是忠于你所编辑的那本书。假若你不能做到这一点，那么你既对作者不够朋友，也有愧于自己的职守（韦德，2000）。

Ivor Shapiro 在 "Why They Lie: Probing the Explanations for Journalistic Cheating" 中尽管主要是针对报纸新闻报道中的重大舞弊事件的分析，但同时针对"作弊文化"反思中提到强化新闻出版行业职业道德教育的几个方面：第一，编辑记者激励机制的改变，激励编辑记者脚踏实地工作，不以金钱或升迁等方式刺激他们去寻找一些"骇人听闻"的内容，

---

① "五个伦理学准则"包括亚里士多德的中庸之道、康德的绝对命令、穆勒的功利主义、罗尔斯的无知之幕、犹太教-基督教将人作为目的的伦理准则。

促使他们遵守职业道德规范；第二，强调对读者负责的精神，在出版前要通过各种途径进行内容检查、核实，以预防出现虚假内容；第三，强化对编辑记者的道德教育，通过职业道德教育促进他们提高整体职业道德素养，这是解决问题的根本方法（Ivor Shapiro，2006）。

丹尼斯·麦奎尔的《媒体问责与出版自由》从出版伦理个案调查的角度，提出自由与责任的非兼容性，并探讨承担更大责任的方法（Denis McQuail，2003）；由布莱克威尔出版社出版的《出版伦理的最佳实践指南：一个出版商的观点》描述了布莱克威尔出版社在学术出版中的社会地位和影响，重点提到对学术出版的审查过程及影响要素，书中的观点为促进学术出版的道德行为或避免出现学术出版伦理问题提供了规范参照。

另外，在一些新闻伦理研究论著中，出版行业职业伦理问题也常被探讨，如 Alia 等在 "Deadlines and Diversity: Journalism Ethics in a Changing World" 一文中分析了加拿大新闻出版从业者在职业道德上与社会发展的不适应问题，指出应当消除出版者的政治与种族偏见，自觉提升职业道德素养（Alia et al.，1996）。

3. 出版责任研究

Cole（1981）出版的《美国图书界的责任》（Responsibilities of the American Book Community）集中讨论了图书出版商和经销商的责任。该书分为三个部分：第一部分是在 1979 年 4 月 4 日和 5 日举办的 "美国出版商的私人和公共责任" 座谈会上的论文集，其中有两篇论文起到了 "扬声器" 的作用：欧文·格雷科斯的《有责任与负责任》（On Having Responsibilities and Being Responsible）和刘易斯·A.科塞的《美国出版商的私有责任与公共责任》，强调了责任在出版实践中的认知分类和范畴；第二部分包括了一份由休·塞德曼执笔的报告，该报告呈现了于 1980 年 1 月 30 日由美国笔会中心（PEN American Center）（包括休·塞德曼等诗人、剧作家、编辑、散文家、小说家等）和纽约大学阿瑟·加菲尔德·海斯公民自由中心共同主办的研讨会上的研究成果，以及 1980 年 3 月 13 日参议院司法委员会反垄断、商业权利小组关于公民自由与选择听证会上的报告；第三部分总结了 1980 年 4 月 25 日举办的"美国出版商的共同责任"研讨会的相关论文，如 Tebbel 的《出版商和书商：一对奇怪的夫妇》、Kroch 的《美国出版商和书商：个人的角度》、布罗克韦的《出版商对书商的责任》和诺德伯格的《通货膨胀：两难中的图书业人士》等，从不同的角度探讨了出版商需担当的责任问题。

格雷科斯在《有责任与负责任》一文中提出，图书一旦出版就要对社会负责，出版商就要为图书承担起应有的社会责任。如果出版商没有履行这一承诺，那么，就意味着出版组织所有权和组织结构、市场价值观和实践及其他相关产业在改革中存在严重隐患。哪些问题需要出版商真正地去履行责任，哪些问题只需要被社会接受，应当认真、谨慎地加以区分（Cole，1981）。

Moers 在《Anglo-literates 的全球出版责任》中谈到，出版人的社会责任已经不是一个新鲜的话题，而是长期以来值得关注的问题。当"美国出版商的全球新角色"出现时，美国出版商将要承担三个重要责任：第一，要看到美国严肃性出版物对其他国家的价值，而不仅仅是畅销书；第二，严肃性出版主题应该得到鼓励与补贴，通过回顾其他国家媒体所讨论的人们的需求，唤起人们对优秀出版物的关注；第三，确保英语海外市场最好的出版物是由美国出版商提供的（Cole，1981）。

刘易斯在《美国出版商的私有责任与公共责任》中谈到不同的出版企业对自身责任的界定不同，承担责任的方式不同。一些人认为追求图书利润的最大化来回报出版投资商和所有者便是他们最重要的责任，另一些人则认为他们承担着服务公众、教育公众和传承美国文化传统的责任。这些不同的观点显然不只是抽象的问题，而是会产生实实在在的影响，即在出版图书上做出具体的选择（Cole，1981）。

综合国外的研究现状，笔者发现关于全球出版资本市场控制下出版人职业责任问题也是当下国外出版研究的焦点，而且相关探讨早在 20 世纪七八十年代已经开始，相关的观点和路径也将是本书重要的参考。但在出版伦理研究话语下，国外出版伦理主要集中于学术期刊出版的规范性方面，较少涉及图书出版；而图书出版责任问题的研究则更倾向于在市场与文化的冲突语境中探讨。如何在此基础上，将二者结合起来统一探讨（包含学术出版在内）成为迫切需要解决的问题，即图书出版责任与出版伦理的契合性建设是本书的主要关注点。

1.3　基本概念释义与研究创新点

责任作为一个普遍的人性概念和社会伦理概念，具有丰富的内涵。如果说现代社会是建立在个人权利至上的基础上，那么也可以说现代社会是无条件地服从于责任的。它倡导品行端正，并渴求我们能超越个人利益的范畴来行事（吉尔·利波维茨基，2007）。恰如德裔美籍伦理学家约纳斯所言："当代伦理学的核心问题就是责任问题"（甘绍平，2000），那么，若将此作为研究图书出版责任伦理的逻辑起点，则必须先要考察和界定这一最基本、最核心的概念。

1.3.1　责任的内涵界定

无论是中国伦理思想还是西方伦理思想，都提出并使用责任概念，并将其与道义联系起来，视"尽责"为"善"的品质。"士不可以不弘毅，任重而道远。仁以为己任，不亦重乎？死而后已，不亦远乎？""崇高之位，忧重责深也""天下兴亡，匹夫有责"都体现了中国传统文化对责任的道德诠释。

责任一词在《简明伦理学辞典》中意为"分内应做的事，表现为他人或社会对个人的道德义务。凡一切有理智、有能力的人，都应对自己的所有行为负道德责任。责任与义务紧密联系，尤其应强调与职守的关系，即不道德的行为如果犯在职守上，则其责任就愈大"（《简明伦理学辞典》编辑委员会，1987）。责任体现为责任主体的角色认同程度和角色能力程度，即人们在一定的社会关系中对自身所处地位、职责、任务、角色的整体认识，是与个体的社会义务相适应的一种伦理关系认知。一旦这种伦理认知形成，责任即体现为主体的道德情感——责任心，即人们在认知与履行角色应尽义务过程中产生的内心体验和情感。伦理学从责任能力、责任认知、责任范围、责任管理、责任预测、责任承担等几个方面概括责任心，即一个人是否有能力履行责任；他如何理解责任；他的责任范围如何；他是否对责任践履所经历的社会环境、过程进行预测；他是否为行为的后果承担责任等。责任心所包含的内容都基于责任主体角色的社会性，而社会性是人的根本属性，因此，责任是与人的社会性本质伴生的永恒属性。

西方传统伦理学对责任的表达也非常清晰与明确，如古罗马思想家西塞罗（2009）将责任分为绝对责任——"义"和普通责任——关于可以提出某种适当理由的行为的责任，并将责任作为"道德上的善"，认为"一切有德之事皆出自下述四种来源：①充分地发现并明智地发展真理；②维持一个有组织的社会，是每个人都负有的责任，和应当忠实地履行的义务；③具有一种伟大的、坚强的、高尚的和不可战胜的精神；④一切言行都稳重而有条理、克己而有节制。"康德（2009）指出，只有出于责任的行为才具有道德价值；叔本华（2009）提出，我们行为的严格的必然性是和为责任感作证的自由并存的，而我们就由于这种自由而成为我们行为的行为人并对此负有道德责任。

总结中西伦理学不同理论流派对责任的界定与表述，大致体现为三个理论思路和研究侧重：第一，责任是道德行为的主体性规范，即责任是道德主体的"应然善行"。依此内涵我们可以判定责任和义务具有相同的含义，是指在一定社会中以道德准则的形式确定下来的为人所应当承担的对社会、他人的一种职责、任务、使命或负担（燕道成，2010）。

第二，责任是道德行为结果的承担。朱贻庭（2002）认为，人们对自己行为的过失和后果在道义上应承担责任；责任是没有做好分内应做的事，因而应当承担的过失（中国社会科学院语言研究所词典编辑室，1996）。这种界定偏重于对行为所产生的后果进行判定，因此，责任起到约束和修正个人自由的作用。正如孔德所言："只要个人的见解丝毫不受阻碍，偏见与无知就会嚣张起来"（汉默顿，2005）。第三，责任是对责任主体的评价。正如卢梭的名言："人人生而自由，但却无往不在枷锁之中。"这里的"枷锁"就是对自由的人的行为的约束，这种约束就是相对于自由的责任。对责任主体的评价，即包括了责任主体的自我评价和社会评价（张贤明，2000），这一界定更多地体现在应用伦理学中，它突出了"责任"是一个集个体性与社会性于一身的概念，既需要从责任主体的主观认知层面进行道德价值评价，又体现为社会问责机制对其行为后果进行约束和惩罚。

基于以上三个方面，责任内涵的界定需要考察责任主体、责任对象和责任内容三者关系的互动性。基于此，责任的内涵可以界定为：行为主体分内应做之事（"尽责"过程）或没有做好分内之事而应当承担的否定性后果（"担责"过程），以及责任主体对其行为所进行的自我评价和社会评价（"自责"和社会"问责"两个方面）。

1.3.2 责任的特性与类型

1. 责任的特性

从概念的界定，我们可以认识到责任具有以下几个特性。

（1）社会性。责任的内涵源于人的社会性本质，是人在社会需要和社会关系中确定的个体社会角色职责，责任的内容源于人的社会性，也必然表现出强烈的社会性特征。程东峰（2010）指出，有责任感，具备认同责任、承担责任、实现责任和责任评价的能力，是人区别于其他动物的根本特征，人的道德意识实质上是责任意识，道德行为也就是责任行为。

（2）时代性。责任在不同的时代具有不同的内容，在不同的社会主流价值观影响下，人们对责任的认知和履行方式也不同。责任既是社会性产物，也是历史性产物，它是与时俱进的。

（3）自觉性。每个社会成员，根据所处经济关系和社会关系，经过理性思考和自由选择，自觉自愿地承担和履行的任务，就是责任。责任与义务虽有很多相似之处，但前者更强调主体的内在认同性，后者则突出与权利相应的外在附加性。

（4）实践性。责任的指向总是与具体的实践行为或实践结果相联系，尽责与问责的评判标准也具有很强的现实性，这使"责任"概念具有突出的实践性。

2．责任的类型

责任具有丰富的内涵，其外延也必然呈现为不同的层次和标准，因此，对责任进行划分，有助于我们全面而准确地认识责任。在郭金鸿（2008）责任类型划分的基础上，笔者进行了一定补充，大致将责任按照责任内容、责任主体、责任生成方式、责任归属、责任指向五个维度来进行分类。

（1）按照责任内容的不同，责任可以分为法律责任、政治责任、道德责任等。这三种类型从责任的应然性来看具有由低到高的逻辑顺序，即法律责任是最基本的底线性责任；而道德责任是最高级的使命性责任；政治责任是介于二者之间的，更多地受社会阶级性、制度性等因素影响的责任内容。而三种类型中，法律责任和政治责任更多体现为外在的规范性，道德责任则更偏重主体内在的自觉信仰。

（2）按照责任主体的不同，责任可以分为个体责任、组织责任和国家责任。不同的责任主体对应不同的权利范围和义务程度。在分工细化的现代社会，个体责任是以个体为主体所展开的社会关系层面上的责任，责任的范围随着行为影响层面而发生变化。国家责任在公共层面和国际层面呈现出来。组织责任是居于个体和国家两极之间的中观层面，是以社会组织的性质、规模和范围来进行责任的自定与他定，从组织的社会功能层面看，其责任涉及个体和公共双重关系层面。

（3）按照责任生成方式的不同，责任可以分为追溯性责任和预期性责任。前者指某种结果产生后，通过追根溯源的方式来确定责任承担主体，常表现为问责的过程；后者指某种结果产生前，通过预判的方式来确定责任承担主体。

（4）按照责任归属的不同，责任可以分为角色责任与自然责任。角色责任指行为者以自己所扮演的角色、所承担的任务及所认可的契约中分配而来的责任；自然责任则主要是指行为者作为社会存在而与生俱来的责任。角色责任更强调责任主体的社会性，是与主体社会身份、职业特征、权利与义务等相对应的责任意识与责任行为；自然责任则更强调主体的道德自觉，是道德主体的自我规约。

（5）按照责任指向的不同，责任可以分为自我责任、社会责任、当下责任与未来责任。例如，在 20 世纪 70 年代由阿拉斯代尔·麦金太尔所复兴的"德性伦理"就是主张对道德主体的、向内的道德责任；而罗尔斯的"正义论"则更强调伦理关系中如何通过维护"公正"来实现对社会的责任；以约纳斯为代表的"责任伦理学派"更以其指向未来的责任而被称为"未来导向伦理学"。

1.3.3 基于伦理秩序的两种责任路向

伦理领域是人类自身的实践领域，尽管它主要体现为人类的意志自由，但意志自由也通过建立在某种特别的秩序之上而形成人类特有的道德基础，因此，叔本华（2009）将伦理学研究的基本问题界定为意志自由和道德基础，正是伦理秩序的必然存在，人类实践的意志自由才能够处于道德实体之上。伦理或道德的必然性不同于物理世界的纯客观的、机械性法则或因果律，后者的法则不以人的意志为转移，而且排除了违反秩序的可能性而存在；与此相反，伦理或道德的必然性则存在被违反的可能，正是这种秩序可能被违反，构成了道德要求和道德义务的前提（郑明哲，2013）。因此，这种必然性的伦理秩序因主体的活动而生成，从伦理秩序的特性来看，古今中外哲学家和伦理学家的研究成果为我们提供了大致两种路向：一是情感伦理秩序；二是法则伦理秩序。

情感秩序强调自然的情感、道德感、良知、动机与意向，是"心"与"感"所构建的情理。这种伦理建构秩序在中国的儒家义理系统中得以张扬，即孟子所谓"四心"之说——恻隐之心、羞恶之心、辞让之心、是非之心，就是强调了人类四种自然情感的本然性，由它们建起的伦理秩序则具有天然而纯粹的内在必然性，正如孟子所言："口之于味也，有同耆焉；耳之于声也，有同听焉；目之于色也，有同美焉。至于心，独无所同然乎？心之所同然者何也？谓理也，义也，圣人先得我心之所同然耳。"（《孟子·告子上》）孟子所谓与心"同然者"即是理和义，是由于人们先验的情感而具有的先天的秩序与方向。与此相仿的有英国哲学家沙夫茨伯里的情感结构或体系和舍勒的客观的价值秩序是心之理、情感之理等，这种伦理秩序所衍生的责任评价是指向主体内在的，具有强烈的自律性，属于道德责任的范畴。

法则伦理秩序排斥任何情感的先在性，而将其抽象为外在而超越普遍存在的法则或诫命。例如，康德（2009）认为："因为纯粹而自在的实践的理性在这里是直接地立法的。意志被思想为独立的经验条件，从而作为纯粹意志，由单纯的法则形式决定的，这个决定根据也被看作是一切准则的最高条件。"因此，他总结出"纯粹理性"才是人类实践中道德法则的普遍法则。以理性准则为出发点和中心的道德理论是一种法律主义的道德概念，康德在哲学层面抽象出决定实践的理性准则，却忽略了道德在日常生活中的情境。而准则在实践层面的实施则受益于卢梭（2008）的民主观念与立法思想，他提出，从契约的性质来看，一切主权约定，即一切真正的普遍意志约定都平等地约束或惠及所有公民。只要公民服从这样的协议，那么，他们就不是在服从任何人，而是在服从他们自己的意志。由于理性准则具有"法则—命令—义务"模式，因此基于此建立的伦理道德与法律有了共通的逻辑，它们共同体现为一种主体之外的规约力量，区别在于准则要求下的义务遭遇违背的状况下，道德惩罚的力量较之法律却是内在的、情感归属的，这难免形成责任外在决定性与内在评价性之间的矛盾。

比较情感伦理秩序与法则伦理秩序下所形成的不同的责任路向，笔者发现其责任评价呈现不同的标准。责任评价可以分为社会责任评价、职业责任评价与道德责任评价。曾钊新和涂争鸣（1993）指出，社会责任评价以功利为标准，职业责任评价以效益为标准，行为的道德责任评价以善恶为标准。从三种评价标准的差异性来看，无论是功利还是效益，其标准都更倾向于外在的非主体性；而善恶则更倾向于自然的情感判定，因此，若依照上述伦理秩序下的责任路向来看，社会责任和职业责任更体现法则秩序中的责任，而道德责任则主要体现为情感秩序中的责任。

但同时，从三种责任评价的内在统一性来看，社会性标准是责任的最终评价指向。职业责任也是一种社会责任，它不能与社会责任背道而驰，也不能完全抛弃社会责任而独立门户，而是在"效益"这一标准上更倾向于对责任主体的"功利性"；而道德责任是指人们对自己行为的善或恶所应当承担的责任。人们行为善恶的区分，从根本上来说，就在于这种行为的道德选择，是不是合乎当时个人与社会关系的历史必然性（罗国杰，1984）。也就是说，道德责任尽管由主体内在的自然情感来评判，但这种自然情感的形成也离不开人与社会的关系，因此，三种评价标准都内在统一于责任的社会性标准。

1.3.4 研究方法与研究创新点

1. 研究方法

中国关于出版伦理领域的研究成果，多数研究采用的是传统思辨式研究方法，即以"发现问题—分析问题—解决问题"的三段论式为研究逻辑。此研究方法过于单一。本书拟采用多种社会学研究方法，如调查问卷的量化统计方法、个案分析法、非参与式观察法、深度访谈法、文本研究法等，以量化和质性研究方法相结合的方法优势，来完成与研究主体相关资料的搜集和整理。这种研究方法能够最大限度地避免研究主体的一元认知甚至是主观臆断的风险，能更好地保障研究的客观性和实践性。本书采用的研究方法主要有以下几种。

（1）文献研究法与比较研究法。通过查阅相关文献，对与本书相关的各类文献进行研读、比较，寻找现有文献的研究优势与不足，从中寻找本书的理论突破点；通过中西出版伦理观的对比，探寻国外出版伦理建设对中国的启示。

（2）问卷调查法。本书主要针对出版界伦理道德缺失、出版主体职业价值虚无和角色错位等问题进行分析，因此，必须对问题进行实际调查。本书在总结和呈现图书出版伦理缺失现状的问题上，选择采用问卷调查法，将作为文化载体的图书所暴露出的问题进行调查筛选，以认知状况调查的方式获得直接的数据支持。当然，为了使推论成立，本书秉持科学、客观的研究原则和态度，谨慎地确保问卷设计的科学性和调查群体恰当的关联性与范围，确保数据分析的每一个步骤的规定性原则和程序合理性，以确保研究的信度。

（3）深度访谈与非参与式观察法。出版伦理问题实为社会实践层面的问题，是出版实践的行动者内在伦理关系协调原则的道德践行。鉴于本书所涉及的"出版人的职业责任观"主题实属价值层面，又颇具主观认知意味，所涉及的研究对象在个体专业素质、从业经历、具体出版工作、所属出版组织类型、所处组织内分工与位置等诸多方面存在不同，必然造成该问题呈现出不同的理解与诠释角度。对于此类问题，使用单一的主体量化问卷调查往往无力进行全面呈现和深入挖掘，因而无法满足本书研究需求。基于上述原因，本书以质性访谈的方式进行。

访谈是质的研究中最重要的一种收集资料的方式，即研究者通过"寻访"被研究者并与其进行交谈或询问的活动。本书主要通过目的性抽样，根据受访者给予资料的可能性程度进行选择，并通过滚雪球方法获得更多的样本；对不同机构、不同类型的出版策划人进行深度访谈，对研究所涉主题与被访问者进行主体间的反思与交流，获得丰富的原始资料。

通过采用非参与式观察、情境记录的方式，并结合研究对象的书面材料，如传记、笔记、日记、博客、邮件或其他书面材料进行资料的搜集，以期获得更为多元和丰富的一手资料，为提炼主题和意义建构提供更直观的、详尽的基础。

2. 研究的创新点

本书旨在构建出版责任伦理的内容和理论框架，确立明晰的出版价值观，为出版领域的组织管理和出版行为提供宏观的理论框架和具体的践行标准。理论和实践两个方面的研究创新如下。

第一，理论层面的创新。出版伦理研究长期被出版职业道德规范代替，而伦理和道德并非同一个范畴。职业伦理包括职业价值观和职业道德规范，正是研究取向的替代使出版伦理完全沦为外力规范的约束，而忽略了内在价值观的认同。本书即从伦理学角度发现出版伦理研究的盲点，并在理论基础上进行拓展创新，对出版责任伦理进行概念辨析，在比较出版责任伦理与出版伦理、出版伦理与出版道德、出版责任与出版自由、出版伦理与出版法律四种关系的基础上，界定较为完整而科学的出版责任伦理概念，并对概念进行了外延框定。

第二，实践层面上的创新。本书研究角度的时代契合性与研究主旨的未来导向性构成了研究内容在出版实践层面的创新。出版责任研究多集中于企业管理学的角度，本书以约纳斯责任伦理学的视角为主，契合后现代主义社会新媒体技术下的出版传播生态；同时，以后改制时代的出版责任伦理观作为研究对象，对于当前处于转企改制基本完成的背景下的中国图书出版行业发展来说具有明显的时代契合性，特别是出版业内部认知与行为、外部出版生态环境等发生变化的现实状况，亟需出版主体以一种恰当的伦理价值观来诠释和应对，这也为当前出版业偏重产业发展的单向度模式提供了重要反思。

第 2 章　出版责任伦理研究的理论依据与界说

责任本身具有社会性、时代性、自觉性和实践性，因此，在不同的社会环境和时代要求下责任具有不同的内涵界定。同时，责任对内表现为责任主体的价值定位与追求，对外体现为责任践履的力量规约。本章通过考察伦理学层面上责任概念的流变，寻找能够剖视出版责任伦理的理论依托，这必然是契合了当前社会时代与主客观知行背景，并具有未来导向的责任伦理理论。

2.1　传统伦理学中责任含义的流变

对于责任的探讨一直是传统伦理学关注的焦点，它们主要集中在德性论、义务论和功利论的相关研究成果中，中国传统儒家学说中也有大量对责任的伦理界定。这些传统伦理学在责任主体的界定、责任向度等问题的探讨上都受到同时代历史情境和哲学社会科学学术语境的影响，虽然理论具有一定的历史超越价值，但也有其历史局限性。

2.1.1　中西传统社会中责任的内涵：共同体式习俗责任

在西方传统社会中，人的责任基于个体的社会地位、角色，以及人在整个社会文化体系中的作用，而需要承担的对社会结构的责任，这里的"责任"与"义务"几乎是同一个概念。德国社会学家滕尼斯认为传统社会是一种共同社会，其社会形态可以分为血缘共同社会（家庭）、地缘共同社会（村落、邻里、城镇等）、精神共同社会（教会）等（Strike，2000）。在这样的传统社会里，人们对责任的界定呈现为一种习俗性的、城邦式的社会规约。

柏拉图（1994）对"理想国"的设想中，以苏格拉底与格劳孔的对话，探讨了能使国家"善"的四种品质："统治者和被统治者的意见一致""法律所教给军人的关于什么该怕什么不该怕的信念""统治者的智慧和护卫""体现于儿童、妇女、奴隶、自由人、工匠、统治者、被统治者身上的品质"，到底哪一样最能使国家为善？柏拉图认为，每个人做他自己分内的事这个品质可以与智慧、节制、勇敢共同促进国家完善。

亚里士多德的伦理学被称为"德性伦理"，他批判了苏格拉底对德性的说法，指出将德性当作知识其实是不可能的，因为一切知识都涉及理性，而理性只存在于灵魂的认知部分之中（苗力田，1992）。他认为如果把德性和知识等同，就会使德性成为只"思"和"知"，而不实践、不养成的无用的东西，导致德性是无用的。因此，他认为伦理学是研究复杂的人的行为，德性更应该体现为一种实践性、行为的选择，而不仅仅是灵魂的认知。他也是西方伦理思想史上最先探讨"责任"的哲学家（Haji and Cuypers，2008）。他认为，"伦理德性"则由风俗习惯沿袭而成，又通过教育与习惯的熏陶使它完善，此中交融着知识与行为、理智与情感、经验与实践理性（姚介厚，2005）。他将身处城邦中的个体看作与城邦休戚相关的、政治的动物，强调城邦教化的作用，主张个体从小所进行的美德行为训练都应当与城邦道德相一致，服从城邦的法规和习俗，只有这样才能在城邦中过一种理智、遵守正确秩序的生活（Verbeke，1990）。

西塞罗（2009）将责任分为绝对职责和普通责任，前者是追求真理和发现真理的责任，后者则是实际生活事务中的有条理的行为、行为的一致及自我克制等。他赞同柏拉图的观点，即我们生下来并非只是为了自己，我们的国家和朋友都有权要求我们尽一份责任。因此，他对责任的界定更强调在具体的社会文化环境中践行，强调责任的等级层次之分，责任的对象包括人类社会、国家、家庭、他人，即求知和追求真理的责任、为国效劳和献身的责任、尊敬老人和抚养家人的责任、为他人提供帮助的责任等。

　　中国古代传统社会以四书五经记录并呈现其伦理道德，但在学说构建之前，伦理现象早就流行于社会，诸如从尧舜禹到商周时期，人们的宇宙观、信仰都体现了对天道的尊崇。蔡元培（2004）指出，"天有显道，故人类有法天之义务，是为不容辩证之信仰，即所谓顺帝之则者也。"因此，古代文化中天道成为权威，也是整个社会道德秩序之根本，正如《周易》中说："有天地然后有万物，有万物然后有男女，有男女然后有夫妇，有夫妇然后有父子，有父子然后有君臣，有君臣然后有上下，有上下然后礼仪有所错。"究其根本，古代人将对天地的尊崇置于最高位置的根本原因是当时社会生产力低下，人们在抗击自然的过程中缺少力量，天地宇宙之浩瀚与人力之弱渺形成天然的冲突。故人们将服从天道作为整个人类社会首要承担的责任，而这种责任的具体践行则以家庭制度作为遵从秩序的道德根本，从家庭延伸至宗族、乡党，以至国家。

　　中国古代伦理秩序经历了汤武革命之后，经周公制礼作乐，形成了西周鼎盛的礼乐教化文下的道德规范。但伦理道德学说的研究到春秋战国时代才开始繁荣起来。"盖其时自儒家以外，成一家言者有八。而其中墨、道、名、法，皆以伦理学说占其重要之部分者也。秦并天下，尚法家；汉兴，颇尚道家；及武帝从董仲舒之说，循民族固有之理想而尊儒术，而诸家之说熸矣。"（蔡元培，2004）自此，确立以《诗》《书》《礼》《易》《春秋》的"五经"之道德为其文化大统的地位。《礼记·大学》曰："古之欲明明德于天下者，先治其国；欲治其国者，先齐其家；欲齐其家者，先修其身；欲修其身者，先正其心；欲正其心者，先诚其意；欲诚其意者，先致其知；致知在格物。""自天子以至于庶人，壹是皆以修身为本。"在儒家的伦理学说中，修身是责任伦理的始点。孔子所谓"修己以安人"，意为完善自身的同时，也要承担实现群体安定有序、平稳发展的责任（刘忠孝等，2012）。"修身、齐家、治国、平天下"的伦理逻辑体现古人对责任使命的疏近之序。同时，儒家文化中崇尚"求诸内而不求诸外"的自律精神，具体体现为孝悌之心、忠恕之道、诚信之则、义利之序等，建立在五伦基础上的自律自修思想甚至流传至今，成为中国传统社会责任伦理的经典表述。

　　无论是文艺复兴之前的西方传统社会，还是封建时期的中国，整个社会的结构都是呈金字塔形的，基于生而不平等的权贵思想，少数人成为积极参与政治活动的权力阶层，整个社会的伦理道德都是不平衡的，更多地凸显个体对社会结构的依附关系。无论是对自然、苍天、诸神，还是对城邦、国家、家庭、社会、他人，责任的对象都是外在的，负责的对象都是一种基于自然的社会文化结构（郑富兴，2011）。城邦制度、国家法律仅是为维护现有权力阶层利益而外在设置的规约，当外在规约通过习俗、文化而内化为人们的价值观之后，作为共同体的习俗责任便成为传统社会人们所普遍认可的使命。

2.1.2　现代伦理学中的责任：先验性的理性责任

　　从传统社会到现代社会，转变的不是社会的物质形态，而是在物质条件变革基础上衍生出来的社会意识形态和社会伦理关系的变革。现代性社会是从欧洲的文艺复兴、宗教改革及西方世界的资产阶级革命开始的。19 世纪 30 年代之后由于工业革命的推动，人类在个体与社会的交互关系、社会的动态结构和分层趋向等方面，相较于传统社会发生了诸多变化，形成一种全新的社会存在方式。人与社会、人与人之间的伦理关系，也从传统社会的人对社会结构的依赖朝向个体自身，工业革命带来的社会分工细化，将"城邦式"的社会细化为职业化的环节、部分，个体与社会的紧密联系被打散为个体与个体之间的社会化存在。个体在传统社会中的"嵌入式"关系，在现代社会里，变成了"脱域"关系（安东尼·吉登斯，2000）。这种社会伦理关系的变化也相应改变着人们对责任的认知与实践。

　　现代伦理学关于责任的探讨主要以康德的义务论、功利主义者的后果论等为代表，他们将人作为一个抽象的概念，对责任的探讨从外在结构对人的习俗性伦理规约转向对主体自身的反思与定位。尽管如此，现代伦理学中的责任主体却更多体现为一种普遍意义上的人，亦即理性的人。

康德（2009）从探讨善良意志之所以为善的缘由开始，将其作为"善本身"这种绝对意志，提出两个相连的命题：一是行为具有道德价值必须是出自责任；二是出自责任行为的道德价值并非源于行为的目的，而是源于规定行为的准则。他认为一个行为是否具有道德价值，依据的不是行为对象或者行为的目的，而是行为所遵循的意欲的原则。因此，他将责任分为"法权关系"下的外在责任和"意志自由"下的内在责任①。他最后将责任表述为出于尊重规律而做出的行为的必然性。这种必然性即是康德所说的"理性的存在者的意志"，在此种意志下才能存在最高的、无条件的卓越的善。

在康德对道德形而上学的哲学思辨中，他将实现责任的驱动力进行区别，认为出自责任的真诚与出自对不利后果的恐惧的真诚完全不同，前者包含着普遍的规律，而后者则是遵循自我的准则。他由此界定责任是由对实践规律的纯粹尊重而来的行为的必要性构成的，责任是自身即是善的意志的条件，而这种意志的价值高于其他一切东西。康德把超越普通人理性的能够在实践中起作用的纯粹原则视作责任，是一种抛弃了普通人的理性而上升为普遍理性的"绝对命令"，尽管他关注的责任内涵开始由外力的约束转向主体内在，但这种内在的力量又因其被形而上为纯粹的、绝对的理性而与主体剥离。

在功利主义者那里，功利是道德源泉的基础②。正如功利主义的集大成者约翰·斯图尔特·穆勒（2009）指出，在功利主义理论中，作为行为是非标准的"幸福"这一概念，所指的并非行为者自身的幸福，而是与行为有关的所有人的幸福。他们不主张追求个体的幸福，而是将追求多数人的最大幸福作为道德的标准，强调整个社会的整体利益。拿撒勒人耶稣的黄金律令作为完整的功利主义伦理的精神——"人如何待

---

① 这里的"内在责任"指的是道德（或德性）责任。

② 这里所指的"功利主义"与大众一般意义上作为贬义的"急功近利"之"功利"具有不同的内涵，它指的是效益主义，是道德哲学（伦理学）的一个理论，主张如何达到最大的善，追求大多数人的幸福。

你，你也要如何待人""爱邻如爱己"，构成了功利主义道德所追求的理想境界。

　　同时，穆勒探讨了功利原理的终极约束力，即从义务动机的角度，提出功利原理包含两重约束力：外在约束力和内在约束力。前者源于人类自身之外的，对快乐的渴望、对痛苦的恐惧、对同类的友爱、对造物主的敬畏等诸多外在的报答和惩罚；后者则源于我们内心的一种情感。它是一种痛苦，或多或少比较强烈，伴随着违反责任而来。这种内在的情感便是穆勒所谓"良心"，它的形成必然离不开人作为社会存在所受到的社会外在影响力的作用，但作为功利原理内在的终极约束力的情感更应当体现为个体与他人意识在总体方向上的一致性，即使在个体无法感知这种一致，甚至与他人在情感上发生冲突的状况下。

　　穆勒对良心这一情感的描述，更强调它的自然性，即不完全依赖于教育力量或者任何外在的强制性力量，它表现为一种品质，一种体验幸福感的品质。他之所以认为内在约束力（良心）是一种痛苦的情感，正是由于当人的行为与内心的这种品质发生冲突时，便违反了责任，进而使人感知痛苦。因此，在穆勒看来，责任是一种等同于良心的内在的情感，被视为能够促进人们追求功利原理（最大幸福原理）的内在终极约束力。

　　无论是康德将责任界定为"义务论"中的绝对理性，还是功利主义者将其视为功利原理的"内在终极约束力"，责任的向度从外在社会结构的依附关系中抽离出来，尽管具有形而上学的意味，但毕竟开始向主体内在的道德价值延伸。这种转向既体现了社会发展从传统到现代过程中作为社会个体的人独立与负责意识的觉醒，同时，随着社会从现代化到后现代化的嬗变过程，这种责任意识的主体转向必然会发生哲学自身的超越，即从抽象的理论到具体的实践，再由行动的责任提升为作为伦理理论的责任。

2.1.3　责任伦理与信念伦理：韦伯基于政治伦理的责任反思

真正提出"责任伦理"概念以区别于传统伦理的人，是德国著名的社会学家、政治经济学家马克斯·韦伯，正是他对"责任伦理"与"信念伦理"的界定和分析，为现代伦理学的自我批判提供了反思的角度。

1919 年 1 月 28 日，韦伯在慕尼黑对自由学生同盟发表题为"政治作为一种志业"的演讲，论及政治领域"说实话的义务"的问题，绝对伦理和政治伦理持有不同的观点，以此为基础提出为人类行动提供伦理意义的准则，分别是心志伦理（Gesinnungsethik）[①]和责任伦理（Verantwortungsethik）（马克斯·韦伯，2004）。两种准则的区别在于，前者是遵从宗教的说法，基督徒的行为是正当的，后果则委诸上帝。这是一种主观的价值认定，主要涉及意图和动机。也就是，追求动机的善，而对能否确保是善的后果并不关心也不加以控制；后者强调当事人对自己可预见的行动的后果负有责任，是强调客观世界及环境中的现实运作。即这一准则要求行动前或行动过程中必须顾及自己行动的可能性后果，承担可能性后果的责任。

马克斯·韦伯（2004）指出，以信念和心意为准则的人，他将自身的责任视为确保纯洁的意念，即"善的目的"。但他犀利地指出："'善'的目的，往往必须借助在道德上成问题的或至少是有道德上可虞之险的手段，冒着产生罪恶的副效果的可能性甚至概率，才能达成。"因此，应然性的逻辑在实然性的现实中总是出现偏差，善恶报应原则只能做形而上学的解释，从绝对伦理到不同领域中起支配作用的专业化的道德准则，道德对政治的控制力难题告诉人们，政治所遵循的是一种特殊的准则。

韦伯所提倡的责任伦理作为一种独特的伦理精神，意在针对政治领域中政治人物道德善恶建立一种评定标准，即以是否"尽己之责"为评定标准：是则善，否则恶。而判定标准即为政治行为的后果与其所肩负

---

① 另有翻译为"终极目标的伦理"或"信念伦理"。

责任所要求的应然后果是否一致。在政治实践中，韦伯提出若按照责任伦理行事，即通过政治行动，以武力的手段来达成政治目标，则必然会危害"灵魂的救赎"；但若坚守纯粹信仰力量去追求，目标将会由于缺乏对后果的责任，而在未来世代的眼中失去价值和地位。因此，他提出将心志伦理和责任伦理相结合，使以政治为业的人真正实现二者的互补，在信仰和实践中完成他的政治使命。

韦伯对伦理准则的区分和对责任伦理的界定，对现代伦理学中的责任有两个方面贡献。

一是在责任向度上，对传统伦理中责任主体的祛魅。正如他所言心志伦理将后果的责任委诸上帝，这是一种完全外在的责任向度；而责任伦理之下的人则须对行为的可能性后果进行预测和控制，这是一种内在的责任向度，体现现代人能够打破整个社会工具理性的勇气和能力。责任主体从上帝、苍天转到社会当中的人自身，这是一个责任主体祛魅的巨大进步。

二是在责任域上，提出责任应当是动机责任或目的责任与结果责任的结合。尽管他主要是针对以政治为业的社会实践来谈论绝对伦理与专业伦理的矛盾，却高度概括了传统伦理的关注点即一种纯粹的心志或意向，对于后果则不予考虑，这种形而上的逻辑原则不仅在政治领域难以达到目标与手段皆善的程度，而且在社会任何其他领域都难以实现。为了保证这一意识层面的逻辑合理性，他提出以考虑可能性后果的责任伦理为补充，来探讨如何在手段和目的间追求完美的道德之善。

韦伯在考察了历史上所有的科层结构的基础上，重新建立了"科层制"（又称"官僚制"）这一现代资本主义劳动组织管理理论，在这一制度下，工具理性成为现代社会对人的控制与束缚，人人成为现代社会的"理性人"存在。而韦伯特立独行的责任伦理学说不仅仅是对传统伦理中依附上帝的宗教学说的批判，更是对自身工具理性化社会理论的批判，为方向感日渐模糊和价值感逐渐被剥夺的现代理性人给予一种人文关怀与道德引导，即强调责任伦理的重要性，提倡人们基于人的尊严与价值而为自己负责，为未知的可能性负责。

韦伯的责任伦理学说既肯定了现代伦理学的责任主体性，也为后现代批判伦理学的责任伦理进行了宝贵的尝试，以使西方的"责任伦理"理论找到可以建构的基础，对责任伦理演变和发展起到了重要作用。

2.2　责任伦理学：后现代批判语境下的责任反思

现代性作为一个社会历史发展的时间性概念，具有承前启后的过渡意义，前接传统社会，后启后现代社会。查尔斯·詹克斯（2011）指出，后现代主义是一种处于自我批判阶段的现代主义，它否认"现代主义"（presentism）的平面性，从现代主义的内核开始反转，重新发现被低估的或被忽略的文化基因所应当具有的能量与角度。他认为，正是后现代中"后"这一字眼与"后代"联系在一起，这是一种跨越诸种文化地带而生活的欲望与乐趣。它也是对怀旧的一种拒绝，因为在承认过去的同时，它也是有点反讽的、并非复兴主义式的。"后"在其后视镜里既看到了传统文化，也看到了现代主义。因此，纵观西方伦理学的发展历史，后现代主义伦理学的诸多学说，其实质就是对现代主义伦理学的批判与反思，是超越之后的承继与折射，而非完全地脱离。

2.2.1　马尔库塞与哈贝马斯对工业文明的后现代主义批判

"后现代"（postmodern）一词最早用来描述一种比法国印象派更现代、更先锋的绘画创作，即"后现代绘画"（postmodern painting）（Best and Kellner，1991）。第二次世界大战之后，英国历史学家汤恩比在对西方历史进行分期的时候提出了"后现代时代"①一词。自此之后，"后现代"就作为对剧烈变化的社会新现实的一种喻指而被社会学者频繁使用。

---

① 汤恩比将西方黑暗时代之后的历史总体划为三个时代：中期（1075～1475 年）、现代（1475～1875 年）和后现代（1875 年以后），现代与后现代的区别在于：现代时期以社会稳定、理性和进步为特征，而后现代则意味着文明走向衰落，表现为动荡、革命和战争。（参见秦喜清，2002. 让-弗·利奥塔：独树一帜的后现代理论家[M]. 北京：文化艺术出版社.）

20 世纪六七十年代是欧美国家现代化过程中的突变时期，物质的现代化促进社会各个领域的突飞猛进，城市化和工业化所带来的生活方式的转变体现为更明显的文化冲突，从 60 年代开始的文化反叛为 70 年代后现代主义思潮的定型奠定了基础。Marwick（1998）在《60 年代——英法意美的文化革命（1958—1974 年）》中指出，60 年代的文化巨变具有独特的历史意义，它改变了 20 世纪后期的社会和文化发展。在他的描述中，50 年代存在严格的社会等级、普遍的种族歧视和守旧的家庭伦理观，大众文化单调且乏味；相较而言，60 年代则充满了反叛，打破常规和跨越界限。民权运动、流行文化与高雅文化的分庭抗礼、性解放运动、新女权主义、对外战争等，社会经济结构的变化促使原有的稳定的传统意识形态、家庭伦理观念土崩瓦解，社会反体制运动和思潮汇流成汹涌的反叛文化。直到 70 年代，社会相对趋于稳定，反叛文化从不同领域行动的文化建构转向学术界和思想界的文化反思，后现代理论开始成为西方理论界和思想界热议的话题，也成为人们解读 20 世纪末全球文化变迁的一个重要术语。

在伦理学的后现代主义语境中，"批判"与"重构"成为文化思想者自觉、自省地发展现代伦理思想的两个关键词。历史发展到 20 世纪中叶，科学技术推动下现代文明迅猛发展，在为人类创造无限物质财富的同时，文明背后却存在着人际情感疏离、自然生态急剧恶化的问题。从 20 世纪 70 年代开始，科学技术所带来的社会伦理问题引起一些思想家的关注，对工业社会和工具理性的批判成为势不可当的潮流，它的发生对伦理学、哲学、社会学等领域都产生了重要影响。

马尔库塞是后现代批判中最应当提及的一位哲学家，他以法兰克福学派一贯的社会批判思维，从弗洛伊德的精神分析理论中吸取反思角度，对以科学技术为基础的现代工业社会的发展趋势进行了一针见血的批判，并通过对马克思主义的继承和批判建构起他的工业社会批判理论。他提出技术的解放力量，从原本"物的工具化"，演变成了解放的桎梏，成了"人的工具化"（李忠尚，1994）。在解放和自由的过程中，科学—技术的合理性和操纵一起被焊接成一种新型的社会控制形式（赫伯特·马尔库塞，2006），它通过建立技术效率与人的物质满足之间的关系来消弭现代人的批判意识，使政治成为无批判的单向度政治；它通过技术理性消除西方高级文化中的对立冲突与超越因素，将其"俗化"为能够大规模复制的大众文化，使文化转向为无否定的单向度文化。赫伯特·马尔库塞（2006）对技术作为中立性概念进行批判，由于劳动方式的合理化，对于质的排除从科学领域转向了日常经验领域。因此，对具有不同质性的人进行排除，通过劳动价值的交换，人的异质性被量化为统一的功能性，人们成为社会这个巨型机器中的一个可以被随时替换的零件。人对社会机器只能适应，而毫无反抗能力（陈俊，2013）。

马尔库塞的工业社会理论对于处于技术文明下的现代人，无疑是一种清醒剂，它让深陷其中的我们清醒地明白那些不断困扰我们的焦虑、压抑、束缚感、无价值感、无归属感等负向情绪的深层社会来源；但遗憾的是，马尔库塞并没有提出一剂良方，正如批评他的人称其为太过浪漫的思想家，他最终的走向是一种"审美乌托邦"，因为他虽然继承了马克思的"感性"的思维方向，但他并没有进一步将"感性"过渡到"实践"这一在马克思那里极具现象学意蕴的概念（陈俊，2013）。

在后现代主义的社会批判中，哈贝马斯无疑是那个时代最有影响、广受赞誉的德国哲学家和社会理论家。安德鲁·埃德加·哈贝马斯（2009）在法兰克福学派辩证思想基础上，承继并发展了马尔库塞的工具理性批判，他从劳动、交往和权力三个角度来诠释人对社会的行动和认识，创立了"交往行动理论"，将新马克思主义的发展推进到一个全新的领域。在道德伦理层面，他借用道德心理学家劳伦斯·科尔伯格关于人作为道德决断的能力发展三阶段（前俗成阶段、俗成阶段、后俗成阶段）中"后俗成道德"术语，认为人们的道德决断能力不仅是在个体层面，也在整体的社会层面上，一个后俗成的社会可以由它的成员质疑现行规范和成规并为继续遵从它们而要求合理论证的普遍能力来描述。

他通过交往理性对韦伯"祛魅"理论进行一定程度的接受和批判，认为人们通过交往行为理性使生活世界合理化，这也是社会进化的过程。通过这个过程，一个社会藉由对现有信念和能力的反思来增强它解决问题的能力，并且经由这个过程，也扩大了人们自由和自主行动的范围。

无论是马尔库塞对工业文明的犀利批判与悲观阐释，还是哈贝马斯对社会进化图景的乐观勾勒，他们的思考都更多地停留在哲学论证层面；而真正从实践层面进行后现代主义反思的是从实践伦理层面重构现代文明责任的思想家，如德裔美籍哲学家汉斯·约纳斯、德国哲学家汉斯·伦克、美国学者雷德等，他们都以各自的方式为责任伦理学的建构与发展做出了贡献。

2.2.2 责任伦理学的创建与影响：约纳斯的"未来导向伦理学"

技术文明的可怕不仅仅在于它产生的如环境污染、核威胁、自然生态失衡等已经显现的危害，更在于它以其技术效率的强大占有欲和改变的能量，摧毁并重塑着原本天然存在并保持自身固有规律（在西方人看来由上帝所创造的）的根本秩序，人在物的改造过程中所获得的自由重新被改造手段钳制。人类沉浸于对效率的追逐、对技术的膜拜，却在未察觉间已深陷伦理缥缈、价值虚无的疯癫秩序中，异化了的技术文明开始以无可遏制的方式呈现全方位的报复，未来的人类，即使不毁灭于战争、瘟疫、饥馑等灾难，也将崩溃于由这一根基的丧失所导致的人的精神的混乱和疯狂（方秋明，2004）。无论是现实的灾难，还是时代精神的崩溃，我们生活的世界发生的改变已经是任何一个个体所能感受，却无法摆脱的一种困顿境遇。

基于上述的严酷现实，在 20 世纪七八十年代，技术文明所显现的负效应被越来越多的思想家关注，他们都是怀抱着对人类生存的终极关怀，怀抱着对科学技术的客观反思，对自然环境、现实生活及其身处之中的人的心灵进行热情观照与无情鞭笞，向全世界发出预警信号。正如约纳斯（Jonas，1985）在其著作《责任原理：技术文明时代的伦理学探索》中指出，持续了两个世纪的技术解放运动，把它的使用者和受益者——工业化的"西方"的物质水平提高到前所未闻的高度。我们更应该注意的是一种慢性的、长期的、日积月累的问题，它表面上体现为一种和平的、建设性的全球技术力量的应用，这种应用使我们通过不断增加的产品、消费品、人口的绝对增长等作为不可避免的受益者被拴在一起，然而这种威胁解决起来更为困难。

约纳斯于 1903 年 5 月 10 日出生于德国的明兴格拉德巴赫一个犹太教家庭。他于 1921 年到弗莱堡大学学习哲学，开始对胡塞尔非常崇拜，想做其学生，无奈胡塞尔不接受初学者，约纳斯便不得不在胡塞尔当时的助教海德格尔那里上初级研讨班的课程。海德格尔关于生存论、主体论的观点成为其建构责任伦理学的哲学基础。从此之后，胡塞尔的"意识"与海德格尔的"此在"（自我）相互辉映，成为约纳斯哲学反思的动力。但同时，他更喜欢海德格尔哲学，在这位导师的指引和鼓励下，约纳斯先后完成了《奥古斯丁和保罗的自由问题》《诺替斯的概念》两篇重要论文①。这之后，他又在布尔特曼的鼓励下，完成并出版了《诺替斯主义：后古典时期的精神》《诺替斯宗教》两部著作，这是约纳斯整个理论人生的第一个阶段。

由于海德格尔曾在公开的演讲中支持纳粹，约纳斯在心理上离开了一直追随的导师。同时，对崇拜者的"怨"与"不解"促使他对海德格尔"此在"哲学进行反思和阐释。1940～1945 年，约纳斯参加了六年的反法西斯战争，战场上生与死的考验，更强化和发展了他的哲学沉思，他聚焦于生命物质的存在与死亡的基础，尤其是当生命体面对死亡威胁时迸发出来的抗争能量，这些关注与沉思被写入《生命的现象》中，这本书于二十年后出版。

1979 年，约纳斯出版著作《责任原理：技术文明时代的伦理学探索》，首次提出并深入、系统地创立了责任伦理学。该书的德文版售出

---

① 前者是约纳斯的研究班课程论文，并于 1930 年发表；后者是他在海德格尔和神学家布尔特曼的指导下完成的博士论文，也发表于 1930 年。

将近二十万册，并于 1987 年获得德国书业和平奖，德国绿色和平组织将其奉为经典。该书对西方社会，特别是欧洲影响很大，呼应者云集，如皮希特的《真理、理性与责任》、舒尔茨的《变化了的世界中的哲学》、帕斯莫尔的《人类对自然的责任》等。此后约纳斯又在"责任"基础上出版了《技术、医学与伦理学》（1985 年出版）、《哲学研究与形而上的臆测》（1992 年出版）、《生命原则》（1994 年出版）等著作。

总结约纳斯理论生命的道路，我们会发现它基本体现为三个阶段：第一阶段是基于存在主义现象学而研究的"诺斯替派学说"；第二阶段是转向有机论哲学与自然科学；第三个阶段又从理论哲学朝实践哲学——伦理学转向，尤其是关注技术带来的异化现象与对人类已然呈现的生存威胁。

正如约纳斯研究专家劳伦斯·佛哥对其伦理学阶段的概括性阐释，约纳斯第二阶段要建立的是价值的客观实在性——自身善——因为只有这样，保护存在的约束性责任才能产生（Vogel, 1996）。这种保护存在的约束性责任是基于约纳斯对包括人类在内的世间万物整体契合着目的、价值和主体三元统一的存在论而提出的。约纳斯指出一切传统的伦理学都是人类中心论的，这本身即是对自然的歧视。在当今自然科学技术占主导地位的现实中，整个世界都处于生物圈备受威胁的状态。他从责任伦理的目的性与价值的内在契合回应了虚无主义者"对与我无关的遥远后代负责"的质疑，将为后代负责解释为人类对当下现实社会最大的责任。他将整个存在分成三类：人为存在、主体性存在、非人为非主体性存在。人为存在是基于人类的目的性而存在的一切事物；主体性存在是包含一切以生命体本身为目的的存在；除了这两类之外，还有一类就是他称为"前意识的自然界"，自然界的存在就是这种目的性存在，但它并非直接表现出来，而是需要通过主体性或人为性存在来表现。正是因为自然界和人类都具有自身的目的性，也同时都具有价值，这种目的性又在主体性存在上获得一种价值契合，因此，价值的最高守护者和履行者——人类——就应当承担他的主体责任。

面对现代技术文明所带来的风险，约纳斯呼吁人类应当建立一种新的伦理思想，即责任伦理。这种新伦理的要点在于，应从长远着眼，而不应从眼前利益出发；应站在人类整体的立场上，而不应站在个体的立场上。他主张建立责任的新维度，即将对人类活动结果的责任转为对人类未来发展的责任，即把人类存在与未来发展作为责任伦理学关注的核心，以预知责任的方式对未来施行预警。他给出的实践路径是"忧患启迪法"，优先预测行为后果，即对可能带来的危害提高警惕或提前考虑预防，使人类能够摆脱未来可能发生的危害。在技术崇拜的现代社会中，约纳斯反对对技术狂热的追逐，技术带来文明的同时也将人类置于危难之中。因此，他主张节制、审慎的行动应成为责任伦理学的核心（方秋明，2004）。

约纳斯的责任伦理其具有整体性、连续性和跨时空性等特点，被称为"远距离伦理学"和"未来导向伦理学"。责任的整体性，是由于现代社会是一个由设计、生产、交换与消费等领域或过程构成的巨大系统，人们社会关系的复杂性使个体的行为空间和行为效果越来越小，责任主体开始从作为个体的"我"向作为整体的"我们"倾斜，责任所涉及的范围也更加强调整体性；责任的连续性，即指责任伦理学是连接了过去、现在和未来的伦理学，责任对象不仅是现在存在，还包括过去和未来的存在；责任的跨时空性，即指在空间维度上，人类不仅要对自身负责，还要对地球上所有的生命负责，对整个人类赖以生存的环境负责；在时间维度上，不仅负有事后责任，还要承担事前责任。责任伦理实现了从个体伦理向整体伦理、自律伦理向结构伦理、共时伦理向历史伦理、近距离伦理向远距离伦理、人类中心主义伦理向人与自然和社会"三位一体"伦理的延伸和扩展（燕道成，2010）。

另外，汉斯·伦克和欧文·拉洛兹分别在理论阐释和行动实践上发展了约纳斯的"责任伦理学"。伦克作为约纳斯的追随者，他的《应用伦理学导论：责任与良心》划清了技术人员和科学工作者内在责任和外在责任的界限；区分了不同类型的责任，把行为责任分为任务责任和角色责任；从职业伦理的角度分析了科学和技术伦理的特性（王飞，2008）。拉洛兹则从实践的层面为改善人类面临的生存危险提出四条路径：一是对社会达尔文主义者们所信奉的"自然取之不竭""市场能分配利益""消费越多越出色"等迷思，进行批判和否定；二是提出面对世界各地的文化差异、民族差异、族群差异，要采用尊重和双赢的原则与策略；三是拥抱地球伦理，提倡为我们生活的地球负责；四是接受和履行落在我们肩上的多种责任（燕道成，2010）。

另外，在 20 世纪后半叶相继出版了一系列关于责任伦理的论著：美国哲学家芬伯格的《技术理论批判》、唐纳德·肯尼迪的《学术责任》、英国约翰·M.费舍和马克·拉维扎的《责任与控制：一种道德责任理论》、德国哲学家汉斯·昆的《全球责任思想研究》等。这些论著都从不同的角度向全世界呼吁，在近代资本主义和市场发展的过程中，在科学技术从服务到近乎支配人类生活的危机中，人类必须关注自然、关注未来、关注作为主体的"我们"亟须承担的责任。

在后现代的批判话语下，约纳斯等人的责任伦理学无论是从理论体系的完整性，还是对现实问题应时应景的反思程度来看，都堪称西方伦理学的突破佳作，也给我们同样步入技术文明的东方国家深刻的启示。

2.2.3 反思的基点：责任伦理学的"忧患"与"审慎"

如若追溯中国哲学发展史的开端，从春秋战国时期纵横家们的思想争鸣到独尊儒术的一脉辉煌，大量关于责任的论述见诸古代圣贤哲学论著中。尽管原始儒家思想无论是从理论体系完善上，还是从理论的社会影响力方面，都远胜于如苏格拉底、柏拉图等西方先哲，以亚里士多德为肇始的德性论思想也与孔子的"仁""中庸之道"等有很多契合之处。但从将伦理活动作为研究对象的伦理学的发展来看，中国伦理学的学理研究要远远落后于西方，这也是一个不可否认的事实。

　　燕道成（2010）提出，道德认识决定了道德观念，道德观念总要转化为道德行为实践，而道德行为则需要道德知识。伦理理论既是对伦理实践与行为的反思与提升，同时也是对伦理实践的指引和疏导。但伦理理论本身也有其历史局限性，它产生并服务于一定的历史空间，并在推进实践正向发展的功效性上也有时间界限。因此，在选择理论依托上，要结合具体的社会历史情境，做适时适度的理论选取与参照。

　　首先，传统伦理理论囿于历史情境的局限性而难以适用，诞生于技术文明时代的"责任伦理学"为现代社会技术异化、价值虚无等问题提供理论参照。

　　在现代性社会之前的伦理实践中，道德判定总是与当下问题联系在一起，人类力量的有限性不需要对未来做长远的预测，出于善的初衷，无论后果如何都能获得道德上的肯定。方秋明（2007）指出，在特定情境中，主体活动自然地发展和终止，活动的善恶完全取决于那种短期的情境。这是因为从古代社会至工业社会之前，人类与自然建立的是一劳永逸的征服与被征服关系，简单的人类活动决定了生活目标的清晰，人类行为的有限性也相应圈定了人的社会责任，在相对简单的人与自然和人与社会关系中，较容易看清人性。

　　随着工业社会的到来，科学技术给人类带来的征服自然的能力无限膨胀，技术文明建立的同时也开始出现文明背后的伦理倒退现象，道德失范、传播失真、文化失序等以形形色色的方式暴露无遗。特别是 20世纪下半叶，网络技术的应用与新媒体传播力量的加入，打破了原有的稳定的社会伦理秩序，东西社会都相继不同程度地出现了科学技术对现代文明的巨大破坏现象，尤其是在技术泛滥的物质条件下，人的异化与文化的自戕成为一个全球不可回避的问题。于是，传统伦理中的德性论、权利论、义务论、目的论等其理论诞生背景和适用范围已经无法与技术文明时代的伦理实践相契合，而创建于20世纪70年代的责任伦理理论，却为深陷技术异化之中的全人类带来更具针对性而深刻警醒的反思。

其次，中国传统伦理学凸显"责任本位"，但当代责任伦理理论研究尚待深入，未能起到理论反思实践的参照作用。

纵观中国的伦理发展史，责任始终是本位，责任心体现为对忠、孝、仁、义、诚、信的坚守，公正、承诺、担当、节制、立志、修身、教化是尽责的评价因素。在中国传统"五伦"关系中，无论是以家庭血缘为基础的父子、夫妻、兄弟关系，还是以社会活动为基础的君臣、朋友关系，无一不是始于担责而终于尽责的。责任成为伦理关系的实质内容，也是伦理关系和谐持续的决定要素。

程东峰（2010）是中国较早地专门研究"责任"的当代学者，他于20世纪末开始研究"责任论"，出版伦理学著作《责任伦理导论》，对中国责任伦理学体系的建构意味着一种新伦理观念的诞生。他指出，责任是人的本质、人的灵魂。他以角色作为责任伦理的逻辑起点。角色同责任紧密相连，角色解除了，责任也就不存在了；角色的终极关怀表现为生命力的激活和对人生最高价值的追求。他提出不同于蒙昧时代的神力推动力和英雄时代的信仰推动力的第三种伦理推动力——共生共存，作为世俗化社会责任伦理实现的推动力，并在此根本原则基础上提出以人为本原则、和谐发展原则、竞争协作原则等方法性原则。同时，该书立足于当代中国社会存在与现实，分别从个人责任、组织责任、契约责任、职业责任、未来责任、神圣责任与天下精神等多个角度分析并建构了中国当代责任伦理学的基本体系，其中也引介并高度评价了约纳斯的"责任伦理学"。

客观来说，无论是从理论建构的时间，还是从理论所关注的现实背景来看，程东峰的"责任论"更体现为一种逻辑思辨式的、形而上的思考，而缺少对特定现实问题、具体历史情境的观照与深思。尽管书中也涉及中国经济改革的大背景，但没有突破一国的狭隘视野，缺少对全球范围的审视。相比而言，约纳斯等人的"责任伦理学"则体现理论视野的开阔与现实反思的深刻，将理论建构聚焦在"技术文明时代"这一大背景下，显然对于本书中国出版伦理遭遇的现实之痛有着更多的契合。

最后，相比而言，约纳斯"责任伦理学"对处于经济与技术双重转型的中国图书出版业更具适用性。

"责任伦理学"强调技术文明时代的伦理关系已经突破了传统伦理视野中的"此在"的人与人之间，体现为更复杂和更遥远的社会存在之间：不同主体存在（尤其是生命社会存在与非生命社会存在）间的伦理关系与不同时空存在（当前与过去、未来）间的伦理关系。尽管约纳斯的"责任伦理学"更倾向于从反思培根式理想——"知识就是力量"，来让人们意识到技术已经从解放人类发展到异化人类，技术的滥用正朝着日渐毁灭人类的方向转移。约纳斯否定了人类的进步"既是规律也是理想"的观念（Jonas，1985），深刻剖析了这种进步论潜在的逻辑就是人类要不断追求进步，科学技术会带来物质生活水平的提高，"仓廪实而知礼节"，一般物质条件的提高会使道德思想文化相应地提升，然而人类的实践表明，对科学技术和物质生活的疯狂追求导致了很多灾难性的后果，这是人们当初所没有料到的（方秋明，2004）。

约纳斯提出，人类需要的是保存和保护的伦理学，而不是进步和完善的伦理学（Jonas，1985）。要寻找"新的力量"[①]以通过控制"人的力量"恢复人，达到有效地为人类和自然未来负责的效果。对于这种力量具体是什么约纳斯并没有明示，而是给出了获得这种力量的三种途径：①遵循优先预凶原则，大力发展预测科学，警惕技术给人类带来福祉的同时所带来的灾难；②继续审慎地发展科学技术；③培养节制精神，推行紧缩政策，获得控制技术的政治力量（方秋明，2004）。由于第二层次的技术反控力量是由资本主义"自由"经济发展而来的，因此，约纳斯把希望寄托于马克思主义，但他对于马克思主义乌托邦的理想又进行了尖锐抨击。最终，尽管约纳斯并没有详细阐明推行责任伦理学的政

---

① 约纳斯提出人类历史上三个层次的力量：第一层次是源自大自然，征服自然的技术力量；第二层次超越了第一层次，产生于技术本身，成为威胁人类的技术反控力量；第三层次即是"力量之上的力量"，它通过有效地控制人类的技术力量来获得对人类自身的恢复，以适应人类和自然的未来。

治途径，但在行文中体现了他呼吁建立节制的马克思主义全球政府。他强调审慎是勇敢的、善的要素，也是责任的律令。正如他在著作中用诗一样的表述重申的，原子战争的突然灾难的威胁被渐进的灾难的威胁超越，在那里和平利用所带来的福祉淹没了遥远的审慎的声音。不是怯懦，而是责任律令产生了对节制的新的呼唤（Jonas，1985）。

约纳斯责任伦理学的精髓是"忧患启迪"思维与"审慎"品格，它作为一种在技术文明时代背景下提出的全新伦理观点，为我们研究同样处于数字技术变革下的出版业态提供了一种伦理态度和价值参照，透过它我们可以建立一种全新的诠释当前传统出版与数字出版共融发展的出版观念。

"自他之耀，回照故林"，以此为基础反思中国出版业在转型中遭遇的伦理之困，并探寻突破路径，也不失为一种大胆的尝试。本书依托约纳斯"未来导向伦理学"的相关理论观点，借用其中对"责任"的界定，以"审慎""节制""忧患预测"等原则为基础，反思中国图书出版责任。通过调查和解释出版界当前存在的伦理缺失问题，以期发现困境背后的症结所在，并试图建构以"文化忧患"为核心的出版职业责任观，以"节制"为伦理原则来创建面向未来的节约型出版责任伦理。

因此，本书最终的旨归在于探讨基于政府行政管理、市场自主调控和出版技术应用的前提，出版业应当以何种社会存在而获得可持续发展；特别是作为责任主体的出版领域管理者和从业者，应当具有何种职业责任、构建何种职业价值、追求何种职业目标等诸多问题。从这个层面看，责任伦理视角可以为出版伦理研究提供全新的视界，并能给出版业当前和未来的发展带来新的反思维度。

2.3　出版责任伦理的内涵与范畴界定：需要厘清的几种关系

"伦"即秩序，是事物内部结构层次的显现，也有"辈""类"之义，包括静态的关系结构和动态的行为秩序。"理"即意识认知过程或价值认同，"理"作为内涵于事物之中、人内心之中的一种价值，被看成心性的基础。所以不论是心、性，都以"理"作为基础（成中英，2007）。伦理，是社会存在关系结构或活动秩序的意识化认知与价值评定过程。伦理判断既是普遍的，又是特殊的。普遍性在于任何的行为都可能进行诸如"是善的行为吗？""行为的正当性"等伦理判断；而伦理判断的特殊性，又在于它是多样化的，它体现于不同的社会领域或社会职业之中。

职业伦理是在职业活动中基于一般伦理而形成的特殊伦理。一个社会职业要得到公众的认可和尊重，就必须遵循一般的和这个职业特殊的道德诫命和伦理原则（展江，2010）。职业伦理是集合了伦理的一般性和职业特殊性的伦理原则，用以建构这个职业活动者的伦理精神和道德规范。任何职业都有其具体化的独特的伦理规约，它有利于促进职业群体和组织的持续稳定发展，但作为特殊形式的职业伦理仍然要遵从普遍伦理的道德约束和规范。

2.3.1　出版伦理与出版责任伦理

出版伦理有广义和狭义之分，狭义的出版伦理是将出版作为一种职业，即一种职业伦理，其伦理主体就是以编辑出版相关活动为职业的人，其伦理内容主要包括从业者的职业价值观和职业道德规范。广义的出版伦理是将出版视为一种信息传播活动，它的伦理主体涵盖所有直接或间接从事编辑出版活动的人，即除了编辑、发行之外，还包括读者、作者、出版事业管理机构及人员等，而伦理内容又不限于对出版活动本身的伦理认知。

由于本书主要针对中国图书出版的伦理现状和问题进行理论反思与路径探索，因此，书中所指"出版伦理"均取自狭义的概念，即专指所有编辑出版职业工作者对出版活动所持有的职业价值观与所需遵守的职业道德规范。

正如爱弥尔·涂尔干（2001）在其《职业伦理与公民道德》中指出："如果责任感依然是我们牢固的根基，那么，我们的生存环境就必然会使其保持积极的姿态。"因此，本书试图借用责任伦理学的主要概念和伦理原则来审视出版伦理中的责任问题，并对出版伦理中责任淡漠、价值虚无之痛的成因进行探析，以期挖掘影响出版职业责任认知和行为的社会根源，从而探寻其建构当代出版核心责任观和责任践行的路径。

出版责任伦理仍然是出版伦理的研究范畴，不过是研究出版伦理的一个全新的独特视域和反思角度。出版责任伦理强调出版活动中从事出版实践的组织或个人所具有的职业责任观和职业责任规范，它是以责任为伦理之"善"的道德评价系统和道德践行规约，围绕着出版职业的责任是什么、出版行为尽责的标准、出版主体如何尽责、如何被问责等一系列问题展开，并以"责任"为视角剖视出版从业主体的职业责任观、责任影响因素、问责规范机制等。

同时，出版责任伦理是包含着多元范畴的一个研究领域，将出版责任伦理作为一种行为正当性的伦理判定来分析，它与职业道德规范紧密相连；将其作为一种能够迫使个体遵从的义务来分析，它与个体的自由权利紧密相连；将其作为一种共同的规范化契约来分析，它与出版相关法律法规紧密相连。从这三个维度进行一定的比较，既能从关联中找到建构出版责任伦理理论所需要的自由、道德和法律基础，又能在不同中廓清和界定出版责任伦理的内涵与范畴，比较清晰地勾勒出该领域的界限。

2.3.2　出版伦理与出版道德

在伦理学的研究领域中，伦理和道德是两个密切相关却不尽相同的概念，关于二者的关系研究直到现在仍然是中西伦理学界格外关注的问题。从词源学的角度考察，英语中"伦理"是"ethics"，意为品性、禀性气质及风俗习惯等；"道德"一词为"morals"，也指风俗、习惯、品性等。单从英文词源含义来比较二者并无二致，都指人们的行为规范，内在品性、气禀，外在习惯风俗。

在西方哲学研究中，对伦理与道德进行严格区分的是黑格尔。按照黑格尔（2009）在《法哲学原理》中的理论构造，法哲学的三大环节包括抽象的法（抽象法和形式法）、道德和伦理，抽象的、形式的法是客观的，道德是主观的，只有伦理才是主观与客观的统一，才是客观精神的真实体现。在黑格尔看来，抽象法阶段是自由意志借外在之物（诸如财产等）来实现其自身；道德阶段便有了主观的自由，即"本身能行动的意志，在他所指向目前定在目的中，具有对这个定在的各种情况的表象"。（黑格尔，2009）。道德的最高形式是善，是主观层面上作为普遍性和无限性的道德自我意识或良心。道德责任是以道德意志承认了的意向和故意行为作为前提的，否则不被行为负责；伦理是将通过外物而实现的抽象法和内在意向自由的道德进行的主客观统一，法和道德以伦理为基础，作为伦理体现者而存在。黑格尔认为伦理可以脱离道德而独立存在，而道德则需要依附于伦理而实现，道德作为类似质料那样的东西不断被加到伦理之中，从而形成对伦理丰富而生动的滋养和新鲜的刺激；而伦理构成道德的内在规范与客观内容，作为类似形式那样的东西赋予道德以本质（韩升，2006）。

在中国伦理学研究话语中，伦理谓人群生活关系中范定行为之道德法则也（黄健中，1998）。伦理与道德是一种紧密相连、不可分割、同源却不同质的关系。它们的同源性在于其目的是一致的，伦理是道德的基础，道德是伦理的实践呈现。程东峰（2010）指出，伦理是道德所要遵循的社会道德之理，道德是在伦理规范指导下调整各种关系的实践活动、实现途径和实施方法。伦理为道德立法。就像法律先于一切秩序一样，伦理必须先于道德。道德是伦理的产物（齐格蒙•鲍曼，2002）。总之，伦理是在历史进程和时代要求等客观条件下形成的伦理关系的应然性，而道德是人们在认识并反思这一应然性过程中，所产生的维护应然性、规范人的行为的价值取向，体现为主观的善。李建华和刘仁贵（2012）指出，伦理是道德的来源和依据，道德则是伦理的展开和实现，表现出既相通相依又相互限定的张力关系。道德产生于人的伦理世界，道德的目的只在维护伦理的应然性，并体现为应然性要求下的规范性。

以此为基础，出版伦理与出版道德的关系便清晰可见，即出版道德以出版伦理为基础，体现为出版伦理要求的规范性，二者共同的目的都是实现出版职业的"善"。道德分为公德和私德，公德是人们在对社会、组织或群体承担责任和义务的社会活动中，应当遵循的道德规范和道德原则，它所依照的伦理是社会统一规定的伦理；私德是私人道德，指人们在私生活和私人交往中所应遵循的道德准则，它是个体私生活方面的德行和品质。职业道德应当是公德的范畴，是社会某一职业领域内的特殊道德，它所因循的基础就是职业伦理。它必须诉诸一种集体的权威，而这种权威也不可归为个人的特殊意志，只能来自于功能性的职业规范的要求，以及共同生活的集体情感和价值基础（渠敬东，2014）。当代人职业道德缺失的重要原因在于，人们混淆了道德与伦理的关系，将职业道德单纯地视为行为的外在规约，而抛却了伦理精神的内核，因此，只注重道德规则约束而忽略伦理精神信仰的话，必然成为外在的束缚，而最终使主体内在陷入虚无之中。同理，出版责任伦理建设，一方面要继续完善出版职业道德规范的控制作用，另一方面更要注重强化出版伦理中道德精神层面的内在价值重建。

2.3.3　出版责任与出版自由

关于自由的哲学论证主要聚焦于两个层面的概念。

第一，哲学必然性学说建立的基础——"意志自由"。康德认为，所谓意志，就是指一切有理性者所具有的起因力（kausaliat causality）；所谓自由，就是指这种起因力，在不受本身以外任何其他力量的影响下而能够独自发挥有效力量（周辅成，1987）。意志自由是在排除了本身以外的其他力量后，个体所具有并能够发挥效用的内在力量。这里强调三点：这种自由是内在的、作用于个体意志、能独自发挥效力的。正如黑格尔所说："意志而没有自由，只是一句空话；同时，自由只有作为意志，作为主体，才是现实的。""道德的观点是这样一种意志的观点，这种意志不仅仅是自在的，而且是自为的无限的。""所以道德的观点就是自为的存在的自由。"（周辅成，1987）因此，意志自由本身是一种内在的相辅相成，如果意志可以成为一种理性作用力，那么，自由就是成就它发挥效力的个体内在心理环境，伦理或道德建立的基础就是意志自由。

第二，约翰·穆勒[①]（2010）所论之"公民自由"（或社会自由），即社会可以合法地施加于个人的权利的性质和界限。在西方自由主义发展史上，关于社会自由的论证大致有两条路径：一是权利主义理论中的"天赋人权论"，以洛克的自然权利学说为典型代表；二是功利主义对自由的评价，以边沁和穆勒的功利主义学说为基础，特别是穆勒的《论自由》被奉为西方自由主义者的思想奠基之作。他从群己界限的角度尝试区分涉己与涉他的两种自由，并提出"人的自由之恰当领域"的三个层面：一是意识的内在领地，即良心自由、思想情感自由；二是趣味和志向的自由，是以不伤害他人为前提的，随自己喜好去做事的自由；三是同样前提下成人个体间相互联合的自由。在穆勒看来，相对于权威而言的自由界限在于，是否体现了对个性的尊重与容忍，而自由建立的前提便是对他人或社会的不伤害或不侵犯，同时个体要承担自由行为（或社会活动）之后的结果。因此，即便是被尊重的自由仍然是负有责任的。

因此，自由和责任关系确定中有两个不能忽视的前提：一个是个体作为私人行为的社会活动，另一个是个体作为职业工作者行为的职业活动。前者更多的是考察作为意志自由的概念，而后者则除了意志自由，还有无可回避的社会自由。

在意志自由层面上，责任和自由都是责任伦理的基本范畴。责任的前提是自由，自由行为必然要对其结果负责（程东峰，2010）。亚里士多德（1992）从培养个体德性伦理的角度探讨了责任实现的条件，即知识（理智德性）和意志自由（自愿选择）。他认为人应当对自己的选择承担责任。对此叔本华（2009）持有相同的论断，即对我们的所谓极其清楚和肯定的责任感，即对我们的行为有能力负责任的感觉，其基础是

---

① 约翰·穆勒也译为约翰·密尔，与第2章探讨责任伦理内涵时所涉及功利主义者的穆勒是同一个人，为前后一致选择同一种译法。

不可动摇地确信,我们自己是我们的行为的行为人。责任与自由是道德实现过程中必然存在的一种相互依存、互为基础的关系,责任是唯一可以推断出道德自由的事实。自由只寓于存在之中,但是从存在和动机中必然会产生行为,从我们的所作所为中,我们认识我们是什么人。责任的意识和生命的道德倾向就建立在这一基础之上,而不是建立在想象的无限自由之上。失去道德意志自由的行为就无所谓责任,主体所能够承担的责任即是自由意志指向的行为和活动。

然而,需要我们清楚认识的是,出版责任与出版自由这两个概念已经不单纯只是在个体伦理层面上的关系,而更具有客观现实性。出版自由中的"自由"概念,既包含出版从业者个体的"意志自由"(对图书出版职业的选择自由、热爱自由等);同时,作为一种社会活动,出版自由更是超越了个体的"意志自由",体现为社会权利的赋予与承担的责任,体现社会管理层面上的权力控制,即出版活动合理性的社会法律保障和其他规范管理等,这个层面的出版自由具有更浓烈的历史意味和社会功能色彩。正如美国独立战争的先驱托马斯·潘恩曾指出,在英国革命时,出版许可官一直被撤销,著作无须政府事先批准即可出版,因此,出版物在该职撤销后就算有了自由,"出版自由"一词就是这样产生的(段桂鉴,1988)。出版自由在历史上的政治管控色彩使其在任何社会制度下都是一个较为敏感的问题,出版自由是指出版物摆脱以前的束缚这一事实,而绝不是指出版内容的好坏(段桂鉴,1988)。

因此,从社会管理的角度来衡量出版自由与出版责任的关系更具有现实意味,出版主体在拥有一定职业自由的同时,相应地必然背负一定的社会责任。出版本身因其文化属性而一直被视为人类文化发展中重要的社会活动,但也因其对社会意识形态的影响力,而无论在何种政治体制下都成为权力干预的对象。这是社会存在的必然,只要国家存在,权力对意识形态的管控就不会停歇。要求完全彻底的、没有任何政治管控的绝对的出版自由往往会与法律保障下的个体民主权利相冲突,在任何国家任何政治制度下都是不可能实现的,这是一种脱离了现实的苛求。

基于此，我们要正确理解出版自由与出版责任的关系，它是建立在政府给予出版许可前提下的职业权利与应尽的职业义务，也是一个意志自由的出版人为自己的职业行为所应承担的责任。

2.3.4　出版伦理与出版法律

伦理与法律都是协调与规范人们行为的方式，但同样作为行为规范的方式，二者有着截然不同的本质。

作为属于人的主观存在的伦理，它对主体行为的规范主要依赖于主体内在的对行为应然性的认知驱动，以及合乎伦理基础的道德规范。无论是伦理行为动力还是伦理行为结果都是非外在强制作用下的，更归于内心的意志自由条件下的主体选择。法律则完全是一种外力强制下的主体应当履行的义务。从个体的层面看，伦理与法律具有截然不同的范畴，前者是个体行为的内在良心约束，后者是个体行为的外在强制管理，二者并不相融。责任伦理更具有社会活动层面的意味，尽管它并不是外在的必须，但是，作为社会伦理，责任伦理是衔接个体道德与社会法律体系的环节。实际上，责任同样可以是一种内心的道德诉求，同时可以是通过强硬手段进行追溯的刚性法律责任。责任理论也是衔接道德形而上学与实践性规范的环节，即可以上溯到行为者的社会责任（林琳，2012）。从这个层面看，责任伦理将主体的内在道德责任与刚性的法律责任联系在一起，从而实现了内在道德追求与外在底线划定的互动，将主体应尽的责任统一起来。

出版伦理本身包含两个方面——出版职业价值观与出版职业道德规范，尤其是后者，体现为对出版行为的规约作用。在社会伦理层面上，出版伦理与出版法律完全可以进行一种良性的互动，前者对出版主体进行内在良心的道德责任建构，后者体现为保障出版业的自由权利和应尽义务，二者相辅相成，共同构建一个和谐统一的责任实践体系。

出版责任伦理就是强调将责任作为主体内在的道德基础，通过与法律、道德的互动，责任可以呈现双重特性：一方面，通过外在的强化，社会责任转化为内在的、个人的基本道德修养或我们通常所说的公德意识；另一方面，又不失为一种社会的伦理规范，成为一个组织或一批人的行为指南（林琳，2012）。尽管出版责任伦理侧重出版主体行业内的伦理认知与道德规范，但出版活动并非在真空状态下进行，出版主体（无论是组织还是个人）都无可避免地与社会各界、社会各方面力量进行交流与互动，如社会的政治、经济、文化、科技、法律等都与出版活动存在着相互的作用，单凭出版行业的一己之力不可能建构较为有效的责任伦理，尤其是需要出版法律的支持和保障，建立健全出版法律法规制度，只有在外力刚性制约下强化内在的柔性协调力量，才能使出版责任伦理真正成为引导中国出版业走上良性发展的积极力量。

综上，通过比较出版伦理与出版责任伦理，明确本书所研究的出版责任伦理是以责任为核心的出版伦理，"责任"是建立在约纳斯"责任伦理学"基础之上的"未来责任""预知责任"，是对从事出版实践的组织或个人所应具有的职业责任观和职业道德责任规范的一种新的诠释；通过比较出版伦理与出版道德，明确本书所研究的出版责任伦理，是包含出版道德规范在内，并且注重强化出版职业活动和出版伦理关系应然性的内在价值认同；通过比较出版责任与出版自由，明确本书所研究的出版责任伦理，是建立在政府给予出版许可前提下的职业权利与应尽的职业义务，也是一个意志自由的出版人为自己的职业行为所应承担的责任；通过比较出版伦理与出版法律，明确本书研究的出版责任伦理，是出版法律刚性力量强制之外的出版行业柔性协调，是依赖行业自律和出版从业者个体自律的价值认知与道德规范。总之，本书旨在针对转企改制过程中出现的出版行业失范行为，以及出版从业者个体与组织职业责任意识淡薄等问题，探寻一种改良路径，即以在技术文明背景下的"责任"为核心，重建中国图书出版业的职业伦理。

2.3.5　出版责任伦理的研究范畴与研究思路

出版责任伦理是将责任作为出版伦理的一个核心，它渗透于出版主体的职业价值观和职业道德规范之中，因此，出版责任伦理的研究范畴便是围绕出版责任伦理的主体、客体和本体（出版责任伦理的具体内容）三个方面展开。

1. 出版责任伦理的主体

程东峰（2010）将责任与自由视为责任伦理的基础和前提，并由此提出四个责任伦理的范畴：对他者（别人）自由的尊重是平等；责任与自由对等是公正；自由地履行责任是诚信；行为主体要想很好地履行责任必须修身。平等、公正、诚信、修身就成为自由地实现责任的重要因素，也是责任伦理的重要范畴。通过责任伦理的四点内涵，我们看到其研究范畴涵盖主体与客体之间（对他人）的关系、主体责任实现的权利（责任与自由之间）基础、主体责任践行的道德基础三个方面。这几个方面都将责任伦理问题指向责任主体，即责任伦理是责任主体与在实践活动中存在责任关系的主体之间如何完成责任践行、如何实现问责规约等问题的研究。

伦理是主体之间关系的呈现，因为主体间是以互相尊重为前提的平等自由关系，本身并不存在主客体关系；但职业伦理有其自身的特殊性，它是基于一般伦理的特殊实践伦理活动，这一特殊性主要取决于职业本身。从一般意义来看，出版传播并非一个封闭的、孤立的社会活动。它作为一项社会实践，也绝不可能孤立地存在，而是必然要同社会其他的职业、政府管理部门、大众传媒等形成一定程度的交叉，进而形成出版从业者与社会各界的关系，这是普遍意义上的出版伦理。但同时，图书出版作为一种特殊的行业，具有自身独特的职业定位与职业功能，如文化传播与创新职能、教育职能、价值观引导功能等，出版责任伦理就是要确保维持并发展出版活动各项社会职能的健康、有序实现，同时促进出版业自身的可持续发展。而且，作为文化传播活动，出版传播是出版从业者选择传播内容，向读者进行传播的过程。在这个过程中，出版从业者和读者之间处于不同的传播地位，前者是可以对文化进行选择加工并进行主导的传播者，而后者则是选择接受并以传播反馈来实现互动的受众。因此，从这个角度来看，出版责任伦理中伦理关系双方的地位是不一样的，处于主导方的传播者应当承担主体的伦理责任，而处于受众方的则是伦理客体，对伦理主体是否尽到责任进行一定的监督和问责。

尽管图书出版过程中，作为创作方的作者也具有一定的伦理责任，但本书的研究角度是基于出版行业而言，在图书整个生产、加工、流通过程中，编辑出版从业人员扮演绝对的把关人角色，是图书出版的源头和决定因素。因此，从作为图书出版把关者职业角色的角度，将出版从业者视为出版责任伦理的主体，即所有直接从事或间接参与出版活动的各类出版组织及出版者个体，他们是践行出版多元责任的承担者，他们对出版责任的认知体现出版责任伦理的价值内涵，他们的出版行为是出版责任践行的过程，也是被问责的对象。具体到本书，以图书出版为主要研究领域，不涉及期刊、报纸、音像制品等出版物的出版活动。故本书中出版责任伦理的主体即是从事图书出版的各类社会组织和从业人员，他们是本书的主要考察对象，主要围绕他们的出版职业责任观而展开相关问题的量化统计与质性呈现，并透视其问题存在的原因，以期建构以责任为旨归的出版伦理理论。

2. 出版责任伦理的客体

出版责任伦理的客体就是除主体之外，通过出版活动建立关系的对方群体或个体，它主要包括作者、读者两大群体。但由于出版是一项文化活动，它本身就是文化积累、传播和创造的过程，而且出版传播对当下或未来社会的发展具有政治、经济、道德等多方面的影响。因此，从这个意义上讲，出版责任伦理的客体还包括当下和未来社会的政治、经济、文化、道德等的发展现实与趋势。

同时，需要指出的是，出版物是出版活动的载体，也是出版主客体伦理关系的有形体现。通过研究出版物可以感受并分析其内在蕴含的出版责任伦理状况。出版物是作者创作意图、编辑的文化价值选择与市场需求判断的聚合体。通过出版物，可以体现出版行业的社会职能，可以反映社会文化的总体发展趋势与文化走向。通过对出版物的研究，我们可以发现出版行业的价值选择与原则遵循，管窥出版活动中所存在的道德伦理失范问题。具体到本书，通过对当前图书市场上各类图书的考察①，了解读者对图书的总体认识和评价，针对几类出版伦理失范的图书现象进行分析，提出出版行为中亟须坚守的出版责任。

3. 出版责任伦理的本体

出版责任伦理的本体从范畴来看，主要包括两个方面：一是出版主体内在的职业责任理念与践行，即出版责任意识、责任认知、责任观念、责任担当等，既包括责任的意识层面，也包括其行为层面，但都是出版主体自主自觉的责任。二是出版主体外在力量对其出版职业责任的规范制度与行为，这种外在规约体现为自律和他律，自律主要包括出版组织和出版行业自身的责任监督机制、规章制度等；他律主要体现为法律层面、政府管理机构层面和社会层面。

图书出版是兼具了文化性和商业性两重性的社会实践活动，但这两重性并不能相提并论，这是由人类文明发展的历史需要所决定的。出版活动自诞生之日起，就承担着传承文明的重任，记载并创新每一个人类发展的历史过程，以及这个过程中不同领域的文明成果，出版物存在的第一需求是对文明的建构与传承，文化性是图书出版的根本属性；而出版的商业性是伴随商品社会的发展，特别是后工业社会的到来而出现的，出版物实现了批量生产，其文化独特性、多元化在大量的市场需求与消费中趋于同一，其本身具有的艺术价值、教育价值、学术价值、审美价值等，都通过出版市场转化为经济价值。因此，图书的商品属性具有历史阶段性特征，是由特定的历史阶段所决定的。

出版责任伦理的本体即是对出版主体需要承担的责任进行具体的阐释与界定，而这种责任界定还需要回归到出版所具有的双重属性中进

---

① 由于是数字时代背景下的图书出版研究，因此，本书锁定的考察对象是纸质图书和电子图书两大类。

行分析。

　　一方面，从文化传播活动的角度看，出版是编辑出版从业人员通过对书稿的选择、编辑、加工、校对、印行而将图书这一文化产品呈现给读者，实现文化传播的过程。以文化传播为目的的图书出版伦理关系主要体现为编辑与作者之间、编辑与读者之间的关系，其责任也是基于对作者、作品、读者尊重、平等、诚信等前提下的文化建构与文化引领等责任。其具体体现为出版人的意识形态导向的政治责任、传承与创新的文化责任和服务社会的教育教化责任。

　　另一方面，从商业活动的角度看，图书出版业作为全球文化产业的一部分，其活动被视为满足社会文化消费需要的图书商品生产、加工、包装、推广等的过程。在这个过程中，图书和其他商品一样，都需要考虑市场的需求，需要探索并挖掘市场空白，生产契合消费者需要的各类图书，以供阅读消费。从这个层面来看，出版从业者的责任便是保障并优化图书质量、提升出版社品牌信誉度，并积极开发新的阅读需求等。

　　4. 出版责任伦理的研究思路：问题与框架

　　伦理是对各种社会存在之间关系合理性甚至"终极之善"的一种社会化行为与认知，而促成行为与认知的还在于人们对伦理关系的社会感知与实践。随着工业化社会的分工细化，社会的职业化程度越来越高，在社会整体伦理标准基础上，不同职业也具有各自不同的职业伦理标准，它体现的是维护职业的合理存在，并促进职业日臻完善的伦理目标。

　　对于出版职业而言，出版伦理所包含的范畴便是出版行为所依据并受其制约的职业价值观与职业道德规范。作为社会意识形态层面的职业伦理，它既植根于整个社会文化道德水平状况，是社会总体文化道德的构成部分，又反作用于社会总体文化道德状况。特别是职业价值观方面，任何职业的价值观都是从业主体对职业的社会认知、对自身职业角色的定位与追求，它既具有职业独特性，又折射出整体社会文化的时代特征。因此，本书的主要问题便是在出版业转企改制背景下，出版主体应当具有什么样的职业责任观，以获得从业者自身内在的价值驱动和价值实现，以及需要什么样的职业责任规范体系进行外在的激励与规约。围绕着这两个问题，本书从分析当前图书出版伦理失范和出版主体职业责任观失衡的问题入手，从分析伦理困境开始，最终指向研究的目的。

约纳斯的责任伦理学作为一种在技术文明时代背景下提出的全新伦理观点，指出人类浸淫于对效率的追逐、对技术的膜拜，却在未察觉间已深陷伦理缥缈、价值虚无的疯癫秩序中，技术文明已然异化了人类的生存生活方式，成为操控一切、毁灭一切的重大隐患，他提出以"忧患启迪法"和"审慎"的品格来重建责任伦理。

以此为理论基础，反思中国出版业在市场与数字转型中遭遇的伦理之困。笔者认为以责任伦理为研究视域，通过剖析责任伦理失范、失衡的种种表现，将其作为探寻困境的突破方法，也不失一种大胆的尝试。因此，针对转企改制过程中出现的形形色色的出版行业伦理失范行为，以及出版从业者个体与组织职业价值观中的责任意识淡薄等问题，透过现状发现这些伦理失范问题外在表现为图书的几大怪现象，反映图书质量把关责任、出版创新责任、出版诚信责任、出版文化导向责任等问题；同时，透过表象，我们看到问题指向出版主体的职业价值观，出版从业者的职业责任观就成为研究出版责任伦理的核心问题，是解释图书几大怪现象的关键，也是构建出版责任伦理的重要基础。

因此，在呈现问题与分析问题的基础上，本书试图探寻一种改良路径，即以技术文明背景下的"责任"为核心，重建中国图书出版业的职业伦理，这是本书的研究思路和旨归。

本 章 小 结

本章主要从三个方面展开：一是从伦理学的角度分析了"责任"内涵的流变，并引介了后现代批判语境下的约纳斯"责任伦理学"，将其对责任的界定与实施方法作为本书的理论基础。二是对出版责任伦理进行了概念辨析，通过比较出版伦理与出版责任伦理，明确本书所谓"出版责任伦理"中的"责任"是建立在约纳斯"责任伦理学"基础之上的"未来责任""预知责任"，是对从事出版实践的组织或个人所应具有的职业责任观和职业道德责任规范的一种新的诠释；通过比较出版伦理与出版道德，明确本书所研究的出版责任伦理，是包含出版道德规范在内，并且注重强化出版职业活动和出版伦理关系应然性的内在价值认同；通过比较出版责任与出版自由，明确本书所研究的出版责任伦理，是建立在政府给予出版许可前提下的职业权利与应尽的职业义务，也是一个意志自由的出版人为自己的职业行为所应承担的责任；通过比较出版伦理与出版法律，明确本书研究的出版责任伦理，是出版法律刚性力量强制之外的出版行业柔性协调，是依赖行业自律和出版从业者个体自律的价值认知与道德规范。三是对出版责任伦理研究的范畴界定，包括对出版责任伦理的主体、客体、本体的界定与分析，总结出"出版责任伦理"清晰而明确的内涵：从事出版的组织或个人在出版职业行为与活动中所应具有的职业责任观和职业责任规范。

第3章　图书怪现象中的出版责任伦理失范

图书出版伦理通过出版主体的职业行为和职业活动表现出来，而最能集中反映出版者责任伦理状况的就是其载体——图书。图书是联系作者、编辑、读者三方意愿，实现其多元互动的主要媒介，也是图书出版行业实现其传播思想知识、培育传承文化、教育教化社会等社会价值的载体。图书不仅是作者思想的结晶，还包含着图书编辑们的默默付出。它是一个编辑出版从业者自身职业素养、专业技能的集中体现，也是出版责任伦理的物化呈现。因此，尽管出版责任伦理研究的主体是出版单位和出版从业者，但对出版物的研究是必不可少的。

当前中国图书出版市场上最引人注目的为大众图书，在畅销书浪潮中，出版从业者成为打造各类畅销书的"弄潮儿"。透过几万册到几百万册的畅销书年销量数字，虽然从中也能看出中国出版界的人才辈出和出版市场的欣欣向荣，但在光鲜和喧哗背后，我们仍需要警醒在打造出版市场制度化、规范化生态过程中还无法消除的痼疾和不能忽视的问题，甚至是暗藏在出版畅销书繁华背后的内外危机：外是手机、网络、视频等对图书阅读市场的冲击，读者群的离散与阅读习惯的改变；内是出版界本身的浮躁之气，造成了出版界无法忽视的职业失范行为：抄袭剽窃、盗版猖獗、买卖书号、夸张误导、差错百出、盲目跟风等难去的沉疴。

本书以北京几家较大的图书实体销售店为现实调查空间，选择人们逛书店或购买图书较频繁的周六、周日作为调查时间，以在现场随机寻找愿意填写问卷的读者为对象，调查他们对图书总体的评价状况①。由于本调查主要倾向于了解和统计"读者品评视角下的图书出版责任状况"，调查主题属于认知与态度测量，因此，在问卷设计上采用了态度的五级量表，预计多种情况下的认知与态度，分别以"非常同意""同意""不知道""不同意""非常不同意"作为选项，使受访者选择与自

---

① 详见附录 1　网络时代读者的图书认知与态度调查问卷。

己情况最为接近的一项。

　　本次调查共发放问卷 100 份，直接接触读者 100 名，在其自愿填写问卷的状况下得到有效问卷 91 份，回收率 91%，为有效调查。通过对数据的统计，观点的认同率排在前七位的是"与大众通俗读物不同，少儿读物和教材教辅类图书应当以更高标准减少文字、句法等差错或常识性差错"（93%）；"选书和选吃的、穿的不一样，精神食粮就应当讲究文化品位，书的内容要大于包装"（90%）；"某本图书畅销后，同类题材会蜂拥而出，各种版本图书大同小异、鱼目混珠，既造成资源浪费又让读者无从选择"（75%）；"我认为无论是何种题材的图书，既要有反映现实丑陋的一面，但更重要的是表达真善美的东西，给人正能量"（75%）；"图书就应当百花齐放，高雅也好低俗也罢，不用非要求一个面孔，但一定要有新意"（74%）；"如果图书里有不少错别字或句法等错误，我就会认为该书编校质量太差，内容再好也不是好书"（70%）；"如果我买的书内容全是七拼八凑的，没有什么逻辑性，甚至作者也是假的，我会觉得上当受骗了，再也不会购买那个出版社的书"（68%）。对以上七个观点进行同类合并发现，读者对图书出版责任的认同点主要集中于四个方面：图书内容质量、图书文化创新、图书诚信、图书文化导向。读者对出版责任的评价如图 3-1 所示。

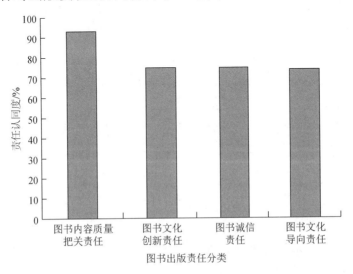

图 3-1　读者对出版责任的评价

基于调研结果并结合相关研究文献分析，总结了当前中国图书出版外在伦理失范的种种表现，并选择其较突出且极具代表性的几个问题进行分析，以求呈现出版业的痼疾沉疴。

3.1　图书讹误现象中的把关责任缺失

3.1.1　图书讹误现象的界定

所谓图书的讹误现象，是指图书质量方面不合格的图书。通常来说，图书质量包括图书内容、编校、设计和印刷质量，国家在图书质量管理上有明确的管理规定和严格详细的检查标准。《图书质量管理规定》第十七条规定："经检查属编校质量不合格的图书，差错率在万分之一以上万分之五以下的，出版单位必须自检查结果公布之日起 30 天内全部收回，改正重印后可以继续发行；差错率在万分之五以上的，出版单位必须自检查结果公布之日起 30 天内全部收回。"具体的图书编校质量评判主要依据《图书编校质量检查标准》，检查内容包括整本书①范围内的所有文字、语法、图、表格、标点符号、数字用法、量和单位用法等。

本书所指图书的讹误现象不仅指图书在编校质量方面存在的讹误远远超过国家对图书质量管理标准的最低界限（差错率要低于万分之一），还包括图书在版式、装帧、印刷等外在形式上存在的不统一、不规范等问题。

3.1.2　讹误现象的典型表现

讹误现象最突出的属养生保健类的讹误书，这类书不仅在文字、句法的编校上存在错误，其内容也存在大量的伪科学。2011 年 7 月，中华

---

① 整本书的范围包括图书正文、封面（封一、封二、封三、封底、勒口、护封、封套、书脊）、扉页、版权页、前言（或序）、后记（或跋）、目录、插图及其文字说明等。

人民共和国新闻出版总署^①（以下简称新闻出版总署）大力检查养生保健类图书，有 24 种图书被认定为编校质量不合格，要求出版单位对其予以全部收回并销毁，诸如曲黎敏的《从头到脚说健康》《把健康彻底说清楚》、张悟本的《把吃出来的病吃回去》、罗大伦的《这才是中医》《阴阳一调百病消》等都属于该领域畅销书，质量不合格的图书越畅销，书中讹误对读者和社会所造成的负面影响就越大。

除了养生保健类的大众图书，教材教辅类图书也不断地被查出存在一定数量的讹误书。在笔者采访某高校出版社编辑时，该编辑正负责修订由中华人民共和国教育部（以下简称教育部）审定的中学生教材，他谈到被修订的旧版本教材中存在很多错误，如版式上的前后不统一、引文误为正文、错别字等。无独有偶，媒体报道人教版的小学语文课本某些插图的细节存在差错，不符合所处历史时期。凌国华（2013）指出，这些讹误在普通人眼中或许算不了什么，但对教材编写、出版者来讲，却非可以掉以轻心的问题。作为知名出版机构，这套课本的编写出版者应对此讹误仔细调查论证，廓清民众疑窦，负起应有的责任。教材的组织、编写、审核、出版，都有一系列科学严密的流程，教育部对此应严格地把关。即便如此，也需要出版社参与教材编审的每一个编辑都怀有一种文化敬畏感和教育使命感。在图书传播文化、教育教化的过程中，用责任心去编写、审核，打造出高质量的文化使命精品。

另外，少儿图书讹误现象更为严重，2014 年由国家新闻出版广电总局检查并通报了 10 家出版单位的 10 种少儿图书编校质量不合格，给予相关出版单位警告的行政处罚。这批不合格图书主要存在一般性字词差错、不符合相关标准的文字差错、知识性和逻辑性及语法性差错等（人民网，2014）。尤其是少儿科普类图书，这类图书以图文并茂、深入浅出的特点赢得市场的青睐，却存在严重的鱼目混珠状况。当前该类图书

---

① 2013 年国务院将新闻出版总署、广电总局的职责整合，组建国家新闻出版广播电影电视总局（以下简称国家新闻出版广电总局）；2018 年 3 月，根据第十三届全国人民代表大会第一次会议批准的国务院机构改革方案，在国家新闻出版广播电影电视总局的管理职责的基础之上组建中华人民共和国国家广播电视总局，不再保留国家新闻出版广播电影电视总局。

品种繁多，除几种独创性的、品牌化的少儿科普读物之外，大量的读物无论是内容还是装帧都大同小异，属于"剪刀+糨糊"式的编写。原创性科普图书本来就少，加上有些出版社本身在科学知识的把关上存在疏漏，科普图书的质量便难以保障。例如，据媒体报道某出版社"聚拢"了 40 多名在校研究生编写的所谓"原创"少儿科普图书《变成石头的动植物——化石》错误百出。该问题的揭露始于中国地质大学古生物学和古生态学硕士纵瑞文的网上发帖，他指出该书有十余处化石名称错误，如该书将亿万年前生活在大海里的软体动物"菊石"写成海螺、蜗牛、蛇等动物的化石，把珊瑚化石写成蛇骨化石等（华南理工大学广州学院，2013），诸如此类的错误在书中还有多处。书中所谓旨在"引领青少年爱科学、学科学、用科学"，却在讹误百出的窘境中暴露出该出版社编辑对科学传播不负责任的态度。

　　目前，中国的科学传播主要集中于面向青少年的科学知识普及层面，对于科学精神、科学方法、科技价值观等方面的著作并不多；即便这样，若能保证科学知识普及读物的准确，也属于图书对科学传播的贡献。然而，这类书普遍存在的讹误问题很值得我们反思：图书讹误问题看似简单，涉及某一些编辑一时粗心或者对工作一贯的责任淡漠，但是造成的哪怕是一个字词的差错，都有可能造成科学知识传播变成错误知识传播，特别是对于接受知识的青少年一代，其危害不容忽视。

　　更让人警醒的是，学术出版中的讹误书。由于学术出版的小众化及其专业壁垒的存在，其讹误之处不易被大众读者或新入门专业学习者识别。也正因为如此，学术讹误书才更容易"误人子弟"，它有悖于学术研究严谨准确的基本原则，学术讹误不仅会严重影响该书的学术创新，还因为本身夹带传播的错误学术知识而贻害学习者。例如，由南京大学出版社出版的《张岱评传》（2002 年 5 月版，属"中国思想家评传丛书"）被读者悉数指出存在大量的细节错误，仅第一章的明显错谬粗略估计就有近百处，有的甚至连续几页均有讹误之处。纵观全书，最大的缺陷在以下三点：第一，引文似乎全无核对，前后引同一段文字，往往错讹百出。第二，文字校对工作没有做好，错别字多。例如，"谷应泰"屡屡错作"谷应秦"，"计六奇"多讹作"季六奇"之类。第三，对于张岱生平、家世和著述研究并不深入，其断言和结论时有错谬，出现先后矛盾的情况（Sydneycarton，2008）。2008 年，上海人民出版社出版的《宋文通论》中也存在多处讹误，如"勾践"误为"钩践"，"葱茏"误为"葱笼"，"邵雍"误为"郡雍"等（任文京，2012）。另外，国内学者在翻译国外著作时更是缺乏基本常识，翻译出来的所谓学术著作闹出笑话，诸如国内同济大学哲学系某副教授将毛泽东德文的诗词《念奴娇·昆仑》翻译成汉语时，居然翻译成"作者昆仑"的诗。这种状况和北京大学某学者将"孟子"翻译为"门修斯"，清华大学某学者将"蒋介石"翻译成"常凯申"等如出一辙，反映出当前学术界的浮躁喧嚣的不正之风。学术讹误书之所以不如大众类、儿童类、教材教辅类讹误书常被检查、曝光，受到各界批评，主要是因为学术出版受众范围有限、读者话语权受限、学术界自我监督缺失等。

当前的学术出版大多是作者自费，无论是源于作者某项研究课题的资助，还是以纯自筹方式支付，对于出版社而言，这类学术出版经济风险相对较小。在出版单位转企改制背景下，不少的基层编辑迫于单位规定的任务量，将目光锁定在学术出版资源上，尽管大多数出版社在对待出版选题、样稿"三审"制方面仍起到重要的质量把关作用，但也有个别出版社过于追求学术出版的量而忽略对学术质量的严格审查。除了在政治把关方面尽到责任之外，其他诸如学术创新性、内容专业性与科学性、行文细节严谨性与准确性等方面比较疏忽。正是因为个别出版社的急功近利和粗心大意，使学术出版出现作者与出版社捆绑为一种责任缺失状态下的"利益共同体"。试想，如果个别情况坏到一定程度，会对主流的学术出版造成一定的威胁，或者以"劣币驱逐良币"的业态将作者与编者畸形地"黏合"在一起，责任编辑便成为促成学术出版"买卖"的联络人，图书出版的"三审"制形同虚设，成为既无人也无暇遵守的一纸空文。

3.1.3 伦理反思：质量把关是图书出版的基本责任

中国出版社已经实行了项目负责制：一本书或一套书，从选题到成书的整个过程由责任编辑负责。所谓责任编辑，便是承担整个出版流程的最主要的责任主体。责任编辑对于书稿的质量起最初的也是最全面的审稿把关作用。《图书质量保障体系》中明确规定在稿件初审工作中，责任编辑主要承担对书稿的专业学术性、社会价值与文化创新价值等方面进行初步审查的职责，从政治性、知识性及文字表述方面严格把关；同时，要负责稿件的编辑、加工、整理和付印样通读工作，使稿件内容避免结构混乱、逻辑矛盾、表述含糊，尽最大努力消除文稿中的一般技术性差错，切忌存在原则性错误。初审的责任是编辑的基本责任，也是保障图书质量的第一步。因此，责任编辑的把关不严是造成图书存有大量讹误的首要原因。编辑要提高自身的专业水平和职业责任意识，在初审中真正做到对图书质量严格把关。切忌有侥幸和应付了事的消极心理，真正将编辑的责任从查漏补缺的细节把关开始，培养工作中踏实、认真、耐心的职业品质，努力践行职业责任。

另外，值得警醒的是，图书讹误现象这一出版行业痼疾的存在最根本的原因并非编辑责任意识淡漠，而是体系内的相互监督不够、相关监管部门的检查惩戒不够。对来自不同岗位或不同出版单位的编辑进行相关调查访问，编辑反映的问题更让人担忧：一方面，出版社内部的“三审”制践行不到位，有的甚至沦落为“三签”制；另一方面，所谓的图书质量检查、监督根本就是自我监督、体制内监督、利益群体内监督，往往使监督流于形式。出版社对与之合作的民营书商监督不到位，图书质量检查部门对出版社出版的图书检查不到位，不是随机检查，而是由出版社向检查部门提供被查样书；监督者也难免敷衍塞责，尽管按照《图书质量管理规定》《图书编校质量差错率的计算方法》的要求进行检查，却从所谓各地方的“大局”考虑，“宏观”上把控讹误书的比例，使差错率停留在万分之一以内①。正是由于监管无人或惩戒无力，才会对讹误书听之任之。图书质量监督流于形式，不仅使制作粗糙的图书流向市场，为读者阅读带来负效应，还容易使本来具有强烈责任意识的出版从业者开始质疑责任价值，产生散漫怠工的消极情绪；同时，出版的监管部门工作不到位，缺乏有效的惩戒措施，或者监管部门本身缺少第三方监督等，这些潜在的问题比图书"讹误现象"更让人担忧。

3.2　图书跟风现象中的创新责任缺失

近年来，出版界试图在畅销书和长销书的打造中构建自身品牌竞争力，使每一位编辑都梦想着能挖掘到畅销精品，但随畅销书而起的跟风潮将出版界拽向逐利的浮躁"泥潭"中。

3.2.1　图书跟风现象的界定

所谓图书的跟风现象，是指图书市场上存在大量跟随某类书的畅销热势而迅速以相似书名出版的同类题材或相近题材的多种图书，这一现象也是图书市场上同质竞争的一种表现。这类图书对出版界和读者的长远利益来说是害大于利的，因为表面看是跟风，实为低端模仿、简单克隆，是对图书原创作品版权的严重侵犯。更让人担忧的是，这种现象似乎由来已久、越演越烈，却缺少规避的有效措施，堪称图书界有识之士鄙夷、唾弃的恶现象。

跟风跟的是畅销之风。从 20 世纪 90 年代中期开始，各类畅销书开始席卷大众图书市场：余秋雨的散文热、名人出书热、引进热、经管热、文学热、网络文学热、历史小说热、青春文学热等。但也应当看到，当一个领域的某类图书已经饱和时，再以同样的模式跟下去的多半是缺少创意的低劣复制品。进入 21 世纪后，大众畅销书几乎覆盖了所有的领

---

① 引自笔者整理的调研采访记录（3 号被采访者，见附录 2）。

域，在这些领域中的销售排行榜上总有几本超级畅销书，但是排行榜之外的出版界便是泥沙俱下的跟风浪潮了。

纵观近十几年来中国图书界的跟风浪潮，在醒目浪花的背后汹涌而来的，是同一领域、同一主题甚至同一类书名下的同质重复、竞争。这主要涉及大众图书领域，包括纪实文学类、经管类、健康养生类、成功励志类、教辅类等，甚至有交叉领域"混搭"之风；跟风的主体也大多是中小规模出版社和民营书业。复制型产品铺天盖地、鱼龙混杂，让人眼花缭乱。惠西平（2002）指出，出版跟风不仅仅是急功近利的问题，更反映了编辑人员观念的陈旧、思想的懒惰、目标的低下、信息的闭塞、品牌意识的淡漠、创新能力的不足、知识结构的缺陷等，还反映出版业社会价值取向的混乱、机制的缺失等问题。在造成出版资源浪费、加重出版业"滞胀"痼疾的同时，更重要的是它消磨了出版从业者的创新意识和厚积薄发的专业耐性，侵蚀其职业责任感和使命感，使出版界鼓噪出一股利润至上、文化淡漠的职业尘嚣。

3.2.2　跟风现象的三种表现形式

通过总结不同的跟风方式，回顾并梳理不同领域的跟风书典型，来思考这类行业失范行为背后所隐藏的深层危机。图书跟风的方式主要表现为以下三个方面。

第一，选题跟风。即做同一类选题，如从某本畅销书中谈及的社会热点问题进行同题跟进，寻找新的个案、角度，迅速出版以赶上风势。

2000 年，跟随《哈佛女孩刘亦婷》畅销而起的各种家教类书籍和2010 年由《开明国语课本》引发的民国教科书热潮便是典型。《哈佛女孩刘亦婷》于 2000 年 8 月由作家出版社出版后，销量达到 130 万册，成为横空出世的家教类畅销书。该书是由刘亦婷的母亲刘卫华撰写，记录并总结了以素质教育培养人才的过程。2001 年，时代文艺出版社先后推出"素质教育纪实报告"系列丛书，其中包括《哈佛男孩张肇牧》《剑桥女孩孟雪莹》《东大男孩王欣华》《北大女孩谢舒敏》《清华男孩章启轩》；作家出版社继"刘亦婷"之后又乘胜出版《轻轻松松上哈佛》，推出另一个哈佛女孩"陈元"。随后一大批探讨素质教育理念的"跟风书"如雨后春笋般破土而出：《哈佛素质教育理念精华——如何开发少儿的智慧潜能》《走进哈佛》《我家笨笨上剑桥》《哈佛才子——如何用卡尔·威特法则培养你的孩子》《哈佛天才——用卡尔·威特法则培养出的哈佛孩子》《卡尔·威特的教育》《博士姐妹》《千万别管孩子》《玩学习——三个博士姐妹的家庭教育》等。面对如此多的跟风图书，教育界和出版界有识之士纷纷指责批评，教育专家称其把素质教育推到了庸俗的套路中，即尖子生进名校才是成功的模式，这有悖素质教育的根本主旨；出版界则对效仿者大加批判。

与此类似的是《开明国语课本》的跟风热潮，它始于 2010 年年底民国开明书店出版的老课本《开明国语课本》一炮而红，此番创举受到小学教育界的一致欢迎，也成为出版界一个新的经济增长点。随后出版界便涌现出一批"民国"类教材教辅，诸如《民国模范作文》、《民国小学生作文》、《民国小学生日记》系列、《左手民国课本，右手民国作文》等。当然，有人提出跟风出版的必然性和积极性：激烈的市场竞争中，好的选题不可避免被复制的命运，反过来说，这也是行业内互相学习借鉴的过程。然而，关键的不是该不该学习，而是如何学习借鉴。应当是在吸取别人成果的基础上进行自我创新，用有新意的东西突围市场，而不是将原本受欢迎的题材做多做滥。显然，在大量同题图书中确有一些具有创新要素的作品，但数量少之又少。整体的跟风热潮中多为鱼龙混杂、趁势渔利者，从出版业整体的发展来看，尽管跟风效仿无可避免，但并不值得提倡。如何从同题中求异才是出版界应当重视的问题，也是避免同质重复、浪费出版资源的关键所在。

在选题跟风中，人物传记或成功企业的图书向来容易被跟风，相关二手资料多、角度也多，比较容易操作。从 20 世纪 90 年代卡耐基、松下幸之助的成功学到杰克·韦尔奇、比尔·盖茨的传奇人生，还有国内成功人士的励志故事，出版界似乎看到了中国读者喜欢从别人成功的经历中寻找精神力量，于是乎，各种版本的成功人物或企业励志故事被反复咀嚼，充斥于成功励志书籍中，让人眼花缭乱。2014 年，随着阿里巴巴在美国上市，本来在出版界备受关注的马云更是成为炙手可热的明星人物。据媒体报道，截止到 2014 年 12 月上半月，关于马云的书如《近观马云》《马云营销课》《马云给年轻人的人生规划课》《做马云这样的男人》等图书齐上阵，多是大同小异的故事，甚至有人为加工的成分。在"剪刀+糨糊"式的手工作坊里，马云的故事已经被剪裁得面目全非（苑广阔，2014）。一个人能有多少故事可以挖掘？从人物传记到思想杂解，从内容挖掘到形式变换，从当事人自述到旁人体悟，当出版界无法再创新时就胡乱粘贴或想象杜撰。依据出版业第三方数据机构开卷数据显示，关于马云的图书版本多达 170 种，粗略估计当当网就有 3284 本。

客观来说，选题跟风存在值得肯定的地方，从积极的角度来看，某本畅销书恰恰引发了某一主题甚至某一领域读者的阅读兴趣，出版者沿着这个方向跟进，挖掘类似但又独具特点的图书，仍然可以受到市场青睐，由此而形成某一类书都畅销的局面。但关键的问题是要在跟风中进行品质创新，而不是简单地形式变换。

第二，图书书名跟风。书名是图书营销的第一要义，书名的制作也成为影响该书能否畅销的决定性因素。大多数低端的跟风书往往容易在书名上做简单的重复，甚至围绕书名进行各种概念的炒作。童翠萍（2005）指出，图书书名跟风一方面反映了出版界原创性的东西少，整体创造能力低下；另一方面折射出出版商业道德欠规范、市场规则不完善的问题。相似或相同书名本身就是对原创图书的版权侵犯，但在中国版权管理和图书市场监管不完善、不到位的状况下，同名或相似名图书却得以大行其道。

诸如"奶酪热""三国热""隐私热"等例子不胜枚举，都是在同样的书名关键词下的各种匪夷所思的内容延伸。例如，在 2000 年年底，上海少儿出版社出版了《新世纪儿童版·十万个为什么》，该书在分类上特意打破了 20 世纪六七十年代青少年版"十万个为什么"的学科分类法，而采用"天上飞、水里开、地上爬"的分类方法，以文字加拼音再配合俏皮漫画的方式呈现科普知识。从构思策划到书稿几番修改，历经一年多的时间，投放市场后颇受欢迎，但不到半年的时间，市场便有了"跟风"之作《21 世纪儿童版·十万个为什么》，从书名到内容相差无几，而且价格便宜，赠送的 4 张光盘更让人觉得物超所值。随后各种版本的《十万个为什么》便一拥而上、泛滥成灾。据不完全统计市场上竟有 519 种之多，创下了中国出版统一选题数量之最（关力，2003）。

2003～2005 年，大众图书市场上的书名跟风似乎成为出版界的主旋律。尤其是经管励志类图书，把跟风造势的粗劣之举演练到令人瞠目结舌的地步。

小说《狼图腾》畅销之后，以"狼"为关键词的书名数不胜数：《狼图腾启示录：从狼群争斗中学经营管理》《狼道》《狼性：个人发展和团队生存的动物图腾》《像狼一样思考》《像狼一样思考——神奇的商业准则》《狼道：生活中的狼性法则》《企业中的狼性》《狼道：绝对竞争的血酬定律》《狼道与人道——狼族与人类共有的铁血规则》等。《细节决定成败》畅销后，冠以"细节"的图书倍增：《细节是天堂》《细节决定一切》《细节决定成功》《细节左右成败》《细节——细节决定成败》《细节中的细节》《决定成败的 49 个细节》等诸如此类。

一个更让人费脑筋的案例是跟随《致加西亚的信》而蜂拥出版众多版本的"加西亚"图书。《致加西亚的信》由哈尔滨出版社于 2003 年出版，原书作者为阿尔伯特·哈伯德①。几个月后市场上已经有多个不同版本、相似书名的图书，有些书还出自有一定规模的出版社，无论是从装帧版式，还是从文字内容，连书店工作人员都难以鉴别哪本是原畅销书，读者更是难以分辨。这些书的书名也是五花八门，如《把信送给加西亚》《加西亚的回信》《怎样把信送给加西亚》《收到信的加西亚》等，

---

① 由于阿尔伯特·哈伯德已经去世，超过版权保护的 50 年期限，该书成为过期版权图书，出版社可以自由翻译出版。

仅看书名还以为是连续性的系列图书，有的文不对题，甚至和"加西亚"没有关系，让人啼笑皆非。

书名跟风的初衷是让读者爱屋及乌，从对畅销书的兴趣移情至同名或相似名图书，但若只是简单粗暴地在书名上进行效仿，只能消磨读者对该类图书的阅读热情，甚至增加其厌恶之感。特别是对于后来跟风者，读者的阅读热情消退后，这些图书便逃不开增加库存或化浆做纸的命运。

第三，作者跟风。众所周知，最重要的两个图书资源就是作者和内容。对作者的宣传也成为图书营销的重要部分，特别是畅销书的打造，作者是重头戏。

某本书畅销之后，跟随其后的也会是同一类型、同一职业或同一领域的作者，诸如兴起于 20 世纪 90 年代中后期的"名人出书热"。1995年，刘晓庆的《刘晓庆·我的自白录》试水成功之后，1996 年，赵忠祥的《岁月随想》正式把"名人出书热"的帷幕拉开。之后杨澜、倪萍、白岩松、水均益、元元、吴小莉、陈鲁豫、王小丫、冯小刚、姜昆、姜文……从央视主播到演艺界人士很多成为作家，出版界也开始纷纷效仿金丽红、黎波的畅销书运作模式。除此之外，21 世纪后流行的"青春文学""网络文学"等也都是在具有共同特征的作者身上趁势追赶。

当然，在作者资源的开发问题上，除了跟风的消极影响之外，作者群确实是值得积极开发、巧妙利用的出版资源，特别是成功的名人和一些新潮流的代表者，他们对于普通读者而言永远具有"可读性"，是出版界永恒的资源。关键的问题是如何挖掘和利用这些资源，是随波逐流、人云亦云，还是人无我有、人有我独？答案不言自明。

3.2.3　伦理反思：文化创新是图书出版的核心责任

21 世纪以来的十几年，媒体和相关部门对跟风书的批评声不绝于耳，但仍然有大量的跟风作品将大众图书市场炒得沸沸扬扬，尤其是一些在转企改制中遭遇困境的中小出版单位和进入出版领域捞金的民营工作室开始在跟风潮中寻找捷径，想分一杯畅销书"美羹"。理查德·怀斯曼的《正能量》在国外销售成功后，被湖南文艺出版社购买版权于 2012 年 8 月出版，在当当网 2012 年度励志类图书销售榜上位列第一。该书的销售热潮毫无意外地引发了大批的跟风书。笔者曾在保定市新华书店看到过名为《正能量》或书名含有《正能量》的各种版本图书摆了长十多米的一层书架，种类达十多种。据开卷监控的数据显示，含有"正能量"关键词的图书从 2012 年的 35 种增加到 2013 年的 262 种，增长了 7 倍多（白羽，2014）。

　　另一个被疯狂跟风的心理励志书是"都市身心灵作家"张德芬的《遇见未知的自己：都市身心灵修行课》。该书由湖南文艺出版社于 2008 年出版，2009～2012 年，位列当当网销售排行榜前三名，难逃被跟风的命运。迅速崛起的图书以"认识未知的自己""寻找未知的自己""透析未知的自己""发现未知的自己""找寻未知的自己"等命名，混杂大量的抄袭、剽窃内容，几乎是同题重复。这些书将"未知的自己"泛滥到让读者产生审美疲劳的地步，以至于当张德芬推出后续作品《重遇未知的自己：爱上生命中的不完美》时，虽然该书为都市人开出悦纳自己、重新做自己等精神良药，在"身心灵"参悟上可谓超越了前一本，但是未能引发持续的销售热势，几乎淹没于跟风浪潮中，实在令人扼腕。

　　图书市场上的跟风现象实质上是市场经济规律的必然过程和表现。在商品市场上，依据资本市场的利润与资本流向的关系，商品的销售热所引发的必然是大批的效仿者，尽管其中不乏创新之作，但整体呈现为低端模仿、重复克隆，使该商品竞争同质化、水平低。但是，图书并非简单的商品，而是文化产品。黄海宁（1999）指出，文化产品最忌讳"同"，每一本书、每一条新闻、每一部影视片都应有自己独特的风格，这就要求文化人不断地勇于开拓、创新，踏踏实实地研究不同层次、不同时期的消费者独特的需求。因此，对于图书编辑来说，保证图书创新是出版图书最核心的责任，创新就是要有新的、独特之处，从本质上是与跟风现象不相容的。但正如一些出版学者所提出的，对于跟风现象也要一分为二地看，如若保证在不侵犯版权的前提下，实现图书本身的创新价值——新的角度、新的观点、新的应用等，那么随畅销热势而进行同领域、同类题材的跟进挖掘也并非完全不可。但跟风现象的事实证明，跟风出版的大量图书中有创新价值的少之又少，加上市场监管力度不够、行业竞争混乱、编辑自身素养不高等各种因素，最终所形成的便是图书热销中的鱼龙混杂、参差不齐，既侵犯原创作者权益，又打击读者的购买热情，同时也造成出版市场混乱和出版资源浪费。

3.3　注水书、伪书、打榜书现象中的诚信责任缺失

诚信，即诚实守信，诚实不欺、真诚不妄。正如宋代理学家周敦颐所谓"诚，五常之本，百行之源也。"无论是中国古代传统道德体系，还是当前中国社会主义核心价值观，都将诚信视为道德至善的基础，是仁、义、礼、智、信等一切伦理行为的本源。诚信也是一切商业活动的基础，从这个意义上来看，无论是将图书出版看作商业行为，还是将其作为文化传播活动，诚信都是保障这个行业健康正常发展的伦理基础。同时，出版是将读者与作者通过出版物而联系起来的媒介或活动，作者群与读者群的信任是形成出版编辑群体的重要基础，如果失去了出版诚信，出版活动便成为无源之水、无本之木。

当前中国图书市场上可谓是"乱象迷人眼"：粗制滥造的注水书、东拼西凑却招摇过市的伪书、虚构数据却堂而皇之的打榜书等。这些有悖于出版责任伦理的图书大肆侵蚀着出版业的诚信，也将一股浮躁、虚假、利欲熏心的恶习带进出版业，成为破坏出版行业健康发展的毒瘤。

3.3.1　注水书的判定标准与负效应

1. 注水书的判定标准

注水书的说法多是用来批评一些图书没有多少有用的东西，但华而不实的内容满篇皆是。这也是读书界将文章内容分成干货、水货说法的同义延伸，干货即实用、有价值的文章；水货则相反，是指没什么创新价值，表现为琐屑、冗长、无实际用途等。延伸到对书的评价，与注水肉产生词义联想的注水书，二者共同的特点便是掺杂了没必要且有破坏作用的"水分"，前者注入的是真正的水，多余的水破坏了肉质原有的结构，使其口感不再鲜嫩，却增加了重量，无端多收取消费者的钱，实属商业欺骗行为；后者因为添加了太多的旁枝末节，诸如增加冗余篇章或舍本逐末地强化装帧设计，图书篇幅多了，厚了，价格高了，但书的阅读价值反而降低了。这便是所谓的注水书，其实质也因其物非所值而属出版不诚信造成的商业欺骗。

尽管出版界有些人提出书是要"注水"的，就像泥土需要注水从而滋养花草杂树一样，只是在具体把握上必须适度（刘新，2004）。这种观点所涉及的注水书并非注入多余的"水"，而是基于图书内容和阅读消费等因素而需要补充的"水分"，这与此处所批评的出版注水现象是有本质区别的。

对是否注水书需要有一个判定标准，即超越了一定度量的"水"就不再是图书的"滋养"，而成为一种"污染"。是"滋养"图书的不可或缺的"水"，还是"污染"图书破坏其阅读价值的冗余之"水"，还需要去看"水"的构成与分量。从当下的阅读风尚和图书市场经济背后的"看不见的手"两个方面考虑，一些如"配上很多能引起读者兴趣的图片，穿上时尚、另类但不一定是经济的版式设计的书衣"（刘新，2004）等做法，是对图书内容的补充和形式的创新，是契合当前阅读需要而进行的必然转变；但若是排除了所有图书选题、内容、阅读等需要而进行的补充和创新，而是以喧宾夺主、哗众取宠的方式，在图书信息量上"水货"远远超过"干货"、在图书版式与装帧设定上也空洞无物，读者所买之"椟"与图书内容之"珠"并不匹配，因此图书少之可怜的价值几乎全被"水货"破坏，那么这类书是"当之无愧"的"注水书"。

概言之，"注水现象"即书中充斥大量与主题无关的琐屑内容和过于花哨、另类并与图书主题并不契合的装帧设计，使图书因为这些冗余"水分"而暴露出内容被稀释、价值被淡化、主题被扭曲等问题。

2. 注水书的负效应

这种状况在网络资源（文学网站、主题论坛发帖、博客空间、微博等）转向纸质图书出版中较为严重。特别是一些心灵"鸡汤"类的信息，放在网络空间中句句精辟，还能让用户在匆匆浏览中有心灵共鸣，但当它变成纸质书时，阅读感受和期待出现巨大的心理落差。加上某些编辑过分注重装帧设计、纸张印刷等外包装，充斥大量的无端配图（甚至有很多属于无版权的"盗图"）、大字号、超大行间距、满篇分段等，一页四五百字，将本来一百多页的书做到三百多页，使价格相应地提高。有的书商可能有所愧疚，于是附加一些所谓"精美礼品"，使整体看起来物有所值或物超所值。《香蕉哲学》就是典型的注水书。该书将新浪网络微博热门博主"飞机的坏品位"的 300 多篇短文、短句，以图文并茂的方式，展示了作者对现代生活、工作压力的反讽，如编辑语："本书整体装帧符合年轻人偏爱的创意排版方式，内容无序阅读""符合年轻人的审美倾向，可看性俱佳"，精装高价。且不说所谓附赠的"精美丝巾"仅是一块薄薄的方形手帕，金光闪闪的封面设计让人感觉与哲学的含蓄理性完全不匹配，里面的文字排版更是让读者难以忍受，内容稀少、胡乱断句、随意配图等。查看豆瓣上的相关评价："整本书充斥着浓浓的快餐味道，无病呻吟的味道。""还不如买几斤香蕉来得划算"等（Sai，2012）。当个性追求远离了本真而成为一种刻意为之，个性便很容易流于肤浅，最终沦为无内涵的扰人聒噪，这类图书也或许会变成只有作者和编辑孤芳自赏的无厘头读物。

随着商品经济的快速发展，营销意识不断渗透到图书出版领域，一些出版单位和编辑抛弃了图书文化属性的本质，而将其作为纯粹商品来看待：书名即商品名，如何能刺激感官，让图书消费者过目不忘或好奇向往；图书内容也开始注入更多的图片、版式、装帧、赠品等有用无用的一堆"添加剂"，宣扬着凸显图书的某种所谓个性。当前社会是一个崇尚个性张扬的社会，人们价值的多元倾向也使图书开始朝不同的角度寻找与读者的心灵契合点，但真正契合心灵的图书一定是从内容上（文字或图片）迸射出来的思想火花，能够触及思想深处、精神底层的个性审美、个性文字、个性表述等，并非浮在表面的版式编排或装帧风格（尽管这些东西也是构成图书个性的要素，但并非核心）。

从根本上来说，图书注水现象折射出的是严重的出版不诚信问题，它背离了出版的文化之"善"，是有悖出版责任伦理的"恶"现象。无论是从整个出版业宏观发展，还是从编辑出版从业者个体职业发展，它更多地体现为负向的社会效应。从宏观上看，这一"恶"呈现出图书市场由于缺乏外部监管与内部约束而陷入的恶性竞争，是中国图书出版业从粗放型到集约型发展过程中的噪声。它的存在暴露了出版宏观监管体制上存在的诸多疏漏，意味着适应未来消费时代的节约型出版观念还远未形成；从微观上看，这一现象则是编辑出版从业者浮躁与急功近利的集中暴露，是其职业责任意识、诚信意识淡漠的典型表现。他们通过稀释内容，使书变厚；通过增加装帧元素而使书变贵，都体现图书编辑忽视了出版界的首要原则：书的本质并非完全的商品概念，而是知识与思想这一文化概念。文化概念是书的核心质体，商品概念不过是包裹核心的实体，如若缩小或消除了文化概念这一核心质体，那么，留下的商品概念就会成为空洞之物。非但不能给读者传达一个清晰、完整的思想，连基本的阅读愉悦都无法实现，最后不过是一叠废纸，徒增资源耗损而已。

3.3.2　伪书现象的表现与监管缺位

图书本身具有文化性和商业性，双重属性决定了图书出版要遵循双重伦理：文化伦理要求图书出版讲究文化含量，讲究原创性，杜绝剽窃；商业伦理要求图书出版讲究货真价实，讲究诚信，杜绝假冒伪劣。因此，无论强调图书的何种属性，不讲诚信都是出版责任缺失的表现。所谓"伪书"，便是极大的出版不诚信现象，国内学者认为"伪书"是非法概念，是对出版界涉及图书作者、内容、营销手段含有虚假信息的总称（李连英，2007）。

伪书不同于 20 世纪八九十年代猖獗流行的图书"盗版"现象，后者是赤裸裸的非法出版物，它的印刷、销售都是通过非正当手段进行的，而且因其成本低，盗版书的印刷质量相对较差，购买者能轻易识别。例如，个体不法商贩出售盗版的琼瑶、金庸、三毛、古龙等畅销作品，90年代末期也有不法商贩将池莉、张抗抗等人的都市小说以港台作家名义盗版销售。尽管盗版书自出现就受到社会相关管理部门的严格打击，但是其价格优势在很长一段时间内仍然有不小的市场空间。盗版猖獗是对作者和读者权益的严重侵犯，甚至出版社也成为受害方。相较于盗版在市场上的不法地位，伪书却披上了合法出版的外衣，堂而皇之地以正版图书来出版销售，甚至有少数出版者参与图书的伪造，伪书从内容到形式都以假乱真、难以辨认。

20 世纪 90 年代，中国辞书界集体声讨"王国亿现象"，21 世纪的最初十年出版界出现形形色色的伪书，有媒体将这一现象总结为"伪书四大门派"[①]："查无此人派"的《第三只眼看中国》《哈佛图书馆墙上的训言》《执行力》等；"鱼目混珠派"的"金庸新"，以字形模仿知名作者名字出版的图书，借名人效应来营销；"剪刀糨糊派"的经管类、励志类图书，如《没有任何借口》《世界 500 强最需要的 13 种人》《自驱力：工作态度决定一切》等；"真假猴王派"的图书虚假作者、虚假宣传等。陈宏平和朱覃思（2008）指出，据北京市一家咨询机构提供的调查数据，仅 2004～2005 年，北京市场销售管理、励志类引进版伪书

达近百种，年发行量达到 800 万册以上，平均 3 天就有一种伪书上市。

新闻出版总署于 2005 年举办了"坚决制止虚假图书、营造诚信出版环境"座谈会，会上经由各方讨论，将中国已经出现的伪书大致分为三类。第一类是伪造国外作者并制造虚假书评。第二类是不购买版权而随意使用国外已有影响的图书书名或相关信息。这两类伪书共同的特点就是除了伪造国外作者身份外，还要配上一个传神的、生动的、杰出的虚构小传，从而成为业界的权威专家，或来自牛津大学、哈佛大学等国外顶尖级学校的著名教授，其作品在海外销量如何，影响了几十万、上百万的读者等。完全通过将作者"明星化"的手法，来迷惑国内读者，让所谓引进版伪书看起来真实。诸如《挪威没有森林》《没有任何借口》《执行力》《可口可乐不规则营销》等伪书均属此类。第三类就是冒用中国著名作者之名，模仿其文风而杜撰出版。冯骥才、易中天、刘心武、王跃文、海岩、池莉、韩寒等都曾遭遇伪书之困。例如，假借易中天之名的《易中天品金瓶梅》《易中天品性感内衣》，假借王朔之名的《不想上床》，假借周国平之名的《读禅有感悟》《纯粹的智慧》。张平的《国家干部》畅销之后，一批冠张平之名的《省委干部》《市委干部》《县委干部》《基层干部》《父母官》等多达 14 种，甚至书上还明确标明"继《国家干部》后力作"云云。读者被如此明目张胆地欺骗或误导，真假难以辨别，而且，其中有的伪书还是当年名副其实的超级畅销书，其业内影响力远远超过一些正规图书（杨锋，2005）。

据北京开卷图书市场调研结果显示，2004 年 1 月出版的《没有任何借口》在刚上市的 14 个月中，有 13 个月独占非文学图书市场的鳌头，年发行量为 200 万册（杨锋，2005）。畅销书引发跟风热势，伪书身后更是一批毫无逻辑、观点错误、思想偏激的跟风书纷纷出版，诸如《主动服从》《服从，没有任何借口》等，掀起一股强大的"无条件服从"管理热。这些伪书畅销的渠道主要是企业成批订购，企业领导者将书中话语奉为管理经典，在其授意下员工竞相学习、效仿。但殊不知，伪书的歪曲与跟风书的夸大都是对原版书的断章取义，甚至有悖伦常和对人性的尊重。例如，西方原版的《没有任何借口》更强调尊重人性和规则这一前提，将西点军校最重要的行为准则——敬业、责任、服从、诚实应用于企业管理之中，目的在于提高员工的职业化水平。但伪书将原版书的本质内涵扭曲成完全奴化的服从思想。正如抵制伪书第一人姜汝祥评论，所有的商业管理案例，抽掉因果关系来谈操作，并且移花接木放到了不该放的位置，所有的价值都会成为负的，信息可能是对的，指导的方法却错了（王山而，2005）。然而，可悲的是，这种凌驾于人性与原则之上的权力思想恰好迎合了一部分企业家强烈的控制欲，一时之间被众多企业奉若圭臬。

在批评和反思 2004～2005 年伪书泛滥这一出版恶现象时，我们意识到伪书的泛滥，意味着思想的贫瘠和文化的苍白，意味着竞争力的薄弱和出版市场的丧失。伪书是出版机体上的一颗毒瘤，严重地吞噬着出版业的健康主体，扼杀中国出版人的创造性和想象力（王愿石，2013）。在外力审查和业内一致声讨中，伪书旋风在经管类、文学类图书中沉寂了一段时间。到 2009 年，随着人们物质条件的提高，对养生健康的需求越来越凸显，健康养生类图书一度出现畅销热势。畅销所带来的利润也成为酝酿伪书的诱因。

2010 年的"张悟本事件"打破了大众健康类图书繁华的局面，之后养生类图书的市场需求骤降。2011 年国家新闻出版总署公布了必须下架的 24 种养生图书，几乎包括了当年绝大部分热门的养生图书，如曲黎敏的《从头到脚说健康》《把健康彻底说清楚》、张秀勤的《张秀勤刮痧保健康》、"养生专家"马悦凌的《不生病的智慧》和张悟本的《把吃出来的病吃回去》等。随之国家新闻出版总署出台了对养生保健类图书的严格管理措施："不具备养生保健类出版资质的出版单位不得再安排养生保健类选题，不得超范围出版。"（黄小希，2011）与前述已然查处的经管类和文学类伪书相比，张悟本等养生类图书是一种变异了的伪书。

首先，对图书作者的虚假包装。前述伪书作者的虚假之处在于完全是子虚乌有，甚至译者才是作者，而养生类图书作者虽确为"真主"，但作者的身份披上了一层层虚假的外衣，如并非医生的张悟本在利益集团的包装下，在大众传媒的报道中摇身一变，成为"国家卫生部首批高级营养专家""中华中医药学会健康分会理事"，而其从医证明、学历、"中医世家"等信息无不是编造而成的。

其次，图书内容上过分夸大，造成养生保健中的伪科学、伪知识。养生保健书就是教人如何保健，如果内容上不以科学的严谨性作为标准的话，就很容易陷入"反正吃不死人"的谬论中。例如，《把吃出来的病吃回去》《不生病的智慧》《从头到脚说健康》等，这些所谓"中医专家"将食材和中药材的疗效放大到无所不能的地步，仔细研究这些书就会发现有很多错误的说法，是有悖于中医原理的。正如 2009 年 1 月由学苑出版社出版，马王堆著的《从头到脚有毛病——曲黎敏养生书的 135 个错误》毫不留情地揭露了曲黎敏书中的各类错误。这些中医谬论在畅销书的市场运作中被广大读者奉若神明，却在被查处之后无人为欺骗读者承担责任。

据访谈和查阅网络媒体信息了解，除张悟本被捕，不合格图书下架、回收，杜绝再版、重印等之外，所涉及的出版社、购买书号的民营工作室、策划人等所有始作俑者也好，推波助澜者也好，既无经济上的惩处，也没有信誉上的折损，参与其中的正规出版社、中央级大众媒体等甚至没有公开地向读者道歉。养生保健类图书的喧哗与整治就像暴风雨一样，骤起骤停，除了几句不痛不痒的媒体通报之后便再无讨伐之声，各地书店又开始出售大批的养生保健书。

3.3.3　打榜书现象背后的出版伦理错位

打榜成为图书虚假营销中的潜规则。正如前述马王堆所著《从头到脚有毛病——曲黎敏养生书的 135 个错误》在养生保健书火热势头上出版，却没有引发读者和出版界对该书的疑问和对轰轰烈烈养生畅销书的反思。据笔者查看当当网《从头到脚有毛病——曲黎敏养生书的 135 个错误》的买家留言了解，2011 年之前买家留言全是对该书的谩骂和诋毁，对可能化名的"马王堆"各种质疑、讽刺，与对曲黎敏书和曲黎敏本人的近乎膜拜形成鲜明对比。除了确有读者真实留言之外，也无法排除书商在网络销售中对话语实施操控的伎俩。图书营销中的弄虚作假，除了伪造图书评论和图书销售业绩之外，全国图书销售店（包括实体店和网络书店）与各类媒体的图书排行榜也成为出版商家的必争之地，而这种竞争却是汹涌着暗流污秽、格调并不高尚的虚假打榜，打榜、买榜现象也成为目前出版业内人士羞于提及却已然从流的"潜规则"。

所谓打榜，即出版方在图书出版后，从一些书店大规模地回购新书，以使图书能够保住在书店的最佳销售展示位置，并登上书店的销售排行榜，继而进一步影响该书在全国图书销售排行榜的名次，从而达到吸引读者，推动销售的目的（刘晓娟和常晓武，2012）。"打榜"一词源于音乐领域的"流行音乐榜"，是音乐制作方为了推出新的音乐人和音乐盒带，在报纸、音乐杂志、广播和电视的音乐版块对推出的新歌、新人采用的人气营销，实属广告的功能；效仿而来的图书打榜最初也是为了对不知名作者的作品进行某种变异的宣传。但是，到目前为止，图书打榜行为已经不再是个别出版社捧新人新作的偶尔的营销方式，而已成为业内无奈潜流。甚至，由于打榜图书所带来的营销"顺势"确实起到了示范的作用，成为很多出版商纷纷效仿、追捧，且手法不断出新的图书营销策略。

在图书市场的快速回报刺激下，有些出版商在研究如何打榜、怎样有效打榜、打榜时机与效果关系等问题上，超过了对图书选题策划的创新热情，还积累了相当多的实战经验与技巧创新。有个别从业多年的出版界人士还撰文悉数图书打榜与音乐打榜无异，都是商业广告性质，甚至认为与音乐直接花钱打榜、工业产品民生用品花钱请知名人士代言广告等相比，出版商以真金白银从书店大量回购，使图书销量大增并非销售假象，认为"根本就是真相""出版人真的是太过诚信和实诚"，故主张出版商也是商人，只要按照规则，就不必去费心思做两者兼顾的美梦，那样做分明与商业社会的游戏规则相冲突（王谦，2012）。

乍一看，此君所言有几分道理，似乎图书打榜不过是一种商业广告，读者信之则有效，不信也无害；但仔细琢磨，此君认可打榜的前提是"出版商也是商"。出版商是普通消费品经营商吗？显然不是，图书的文化性决定了图书无论是生产还是消费都要首先考虑它的社会效益，而非简单的商品推广与销售。图书打榜行为本身和当年的伪书行为并没有本质的区别，只是从操作手法上更加"高明"，即没有直接伪造、发布虚假信息，而是通过返购这一手段在排行榜单上呈现虚假销售状态，误导消费者，其本质上仍旧是一种弄虚作假、混淆视听、蒙蔽欺骗消费者的行为（刘晓娟和常晓武，2012）。如若任由出版商无底线的市场操作，像张悟本《把吃出来的病吃回去》所采用的，集合了打榜、电视专题访谈、报纸广告等多元方式的"整合营销"带来的后果是什么？读者盲从购买、阅读，奉为经典的图书却是逻辑混乱、虚张声势的伪书。

随着图书品种的增加，特别是中国图书年出版品种突破三十万的现状和实体店有限的销售陈列之地相比，或者在浩如烟海的网络书店中，林林总总、五花八门的图书让读者无从选择，图书所涉及的领域或同一领域的图书在主题选择上、装帧风格上呈现的不同都被无限扩大了。对于没有具体目标的一般读者而言，实体店的销售排列、网络图书的各类排行榜似乎也是为读者服务的一种方式。现在图书排行榜也是各式各样，有传统媒体的排行榜，诸如《新京报》《中国图书商报》《中国新闻出版报》等报纸的排行榜，还有如《出版广角》《出版人》等出版专业期刊的排行榜；也有网络媒体的排行榜，如亚马逊排行榜、当当排行榜、百道网排行榜等。正是因为面对海量的图书单品，读者选择起来无所适从，每每问起经常是"这本书是排行榜上的吗？"似乎在排行榜上的书都是好书。那么，排行榜上所排列的，到底是书的文化品质还是商业品质？

冷静下来反思，排行榜对读者、出版商和作者都是具有不同意义的。如若从生产、销售与消费的角度来看，作者和出版商是一个"阵线联盟"，对他们而言，排行意味着被读者消费和占有市场的可能性，因此，哪怕是用打榜乃至买榜似乎不过是无伤大雅的市场营销手法；但是对读者而言，排行榜更多的是阅读的参考，意味着更多读者的选择，在趋众和盲从的冲动下，排行榜也就成为读者对图书文化品质的认可标志。在这两种不同的意味中，存在商业伦理和文化伦理的冲突。据媒体报道中一位出版界资深编辑透露，电商网站上畅销书排行榜的买榜率高达 70%，意味着畅销书排行榜上只有不到 1/3 的图书是自然畅销。畅销书买榜实质是扰乱了图书市场的正常秩序，是在欺骗、欺诈读者（张立美，2014）。出版商在策划营销的时候，将图书简单地视为商品是远远不够的，因为读者在消费的时候永远不会忽略图书的文化内涵和品质，都会希望开卷有益。这种伦理上的错位和冲突也决定了出版商与读者在图书打榜问题上的不同认知度和容忍度。

无论是涉及虚假作者，或者伪造图书评论，还是内容上的"注水"、断章取义、舍本逐末，或者打榜、买榜等虚假营销手段，都是图书不同的造假形式，都是有悖于出版诚信的，既是对读者权益的不尊重，也背离了图书文化和商业双重伦理。无论盗版书、跟风书还是伪书，都埋下出版伦理之恶，足以摧毁出版责任传统的贪婪与私欲，不断侵蚀着出版诚信；出版人的职业理想和文化使命也时常被这"恶"力量诱导和冲击。

然而，仅仅从图书出版伦理失范的表象进行批评和管控，显然并没有抓住问题的实质。剥开注水书、伪书、打榜书等纷繁复杂的丑陋表象，应当反思的是造成图书出版行业痼疾的内外原因：内因是图书原作者或编辑不诚信，暴露了出版行业从业者把关不严，职业责任感缺失、职业价值虚无的问题；外因是中国出版管理体系不完善，诸如书号管理上缺少灵活的机制，图书市场监管力度不够，缺少有效的惩戒措施，版权管理还有待细化，更为具体的出版法律法规有待出台等。

3.4　低俗现象中图书出版的价值导向责任缺失

迄今为止，图书一直被视为人类历史发展中智慧的结晶，无论是自然科学，还是人文科学，图书无所不涉、无所不包。同时，图书作为优秀文化的承载物也是文化的象征，"腹有诗书气自华"，读书人的高雅气质多半源于读书，通过阅读来自我提升，从图书承载的文化中吸取精华，而使自身获得涵养与品质。任何一本书都是作者、编者精神创作的结晶，通过与读者的互动产生了知识、文化和思想的传播、交流、共享，它的价值实现是以作者、编者和读者三方的价值认可为前提的，同样一本书，不同的人阅读之后会有不同的感悟和评判。因此，人们难以为图书出版设立一个统一化的专业价值标准；但这并非意味着图书出版就没有价值标准，具体的量化的价值标准无从建立，但普遍意义上能够作为图书出版、印行的，必然有其最基本的价值标准——图书的文化属性。

文化并非单一的概念，在它多元的范畴里包含人和物的文化，有形和无形的文化，过去、现在与未来的文化。尽管图书应当兼具文化属性与商品属性，但文化属性是其首要的、本质属性。它体现为对人类一切活动的记载与表现、传播与交流、反思与批判，它具有强烈的价值导向和潜移默化的意识形态培育作用。图书出版业并非单纯讲究利润的产业，一味追求国内生产总值（gross domestic product，GDP）只会扭曲文化产业改革的本质与目标。在中国出版业的后改制时代，回首总结转企改制十几年来的图书市场变化，反思图书界曾经走过或正在走的弯路，才能有利于保持文化产业改革的持久动力。

3.4.1　图书低俗现象的界定

在文化产业化之前，图书作为文化的载体，更多的是负载了传承文明、传播文化、教育教化社会、愉悦身心等功能；产业化之后，文化市场交易将文化产品的商品属性以有形利润的方式激发出来，并被无限放大，成为文化产业化的重要目标，图书也被裹挟其中。尤其是在中国出版业转企改制背景下，图书的商品功能取代其文化价值成为一种显性要求，能否营利成为评价图书出版是否成功的重要指标。正是基于如此类同于普通商品的利润价值追求，中国的图书出版业正经历着和中国企业市场化一样的过程，即从追求数量的粗放型生产到追求质量的集约型管理，这个过程使商品市场无限繁荣、竞争激烈；而且，出版业供需不平衡将出版企业卷入"滞胀"的怪圈，大批不合格图书在造成大量资源浪费的同时，也成为文化转型期中浅薄文化、娱乐文化等消极文化的催化剂，将社会主义文化拽向低俗的"泥潭"。

随着中国社会政治、经济、文化的转型，文化需求与文化消费的二元转化与交互作用不断升级，享乐主义、功利主义、利己主义、消费主义等文化的消极面趋向明显，并在文化消费市场上寻找附着物。娱乐市场的繁荣加速了大众媒体的娱乐化朝向，低俗、媚俗、庸俗的恶流将诸多极端、另类和畸形的文化生态带入大众视野。波澜壮阔的大众图书市场不断地培育着一波又一波的畅销书文化，传统出版界所一贯骄傲的阳春白雪式精英文化再也无法一家独大。在向市场化、利润化靠拢的过程中，不同出版组织的主管领导有不同的理解，他们对出版改革的理解直接决定了出版社图书的文化向度。在逐利思想的主导下，某些出版组织或编辑已不再纠结谁来引导文化的向度，而甘愿与"快餐"文化一起被贴上低俗的标签。

尽管通俗一词并非完全褒义，但低俗却完全是贬义色彩的词，"低"指低级趣味，"俗"则是媚俗、庸俗、恶俗的集中体现。图书的低俗现象，指的是充满了低级趣味的媚俗、庸俗、恶俗图书无论是从出版的数量上，还是从对社会的负面影响上，都不再是单个的、偶发的现象，而成为书业出版中的整体文化低俗化倾向的典型问题，因有悖于出版职业道德而备受诟病，却层出不穷，反映了整个出版界的文化畸态。到底如何界定低俗图书？它又何以能在社会责难中滋生蔓延，成为出版界难治的沉疴？

　　山东人民出版社社长金明善从三个方面给低俗图书下了定义："与建设文明和谐的社会文化相背离""以低级趣味吸引和取悦读者，哗众取宠""单纯以赢利为目的"（张云静和王正，2009）。当然，在具体实践中，不光是读者，有时出版界业内人士对低俗图书也是"仁者见仁、智者见智"，尤其在大众图书市场繁荣的当下，区分通俗读物和低俗读物的界限很难把握。而且，图书阅读是一个主观性很强的活动，评判本身就是价值层面而非事实层面，同时，不同地域、不同民族、不同年龄的人，对低俗图书的认知也是不一样的；还需要区分读者喜闻乐见的通俗读物和低俗图书。严格地划线区分难以做到，需要人们对低俗图书的特性进行整体了解，如果认清了流于低俗的方向，那么就能够做到有的放矢，循序渐进地扭转出版业的低俗化倾向。

3.4.2　低俗图书的恶性与潜在危害

　　尽管对图书的评价属于主观的价值范畴，但好书的特质各有不同，坏书却有着共同的恶。据上述界定，可以将低俗图书的恶性进行三个方面的解读。

　　首先，畸变的价值取向是低俗图书的首要特征。党的十八大倡导树立中国社会主义核心价值观，包括了国家、社会和个人三个层面，它为中国图书出版业践行社会主义积极文化提供了原则基础和路径参考。以此为参照来审视低俗图书：表现出来的价值目标往往是虚无的，与国家所追求的"富强、民主、文明、和谐"相隔甚远；所呈现的价值取向是低级而扭曲的，与社会所倡导的"自由、平等、公正、法治"相背离；所反映的作者或者编者的个人行为也是短视而虚伪的，与"爱国、敬业、诚信、友善"的道德是相逆的。

　　其次，浅薄化主题是低俗图书的重要表征。低级趣味的吸引是低俗图书的外在，这类图书虽不多，但坏的影响不容忽视。低俗图书不同于通俗读物之深入浅出、通俗易懂，而是以"戏说"历史、"玩笑"经典的庸俗解读，以"性"话题泛滥、暴力横行的内容涂抹恶俗的黄色文化与黑色文化。辛文（2004）指出，少数出版单位对出版的社会责任认识不到位，唯利是图，买卖书号，导致一些有政治倾向性错误、格调低下、差错率很高的图书、报纸、期刊和音像制品流入社会。出版方从争相出版木子美的"性爱日记"，到大肆渲染"以身体写作"的"美女作家"，另类情爱成为出版商热衷的题材。对性的再现、玩味几乎达到毫无顾忌的地步，甚至有的小说完全以性为主线，并露骨地宣称"以往的传统观念，性就是堕落，就是地狱，这个故事恰好相反，性就是天堂。"《天亮以后就分手》《天不亮就分手》《天亮以后不分手》等各类"一夜情"的摹写，跟风《绝对隐私》而泛滥成灾的都市女性口述隐私系列。原创文学网站充斥着各色"总裁情人"的身影和血泪故事，玄幻黑小说将现实的残酷呈现得更为狰狞与血腥。"书名不坏，书商不卖"，书名处充满了赤裸裸的欲望与挑逗：《长达半天的欢乐》《不想上床》《有了快感你就喊》《我这里一丝不挂》等，鼓噪着滥情、遗情、"一夜情"的畅销书搅乱整个书坛，其宣扬的"杯水主义"性爱观并非社会的主流；书中对爱情、亲情、友情等一切情感毫无底线地扭曲，尽情张扬人性的假、恶、丑，大肆渲染毫无内涵的流行时尚，将无聊当情趣，将恶搞当幽默……出版界浊流暗涌，所谓的畅销书上满是裸露、宣泄与放纵，虽然并不一定诲淫诲盗，但是其价值取向显然不值得称许（中国作家网，2007）。以上列举的低俗图书虽然并非纸质图书的主流，但这种现象在很大程度上暴露了低俗图书作为一种消极文化对社会关系和读者心灵的侵染，而这类图书的大行其道在某种程度上也暴露了某些出版从业者忘却文化导向责任，唯利是图的迎合之心。

最后，娱乐性与颠覆性是低俗图书的一贯追求。阅读能给人带来知识、技能、思想的同时，更多的是精神共鸣。特别是阅读的过程就是作者与读者共栖于文字表达中思想交汇融合的过程，这一过程使读者身心愉悦，有心灵被洗涤之快。然而随着人们生活节奏的加快，那种怡然自得的读书乐趣被快餐文化冲击，人们已经难以闲下来，一壶清茶一本好书的阅读心境也随之而逝；取而代之的，是人们渴望从经管类、成功励志类中找到"黄金屋""颜如玉"的蹊径，或者无须品读、翻阅即可的图文书、漫画书、另类刺激故事等。

当阅读者期望的心灵感悟滑落成感官刺激的娱乐时，那些盯着市场的、以逐利为目的的图书生产者便在流行文化中亦步亦趋、弄潮跟风。于是，娱乐精神就此在大众图书中找到可以滋生、蔓延的温床。例如，某出版社的《脑筋急转弯》刊载了大量低俗的、搞笑的所谓"益智"问题，如"不生小孩的女人是绝'代'佳人""整天不刷牙的人是'信口雌黄'""什么人没有当爸爸先当公公？太监""刘备为什么三顾茅庐才请到诸葛亮？因为前两次没有送礼"等。还有中国画报出版社出版的《不倒过来念的是猪》，非但书名另类搞笑、哗众取宠，书里面也充满刻意颠覆伦常、混淆是非的错误内容。

尤其是面向青少年的某些读物，从书名到故事情节充斥着较多浅层次感官刺激的娱乐性与颠覆性内容，以娱乐一切的精神"游戏"人生。例如，《尸画》《白日鬼呻吟》等图书，从图书封面、插图到文字，骷髅、鬼脸、凶杀等画面和描写在视觉上、心理上给青少年带来恐怖体验。据媒体报道，青少年大多偏爱阅读恐怖悬念小说和言情小说，或许里面的内容更多地编织了一次次离奇冒险之旅，但是血腥、暴力和恐怖的文字刺激难免会给孩子稚嫩的心灵蒙上尘埃。久而久之，或者让他们对血腥暴力熟视无睹，将真实的人生也视为一次次游戏或探险；或者使他们变得懦弱胆小，精神处于极度惊恐之中。也有不少的农村中小学校，图书馆年代久远、所藏图书陈旧，新购图书存在各种环节上的把关不到位，因此不少粗制滥造，充斥大量色情、暴力、封建迷信等内容的低俗图书，如《历朝皇宫喋血路》《俗世迷情》《中国古代禁书》等进入学校图书馆。这类低俗图书不能让孩子们去阅读而只能被锁于柜中，无疑是浪费了图书经费。

儿童读物市场也曾经出现过一个典型的低俗图书被读者公然抗议的例子：中国友谊出版公司出版了一本名为《令人战栗的格林童话——

你没读过的初版原型》的儿童书，书封面还赫然印着"揭开美丽的帷幕还原人性的真实面貌"云云。该书后来被媒体和读者称为"黑童话"，书中讲述白雪公主是因为跟父亲乱伦而遭到后母陷害，之后遇到七个小矮人夜夜欢歌，而王子之所以救公主是因为王子的性无能……这种肆意亵渎童话故事的行为遭到了读者和媒体的一致抗议，网上揭露"新华书店公开抛售色情版格林童话，内容不堪入目"，众多家长表示震惊并唾弃声讨该书的出版和销售，最后这种"很黄很暴力"的童书全部下架。对此，浙江省社会科学院调研中心主任杨建华对该事件表达愤慨："假借格林兄弟的名义，来编辑这种取媚当下的流行、庸俗，或者说'时髦'的书，对作者本身是种亵渎，也是对社会公众的一种伤害。文化部门有义务对这类书籍做出监管和清理。"（杨影，2010）可是，声讨过后如何进行整顿、惩罚和重新完善监管机制等相关信息并未出现，媒体采访得到的回复是"当初把关不严"。这种结果虽然涉及多种原因，但暴露了个别出版社对自身行为反思的力度不够，出版监管机构在惩罚力度上也有所欠缺。

3.4.3　伦理反思：传播文化正能量是出版的主要责任

图书的文化使命始终是其所背负而不可丢弃的，但有些出版社领导本身并不懂出版行业（通过行政调动而成为出版社的领导），产生一味追求图书的经济效益，疏于对文化导向的责任担当，造成内部工作人员的把关不严，任由逐利思想完全主导出版行为，跟随其后的便是对出版文化底线的放弃和文化使命的背离。上述种种粗鄙不堪的图书就是出版者放弃文化导向责任带来的恶果，那些打着"另类"旗号宣扬"颠覆性"内容的低俗图书，混淆视听，将各种低级趣味的东西甚至谬论到处传播，非但不会给人带来积极健康的娱乐，而且歪曲了真善美，是对人心灵的侵蚀与玷污。图书界层出不穷的各类低俗图书应当受到整个社会的全面抵制，而作为源头的出版方，需要不断地反思与警醒，严格把关、牢记文化导向责任，以优秀的图书服务于多元的文化需求。

正如复旦大学出版社社长贺圣遂指出，相比其他行业，出版业的"价值在产业外"。若出版单纯为了产业发展而忽略自身文化品位的提高，只注重取悦读者的娱乐文本谋求经济回报，可以想见出版低俗化的情形会更加恶化，出版业也必将为社会各界诟病（陈熙涵，2011）。在这方面，中国一些老牌的出版社，如生活·读书·新知三联书店（简称三联）、中华书局、商务印书馆和一些高校出版社等都非常注重出版业的文化导向作用，一直坚守于文化的前方，在瞭望和审视文化发展的同时，给予文化以健康、正向的导向。

值得一提的是安徽少年儿童出版社，一方面，对自身出版物严格把关，专门制作图书出版导向审查表，强化"三审"制的实际效力。表中详尽地列举了出版物中可能存在的各种导向问题，随同书稿一起经过书稿的"三审"制，每个环节的负责人都在认真审查书稿的基础上，对照导向审查表进行核查，确保所审书稿没有表中所列的任何一项导向问题（徐凤梅，2013）。在自觉抵制跟风出版、同质出版的基础上，调整图书出版结构，重点开发原创出版，连续几年出版一系列优秀图书作品，如《大自然在召唤系列》《少儿修养100题》《童话中国》《小橘灯系列》《绿色中国》《让理论看得见》《红色中国》等。这些书通过传播积极的人生观、价值观，给正处于身心成长的青少年以健康、丰富、向上的文化营养与精神食粮。另一方面，安徽少年儿童出版社主动向全国少儿出版界发起"成立少儿出版社反低俗联盟，郑重承诺加强精品力作生产，坚决抵制低俗之风"倡议书，积极倡导各方社会力量来抵制低俗图书。

《易经》有云："文明以止，人文也。关乎天文，以察时变；关乎人文，以化成天下。"图书天然具有教育教化、导向风尚的重要作用。因此，图书出版者的选择与把关不仅仅是对某些可以带来利润的商品的挑选与精修，更是对健康、正向文化的选择与培育，这种文化导向的责任需要出版从业者时刻铭记、不容懈怠。同时，对于社会而言，建立一个优良的图书生态环境尤为重要，效仿美国对低俗图书的抵制[①]，以民间

---

　　① 美国在20世纪90年代，抵制低俗图书的活动，有9%是政府的作为，其他是民间组织甚至公民自身进行的。[乔向春，2009. 抵制低俗图书弘扬优秀文化[N]. 光明日报，2009-9-26（10）.]

自发性组织施行出版问责。我们应当自上而下与自下而上搭建抵制图书低俗倾向的双重监督检查系统：国家通过建立健全法律法规来约束与惩处背离和谐健康文化的出版行为；出版行业协会带头，建立非政府组织来实地开展抵制活动；每个公民也都积极参与监督，自觉抵制，为净化我们的文化空间贡献力量。

本 章 小 结

图书是联系作者、编辑、读者三方意愿，实现多元互动的主要媒介，也是图书出版行业实现传播思想知识、培育传承文化、教育教化社会等社会价值的载体。通过调研"读者对图书的认知与态度"发现读者对图书质量的评价，以此作为归纳与反思各类出版失范现象的切入点。

本章重点分析了当前图书出版伦理失范的四种现象。

第一，图书讹误现象，表现为各类图书都存在普遍的编校质量问题，使图书讹误成为行业内普遍存在却被忽视的问题，这种讹误严重影响读者对好书的认可，暴露了图书出版一线编辑的把关责任缺失。形成这一问题的原因在于编辑责任意识的淡漠，但造成责任淡漠的除了个体专业素养之外，更是体系内的相互监督不够、相关监管部门的检查惩戒不够，造成图书讹误的恶性循环。

第二，图书跟风现象，表现为跟随某类图书的畅销热势而进行的亦步亦趋的低端复制与简单克隆，体现为选题跟风、书名跟风和作者跟风三种形式，暴露出图书出版从业者面对市场压力体现急功近利的群体心态，也是出版人创新责任缺失的表现。

第三，注水书、伪书、打榜书现象，暴露了当前出版界的各类诚信危机，在图书生产、加工、市场营销等多个环节出现诚信缺失问题，既突破了文化传播底线，破坏了与读者良好的信任关系，又超越了商业经营底线，侵害了图书消费者的切身利益。

　　第四，图书低俗现象，表现为畸变的价值取向、浅薄化主题、娱乐性与颠覆性追求，它暴露了出版从业者缺少对图书出版活动本质的认知，未承担起正向的价值导向责任。

　　剥开各种纷繁复杂的不诚信丑陋表象，应当反思的是造成书业痼疾的内外原因：内因是图书出版从业个体把关不严，创新责任、诚信责任和价值导向责任缺失，外因是中国出版管理体系不完善，图书市场监管力度不够，缺少有效的惩戒措施，最终造成出版从业者处于职业责任感缺失、职业价值虚无状态。

第4章　出版人责任伦理困境认知与责任价值失衡

　　出版人是文化创新中最富生机的力量，是文化选择的主体。主体的文化选择权使出版人成为文化传播的把关者，他们对文化的价值判断和出版职业价值定位直接关系到社会文化的走向。出版伦理的研究主体是出版人，研究对象是出版人所具有的内在的职业价值观和外在的职业道德规范，二者构成了完整的出版职业伦理范畴。正如笔者在采访一位省级出版集团精品出版物策划中心副主任时，他说道："一个出版社领导有什么样的眼光和追求，决定了一个出版社的文化方向；一个编辑有什么样的文化追求，决定了一本书的文化格调。"①出版主体的职业价值观是影响出版物质量和出版组织发展的内在决定性因素，它是我们认知出版行业、出版组织文化形成与变迁的具象入口。责任观是价值观的体现，是主体对责任的价值认同。对出版人职业责任观的考察，是解开转企改制背景下出版人责任缺失、价值虚无的关键所在。

4.1　双重转型使出版人遭遇职业责任伦理困境

　　出版伦理的问题归根结底还是出版主体如何认识出版实践，如何协调出版实践中所需要处理的各种关系，并在协调中秉持什么样的职业价值观、遵守什么样的出版职业道德规范。出版主体职业价值观和职业道德规范构成了出版伦理的整体内涵，而这两者的关系便是前者体现为出版主体内在的职业价值认同，后者是出版主体需要时刻遵守的出版行为规范，它从职业道德的角度规范了出版行为的"善"与"恶"，并为扬"善"惩"恶"做出了外在的"游戏规则"。因此，从出版伦理的构成来

---

　　① 引用本书5号深访对象的话，见附录2。

看，出版主体的职业价值认同是形成出版职业伦理的内因，而职业道德规范是使其实践行为能符合社会道德期望和行业自主性的外在保障和约束。同理，出版主体的职业责任观是构成出版责任伦理的内因，内因决定事物的性质，外因通过内因起作用。要想研究出版责任伦理的状况，单从其外在表象——图书怪现象所暴露的出版痼疾并不能揭示问题的本质，而是要深入出版实践的行动者内在的职业价值观当中，找到症结所在。

4.1.1　市场化转型中文化责任与商业责任的两难困境

21世纪初，随着中国加入世界贸易组织，出版业逐步放开，并开始进行全面的产业化、企业化转型，出版行业内资本重组与行业外资本介入使出版竞争陷入两种伦理与价值间的拉锯战中，一种是传统文化使命的坚守，另一种是不可明说却越来越昭示巨大影响力的商业利润追求。利润驱使的资本运作给出版界带来的，是编辑的市场敏感性增强而文化素养降低，甚至形成单一以营利为目的的出版价值观。经过了十多年的产业化改革，出版业完成了行业整体性的转企改制。当前，随着转型而暴露的现实冲突极其明显：随着出版产业向市场的转型，无形的文化指标逐步被有形的利润指标取代，"双效"（社会效益和经济效益）冲突不再是出版观念上的问题，而成为出版实践中难以调和的矛盾和伦理困境。

在这样的背景下，出版行业内部的伦理关系日趋复杂化，形成了出版人角色的多重性，加上从事出版活动的人在专业素质、职业认知和从业目的上各不相同，难免会呈现行业内鱼龙混杂的局面。出版从业者结构层次复杂，出版界对出版人的责任导向疏于管理，尽管一些老牌的出版组织仍然保持了良好的责任传统，多数出版社却陷入市场盈利的经济"泥潭"中，忽略了组织所具有的社会责任，更忽略了出版个体的职业责任认知；出版行业管理部门尽管非常重视出版活动对社会文化和思想意识的影响，但对出版主体的责任培育大多流于形式，效果并不明显。

在有形的经济压力面前，出版管理部门提倡的出版文化责任则被边缘化或淡化了。

在转企改制后，出版关系从原来的作者、编辑与读者的单一文化三角关系转变为基于文化服务的文化生产者、文化推广者与文化消费者三大群体间复杂的商业关系。这种文化关系与商业关系的错综纠缠，使原本清晰单一的文化服务社会价值变得模糊多元。除此之外，文化运营方除了转企改制而来的出版单位之外，还有在产业市场改革过程中迅速崛起的一批市场嗅觉敏锐、应变能力强的民营文化传播公司（主要是民营书业），他们在市场运作能力方面远远超过转企的出版单位。同时，国家出版管理机构在出版多元合作方面加大了对民营书业的政策扶植力度，使民营文化传播公司突破了图书市场推广的政策壁垒，其商业活动扩大到图书的策划、组稿、编辑等文化生产领域。这种发展趋势使出版业的伦理关系更为复杂，出版人才队伍再壮大的同时，也降低了门槛，造成出版从业者专业素质和职业意识参差不齐、鱼龙混杂的局面。

一方面，从中国文化产业改革的宏观角度看，国外文化产业的规模化、市场化发展趋势在全球范围内形成连锁反应，包含出版业在内的文化产业市场的全球拓展给中国出版业带来压力，出版产业化改革势在必行。与国外相比，中国出版产业相对薄弱的状况让更多的人主张加快产业化步伐，特别是加大出版产业集中度。于是各地出版企业纷纷进行各种形式的资本联合，民营出版在这样的氛围中因势利导，以其灵活的市场机制快速成长起来。出版市场的国际化促使中国出版界更多地效仿跨国出版公司的管理模式，以利润为旨归的管理思维也悄悄地侵蚀中国出版行业的主流价值观。行业改革的滞后与整个市场环境的逐步完成形成了一种超负荷压力，这种压力既助推出版业转企改制，同时也打乱文化产业稳健步调。

另一方面，从中国出版组织管理的微观角度看，随着中国图书出版业逐步确立以商业为主导的出版经营管理模式之后，出版组织从原来政府拨款的文化事业部门改组为作为市场主体而需要自负盈亏的文化企业。从文化传播到商业营利，这种职业目的的转变直接导致一些出版机构陷入经济危机或经济重负中，出版市场的压力使大部分的出版单位开始忧心利润，出版从业人员（从出版组织管理者到编辑个体）所承担的经济责任超越了传统的出版文化追求，图书出版业都为 GDP 的不断上升而陷入责任焦虑中。

出版关系的复杂化与责任内涵简单化的伦理冲突，此消彼长，出版门槛的弱化使从业者参差不齐，加上缺乏组织内部有效的责任培育过程，无论是对微观出版个体还是宏观出版行业都必然会产生明显的负面影响：对个体而言，主体职业责任价值认同淡化或模糊，成为可有可无的东西；对于出版行业来说，则使出版文化少了责任内涵而失去文化的感召力和凝聚力，出版人整体的职业荣誉感、价值感降低，而普遍陷入文化责任与商业责任的两难困境中。

4.1.2　数字化转型中内容自主性与责任悬置化的伦理困境

数字技术的推动，无门槛化的非传统出版纷至沓来，数字技术冲击下的出版传播领域发生翻天覆地的变化：出版形式的多样化、阅读终端的多元、阅读习惯和购书习惯的转变等都促使传统出版业必须面临一个数字化时代的转型。

一方面，数字技术所带来的内容自主性，在降低出版物门槛的同时，造成了数字图书泛滥、监管乏力的隐忧。关键的问题并不在于渠道或终端的技术变革，甚至不在于电子阅读带动的图书市场产业链的重新搭建，而在于产业链背后所隐藏的出版文化忧患：网络出版、手机出版、自助出版等非传统出版由于网络技术的无门槛化，或缺少高素质的专业把关人而使许多粗制滥造的、价值虚无的所谓文化图书大量存在，加上网络浏览习惯和普遍的娱乐氛围使出版的功能从文化引领走向娱乐迎合，甚至掀起低俗、媚俗、恶俗之风，数字出版界鱼目混珠。特别是原创文学网站和手机小说出版，存在大量的同质化主题，如虐恋、办公室阴谋、玄幻、悬疑等，露骨的情节与社会阴暗心理的夸大描述，迎合并满足网络受众的低级趣味和猎奇、窥视的欲望。网络阅读和移动终端阅读已成为很多年轻受众特别是在校学生的重要阅读方式，但由于上述状况的存在，大量的低端文化霸占了年轻读者的阅读空间，甚至会对其人生观、价值观产生潜在的负向影响，这不得不引起出版界和研究界的关注。

另一方面，数字出版时代责任主体的隐遁使盗版成为无解的难题。数字出版除了内容上的低俗、粗制滥造、暴力、媚俗之外，最突出的问题便是网络文学盗版，即网络原创文学作品遭遇盗版网站的非授权出版，这个过程是经由网络"手打组"①交给盗版网站或经由其他网站出版。网络作品被随意改编成游戏的状况更是不堪，绝大多数作品在作者毫不知情的状况下被粗制滥造出来，或者以人气小说书名改编成同名或近似名的网络游戏。有的只是名字一样，而内容完全不相干，却使正版小说失去改编成游戏的可能，如网上读者上千万的《凡人修仙传》不仅被盗版成图书，还被盗版成网络游戏（名为《凡人修真传》）。这样的例子不胜枚举，刘力（2013）指出，盗版小说网站、广告联盟和侵权改编游戏三者构成一个紧密的产业链条。某网站一位原创作家在与笔者谈及网络盗版猖獗问题时感慨道："在网络原创小说这个生产消费生态中，作者差不多是最弱势的群体，是处在消费链下游的人群，群体庞大而竞争环境恶劣，这种状况也严重阻碍着网络原创小说的创新性和竞争力。"

网络盗版是数字出版版权矛盾的一个极为突出的问题，它暴露出数字出版管理上的缺位和网络出版法规的不健全，这属于政府相关职能部门的职责，是网络出版构建良性竞争生态的必要保障，如通过创新数字技术来提高盗版成本、出台数字出版法规以约束和惩罚盗版网站和相关人员。同时，围绕数字出版版权这一核心，还有两种不容忽视的关系亟待关注与处理：一是图书原创网站与作者之间在版权权责与收益上的矛盾与关系协调，这属于数字出版版权管理方面的问题，也是根治网络盗版的关键所在；二是出版方与网络读者在内容服务上是迎合甚至是刺激

---

① 所谓"手打组"即手工打字组，是某些网络公司雇佣一些擅长打字的人，在付费阅读的同时将原创文学作品内容照着打出来，以供盗版使用。

读者的低级需求，还是坚守文化引领阵地？或者如何以创新的方式融合二者，不同的态度体现了不同的责任向度。

综上，在市场化与数字化转型背景下中国图书出版业面临着不同情境下的伦理困境，较突出地体现：一是文化责任与商业责任的冲突，二是数字内容泛滥暴露出的责任主体悬置的隐忧。这两大困境①的存在使中国图书出版从业者（出版活动包括纸质出版和数字出版；从业者包括出版社和民营书业的全部直接或间接参与图书出版活动的从业者）职业责任观陷入文化与商业的平衡、兼顾困境中。出版市场上的各类图书怪现象不过是出版伦理问题的表象，问题的实质在于出版主体的职业价值观和职业道德意识，它们集中体现在出版人的职业责任观之中。因此，对图书出版从业者职业责任观的考量就成为本书的核心问题。它由下列相关联的问题构成一个责任伦理研究系列：出版主体职业价值观中的"责任"具有哪些意味？就出版界整体而言，存在哪几种主要的职业责任观？不同的职业责任观受到哪些力的作用而形成或者变化？这些力的作用对于个体、组织和行业而言又有何种意味？

中国图书出版业的转企改制促使传统出版业走向产业化改革的市场竞争之路，出版界从外在的宏观产业资本化管理到内在的微观产品市场化整合都进行着积极的行业调整与转型。基于出版业整体产业化、数字化的双重转型背景，本书从图书市场的出版伦理失范行为与现象入手，透过图书质量把关不严、出版诚信缺失、出版创新不足、出版文化导向不够等问题，发现出版界责任缺失的症结在于从业者的内在职业价值观，特别是其对出版责任的价值认同问题上。基于这样的逻辑，笔者将出版物②和出版人③作为研究重点，从对图书现象的调查、统计、分析与反思，到对图书出版从业者的职业责任观的考察，以期从现象到实质、

---

① 对于传统出版业来说，特别是第一种困境尤其突出。

② 出版物所包含的对象很多，如图书、期刊、报纸、音像制品等，本书"出版物"专指图书。

③ 根据研究需要，出版人也专指所有从事图书出版实践活动的工作者，与"出版工作者""出版从业者"等同义，书中其他地方均指此意。

从部分到整体、从问题呈现到原因探究对中国图书出版责任伦理问题进行全面探析。

4.2　转企改制背景下出版人对责任困境的感知与归因

出版人对责任困境认知的研究，笔者主要采用了社会学质性研究方法中的访谈法，对所选择的研究对象进行"出版职业责任包括什么""如何评价出版责任困境"两个核心问题的探讨。了解出版从业者职业责任的基本认知，并通过话语分析来解释他们的认知维度与特征。在此基础上，通过选择深度访谈对象，在互动中了解受访者在不同出版实践（出版管理和图书出版活动）或出版岗位中对文化责任与经济责任的权衡状况。旨在呈现当前中国图书出版从业者的职业责任观整体状态与趋向，分析这种趋向潜在的影响。为诠释当前图书市场存在种种伦理失范现象提供参考，同时也为构建契合当前出版业转型期实践的出版责任伦理提供基础。

4.2.1　出版人责任困境认知的质性研究

陈向明（2000）认为，"质的研究"是指以研究者本人作为研究工具，在自然情境下采用多种资料收集方法对社会现象进行整体性探究，使用归纳法分析资料和形成理论，通过与研究对象互动对其行为和意义建构获得解释性理解的一种活动。它与量的研究的区别在于强调"主体间性"，与定性研究的区别在于强调非形而上的纯粹思辨，而是遵循现象学、阐释学或存在主义理论的传统。现象学理论由胡塞尔于 20 世纪初创立，之后经海德格尔、梅洛-庞帝、萨特、伽达默尔等人对该理论在认同中进行补充和创新，是在欧洲大陆掀起的 20 世纪比较重要的哲学思想运动之一的现象学运动。朱光明（2010）指出，现象学研究主要是通过写作的方式在某种程度上"还原"现象的主要特征。这种还原主要是通过主题来还原现象的"骨骼（本质结构）"，通过实例充盈现象的"血肉（意义）"，从而构成一个有血有肉的现象学文本。现象学方法论主要原则表现在两个环节：一是资料搜集过程中，研究者需要"悬置"主观偏见，注重"注视"现场显现的、实际给予的；二是文本构建过程中，用"深描"的方式用实例充盈现象意义。正如皮埃尔·布尔迪厄（2003）指出，社会学力求在内在性中发现外在性，在对非凡的幻想中发现平凡，在对独特的追求中发现普遍，其目的不只是揭露自恋唯我主义的种种骗术；它提供了或许唯一有助于——哪怕只是通过对诸决定因素的领悟——构建某种类似主体的东西，尽管这一构建更受世界力量的支配。质性研究注重的是通过"主体间性"的诠释与理解，进行意义建构，从而达到研究者与被研究者在共享意义上的重构。

在质的研究领域中，莫斯将研究问题分为五大类型：意义类问题、描述类问题、过程类问题、口语互动和对话类问题、行为类问题（朱光明，2010）。本书的研究问题——出版人职业责任观，当属于意义类问题（出版职业责任认知）和行为类问题（出版尽责、担责行为），因此，按照莫斯的观点，这两类问题最恰当的策略是现象学和参与型观察，相对应的方法是访谈（主要记录个人经历中的有关逸事、体验等）、观察与实地笔记。

如若保证遵循并践行上述两个原则，还需要研究者处理好若干问题，诸如研究者的专业背景、主观倾向等对研究的影响，研究关系状况与亲密程度对研究的影响，研究结果以何种形式表述出来，访谈与观察过程中对研究主题的修正，以及研究信度效度与伦理问题等。这些都是本书在具体的资料搜集和最终文本呈现中所亟待注意和有必要交代的问题。

出版伦理问题实为社会实践层面的问题，是出版实践的行动者内在伦理关系协调原则的道德践行。正如亚里士多德"德性观"中所认为的，德性交融着知识与行为、理智与情感、经验与实践理性。因此，考察出版人的德性伦理应当深入了解主体的出版专业认知，结合他们的出版价值观和情感去审视他们的出版实践行为，才能进行出版职业责任观的分类与评价。鉴于本书所涉及"出版人的职业责任观"主题实属价值层面，又颇具主观认知意味的问题，所涉及的研究对象无论是所具有的个体专业素质、从业经历、具体出版工作、所属出版组织类型、所处组织内分工与位置等诸多方面都存在不同，必然造成该问题呈现不同的理解与诠释角度。对于此类问题，一体使用的标准化问卷调查往往无力进行量化呈现，因而无法满足本书需求。基于上述缘由，本书确立以"质性访谈"的方式进行。

当前中国从事图书出版工作的社会组织大致分为转企改制后的各级各类出版企业及不同规模和水平的民营书业两类，本书在确立受访对象时也兼顾了这一点，即在覆盖面上既有各级各类出版企业的出版工作者，又涉及民营书业中独资或合资企业的员工。考虑本书进行质性调查需要投入人力、费用、时间等成本，笔者将整合不同的资料搜集方法，将网络访谈与现实访谈相结合，从受访对象的人员数量、所涉范围到访谈题目的设置、访谈方法的采用等都基于多元互补的原则，主要集中于以下两个项目的开展：出版人对"出版责任"核心概念的界定、出版人对"出版责任"话题的开放式访谈。

项目一：拟通过调查一定数量的出版人对"出版责任"的话语表达，分析该群体对"出版责任"的整体认识和诠释。由于"出版责任"概念的多重性、模糊性与职业性，其对概念的认识也是内隐的，很难通过直接测量的方式获得，难以进行相关指标的量化。因此，通过对相关话语的搜集、整理、分析，以期从对"出版责任"不同话语意味中总结出版人职业责任认知的特征。笔者借助网络平台，采用目的性抽样的方式，分别选取了北京某出版社内和北京某民营书业资深策划人创建的"出版圈"两个职业出版人的 QQ 群，作为"出版责任"话语表述的资料搜集地。在告知被试者是在进行一项关于"出版责任"的社会调查前提下，希望他们用"出版责任"来造句。将该要求以私聊的方式单独发给群内成员，并对其回应资料进行整理。

项目二：为进一步了解当前出版人在出版实践中是如何看待"出版责任"的，以及如何评价职业责任，在前项研究基础上，通过采用立意抽样的方式，抽取能够为本书所提问题提供最大信息量的被试者、地点和事件，依托网络社交平台，兼顾被试者在年龄、文化程度、职称、职务等方面的丰富性，约访问了 50 名职业编辑，男女各半。为避免受到前一项研究的影响，并未重复取样，即所有的被试者均未参与第一项研究。在该项目中笔者采用了简单的开放式问卷访谈方式，主要围绕三个问题展开：

1）你认为"出版责任"是什么？

2）你认为"出版责任"在实际工作中主要体现为哪些方面的责任？哪个方面责任占主导？

3）你认为出版人职业责任观主要受到哪些因素的影响？哪种因素占主导？

针对项目一和项目二以不同方法搜集的不同资料首先通过码号来登录资料，再以类属分析的方法对在资料中反复出现的词语、观点、解释性概念等进行归类，对资料的共同性、差异性进行同类、异类比较，对两个项目的不同资料进行比较，分析并确定类属关系。例如，将受访者对"出版责任"的语义表述进行归类，寻找核心概念的类属建构逻辑和类属结构将相同或相近意思的表述用同一个句子代表，同时保留受访者句子表述的个性化和内容的丰富性。

基于网络调查的出版人职业责任观所获得的信息虽然能在整体上呈现该问题的全貌，但多数属于对该问题较为表层的表述与评价；从内容的深度来看，对于本书的质性考察仍然不够。瞿海源等（2013）质性访谈之所以也常被称为"深度访谈"，就在于其访谈目的，要能针对受访谈主题得到深入的理解；深度比广度在此更加重要。基于此，本书无意在受访人员数量上扩大，而着重在访谈问题的深度上不断挖掘。故本书希望对出版人群体进行个案深度访谈，以挖掘更多隐藏的深层次内容。

对上述两项研究中的部分被试者进行相关互动了解，他们的话语反应都带有较为明显的情绪。特别是在网络社交群体中，关于"出版责任"话题的评价呈现为正向、负向的两极聚合，足以说明在中国当前的图书出版界属于具有一定敏感性、争议性的话题。依据菲律宾学者尼瑞曾使用的"在一起"对于敏感性话题进行深入研究的方法，笔者在前两项研究的基础上又减少了受访人数量，并在两极类型的意见主体中选择典型被试者，完成了第三项研究中访谈对象的筛选，并对其采用现实的无结构访谈的方式，多次约被试者一起聊天、喝茶、吃饭，围绕该问题讨论。

　　基于便利抽样与立意抽样①原则，主要采用滚雪球抽样法和极大化变异抽样法②筛选出 10 名被试者，其中包括职业编辑 9 名、出版研究学者 1 名。其中职业编辑含编审 3 名、副编审 2 名、编辑 4 名；出版企业中层管理者 3 名、一线编辑 6 名（其中民营图书策划 2 名）。访谈围绕几个问题展开。

　　① 中国图书出版的转企改制是否造成了出版工作中的责任困境？

　　② 请结合您的出版实践谈谈是如何摆脱这一困境的。

　　③ 您认为对于出版人来说，哪些事情可以做，哪些事情不能做。

　　④ 出版人应当树立什么样的职业期望和追求？

　　⑤ 什么因素会影响您的职业责任认知和实践？

　　在与受访者喝茶、聊天的自然情景中进行以上问题的探讨，面对不同性格的受访者，努力与他们建立友好融洽的关系，并尊重他们的观点表达。在他们自由表达的基础上，根据自己的理解与其进行深入探讨，以充分挖掘受访者特有的责任认知和出版职业观念，并抛出来进行求证，直到得到受访者的准确回应，达成共识。在得到受访者允许的情况下，进行了录音和笔录，以便进行资料的整理归类。

---

　　① 前者指选择依据便利确定受访者；后者指按照研究旨归来寻找合适的受访者，两种均为质性访谈较为常用的方法。

　　② 滚雪球抽样法是指通过便利抽样接触的受访者再引介其他受访者，该方法又称为连锁引介抽样；极大化变异抽样法是指在强调受访者多样性的前提下，为了避免便利抽样造成的体系性选择偏误，即受访者同构型较高，因此，特意在其他类型中抽取受访对象的方法。

4.2.2　出版人对责任困境的感知与评价

通过质性访谈能够挖掘关于该问题生动鲜活的个体叙事，能够将宏大的、抽象的理论研究带回真实的社会生活，能够呈现并还原研究问题的具体情境，增强我们对问题的反思深度。借用社会学者 Kvale 关于访谈的两个隐喻——"挖矿"和"旅行"——来阐释访谈法背后的理论意涵，即把访谈当作挖矿活动，意味着只是藏于受访者这座宝库，等待着访谈者去挖掘。"挖矿"反映了实证主义传统。"旅行"之喻意在强调一场对话的内容与意义是在特定的脉络下产生的，是在这个访谈情境中建构出来的（而非既定不变的材料），受访者在此过程中针对访谈主题富于意义（而非被动地提供信息），研究者也如同受访者，有着多重身份，也会随着访谈情境而有所转变（而非搜集资料的录音笔）（瞿海源等，2013）。因此，笔者认为，通过这种基于个体体验而建构起来的自下而上的独特"质料"比纯粹思辨的哲学抑或是抽象的数据、图标更容易呈现主体的内在价值观。对于当前出版伦理研究偏重哲思与实务的现状来说，缺少的正是这种从出版人自身体验和认知"视界"中的质料直观向理性反思提升的过程。

在第三项研究中，筛选了与研究问题直接相关并愿意进行交流的 22 名受访者，并与这些受访者均有至少一次深入的现实访谈交往，访谈之后又通过网络或手机社交平台进行话题讨论与沟通，对受访者的话题阐释与意义共享上进行互动求证与内容补充。基于质性研究的伦理要求，不能将访谈对象的姓名、就职单位和职位等具体信息公开，因此本书所涉及受访者均隐去了他们的实际身份，在问题归纳与讨论中所涉及的具体出版社或人物也均为匿名处理，只注重受访者所表达的内容与背后的意味。

为了避免由于受访者范围、数量和典型性的局限，访谈所获取的资料相对于当前中国出版人"职业责任观"这样内涵多元且丰厚的主题而言，可能略显单薄，因此，本书还通过文献研究法，收集到公开出版的出版人传记、自述、回忆录、专业学术文章、官方统计数字、媒体评论等多方面的文献资料作为访谈的补充，以此来进行相互参照，在研究广度与深度上都进行了强化。

对搜集到的资料进行反复对照、分析、归类、提炼，并在与受访者进行反馈互动，得到受访者许可的情况下，对访谈内容进行一种"原生态"的呈现，即遵从质性研究的文本表述方式，以白描的手法呈现最"原汁原味"的内容。同时，将琐屑的对话转化为对某一个问题的讨论与反思必然需要一个对资料取舍的过程，在这个过程中，在基于尊重受访者原意的前提下，对其表述话语进行截取、归类与对比，并对其表述内容进行意义提炼和情境解释，以期实现文本呈现的问题指向和意义提升。

出版人的责任伦理困境表现为两种价值观的冲突，一种是以文化使命感为核心的文化伦理责任，另一种是以出版商务为核心的商业伦理责任。前者将文化产品的社会效益放在首位，强调出版物的文化品位、文化价值和文化的社会教化等功能；后者则从商品生产、营销的角度理解出版业，将出版物的营销视为出版业生存发展的前提与基础，强调利益最大化原则，崇尚通过创造畅销产品来获得出版的长期稳定市场，并寻求出版商业化发展的可持续性。两种价值观本身并不存在伦理缺陷，但是，对于中国的出版业来说，从文化事业转型到市场企业，是一个从文化性到商业性的观念转变，而完成转企改制后的出版企业如何继续保持文化性，如何平衡文化性与商业性的价值对弈，成为应对责任伦理困境的关键所在。

在约见受访者时以当前图书出版界各类责任伦理缺失现象作为谈话的切入点，列举一些图书界存在的如跟风、炒作、侵权、虚假营销等问题，寻求他（她）们对此的看法。在所约谈的十位出版界（业界与学界）人士中，没有人否定当前出版界所存在的责任缺失与伦理困境，而且在他们看来，这种责任冲突已经不同程度地影响每一个从事编辑出版工作的人。通过多次与受访者接触，笔者从他们口中了解到，当前出版界责任伦理困境表现为两种状况。

一是由于文化责任的认知高度难以在出版实践中达到，而造成了出版责任的真空地带。正如某出版集团的受访者所说："现在我们集团（包括全国出版界）精品出版叫得很响，却做得相当差，说明什么？做精品出版需要经费，需要投入，出版社转企以后，唯利是图是（其）本性，不能带来利润的项目，企业一般不愿投入，这就是一种困境。"

二是出版"双效"原则的割裂与极化造成的责任单面性。出版界一直提倡实现社会效益和经济效益的双赢，即以"双效"出版物作为出版成败或善恶的评价标准。笔者从访谈中了解，尽管"双效结合"确实带动出版社出版了一批高质量高效益的出版物，但同时也将图书出版业整体推向两个极端：在出版实践中，导致编辑出版人员的关注点向赢得出版大奖（追求社会效益）和赢得高额市场利润（追求实在的经济效益）的两极聚拢，极化必然造成本质偏离，即偏离出版活动本身（或出版物本身）的文化价值评价标准。

两种追求都体现了韦伯所谓"价值理性"与"工具理性"的内在合理性，但同时二者之间亦存在伦理冲突，因为它们的伦理标准和向度是不同的，甚至是对抗的。基于此所形成的出版价值也便有了两个均为合理的伦理向度：前者强调一定行为的绝对性价值，强调在动机纯正和手段正确的前提下实现意欲达到的目的，而忽略结果；后者则强调纯粹从效果最大化角度考虑，行动借助理性去实现功利性动机所预期的目的，而漠视人的情感和精神价值。正如笔者采访的某高校出版专业某教授所总结的结果："一方面，使奖励成为人为操纵的幕后交易，滋生了学术腐败；另一方面，使正当合理的经济效益追求成为人人喊打的非常规恶性竞争。"两种不同向度的极端追求必然形成效益割裂化与责任单面性。

4.2.3　出版人对责任伦理困境的归因分析

对于造成出版责任伦理困境的原因，受访者结合自己所处的具体出版竞争环境和出版实践，从不同的角度提供了多种因素，但在比较这些因素中哪一个起主导作用时，出现了三种不同的归因类型。

（1）出版人个体职业素养归因。当询问"您认为在多个影响整个出版界责任伦理缺失或造成各类不负责任现状因素中哪个因素占主导？"这一问题时，有几个受访者认为最关键的还是出版人个体的职业素养和职业精神，外界环境变化不过是外因。例如，一位合资出版企业的中层（部门主任）在谈及该问题时说道："做出版还是要以市场化、专业化为主，这是之前的计划经济所不能提供的。但是，出版内容上的问题[①]，说实话与市场不市场无关，而与具体的编辑有关。也就是说，与编辑个人的专业素质和导向有直接关系。"

（2）出版企业组织管理归因。受访者中有个别已经是出版企业的总编辑、副总编辑、集团管理层人员，他（她）们对该问题的分析俨然是站在了较为宏观的角度，更侧重出版企业管理层面。

正如受访者中一位从事编辑工作近三十年的资深编辑分析："全国出版人才的培养是造成责任伦理缺失的主要原因。企业缺少引导和职业道德教育。人才状况对我们来讲有一个很严重的问题：参差不齐，青黄不接。参差不齐，（是指）有非常优秀的，也有非常差的；青黄不接，（是指）像我们年纪较大的基本上在 50 岁左右，年轻一代往往跟不上，一方面跟各个单位的人才结构有关，另一方面年轻人缺乏文化责任感，缺乏文化使命感，缺乏文化担当精神。据我所知，估计有占到 90%以上年轻编辑在做教辅、教材，不是说教辅教材不重要，而是像这些书对锻炼一个编辑没有太多的帮助，而且一个出版社也不能仅有教辅教材。"

无独有偶，另一位受访者，某出版集团副总编辑也指出："自从出版（单位）转企以后，集团内各出版社压力都相当大，基本上为 GDP 考核，每年要求经济增长。出版业的经济增长不那么容易，所以各社对青年编辑无暇顾及。集团内虽有培训计划，也有实地培训，但多是业务培训，而且一年几天的培训也起不了根本作用，更何况基本不涉及价值

---

① 出版内容上的问题：指的是内容质量参差不齐，跟风现象、"垃圾书"、"注水书"等问题。

观层面或道德层面问题。所以，人才存在断层的问题，应该引起更多人的重视，多培养一批能力强又有文化内涵的编辑。"

企业文化的养成也制约并引导企业内部员工的职业责任观，尤其是企业管理者的职业价值观，是影响出版社内编辑出版实践的重要因素。

正如一位受访者以自己为例说明了企业内不同岗位拥有不同的权力，不同权力产生了不同的责任。他说道："（编辑出版实践）其实跟这个群落有关系，和领导群落的文化理想有关，和上层关系更大，到编辑那里很难坚持，我做一个特别学术的（选题），领导说不行，就做不了，你可以有理想，但理想实现太远了。有时职位的提升对理想抱负的实现是有好处的，现在我想做的东西我就能做成了，就是这个问题。"

另外，一位受访者通过谈及对上海三联书店（以下简称三联）的感受谈到企业文化对企业管理者的反制约，"对三联来说，我的文化理想就是要做学术、做思想，不管谁管理我，都要顺应我的规则，换多少代社长都要坚持这个。"他认为三联是一个比较良性的，能够用强有力的组织文化和传统来约束管理者的、理想的出版企业。这种力量就是组织文化对内部成员的规约力，它能够使三联将韬奋精神一代代传承下去，想改变它的人终究要么被它抛弃，要么被它同化。三联的当代史上就曾有过一次管理者的失误，而这种失误差点摧毁三联多年来在读者心目中的良好声誉，而与之抗衡的便是三联内在的文化规则。

（3）社会环境综合归因。任何一个领域的问题都是对社会问题的折射，出版界责任缺失问题也是整个社会责任感消弭的局部呈现。笔者也深有感触，出版界作为社会的构成领域，它和教育界、学术界、文化界、艺术界、工商企业界等都存在不同程度的关联。尤其是当前社会层出不穷的欺诈行骗、学术腐败、侵权造假等行为，暴露了道德滑坡、信任危机的社会伦理困境。

正如一位高校出版研究者所言："在整个社会道德滑坡的情况下，出版道德也难以独善其身，重塑全民道德是一件任重道远的事。出版的问题绝不仅仅是出版本身的问题，更是社会问题的集中暴露，它的解决也不是出版自身可以孤立地解决的,而是要集合社会多方面力量进行综合治理。对于出版而言,应该自觉占据道德高地,起到引领社会道德、重构社会精神的作用。"

4.3　出版人职业责任观分殊与责任价值失衡

出版人对出版责任困境的感受与归因主要来源于各自不同的出版经历,而支配其出版实践并影响主体责任认知的决定性因素便是出版人的职业价值观。职业价值观决定了职业心态与职业行为,也决定了主体对责任内涵的界定、责任履行的方式与程度,以及面对责任冲突时的行为选择。因此,职业责任观是主体价值观的有机构成,体现为主体在职业理念上的责任认知与职业行为上的责任践履,是主体对职业责任的价值认同。

4.3.1　出版人职业责任认知维度与特征

1.　出版人职业责任认知维度

通过复制、记录、整理,在过滤掉一些纯粹情绪发泄类、"跑题"回复之外,对所剩相关资料进行了粗略类属处理,并对文本进行语义归类分析和解读反思。在此基础上,初步构建出版人职业责任观的认知维度。

在出版人关于"出版责任"的话语表述中,责任的内涵被描述为几个方面,具体如表 4-1 所示。

表 4-1　出版人职业责任认知话语调查结果

责任向度分类	典型表述
文化向度	出版责任在于将先进文化进行传承与推广,文化传承责任大于其他一切
政治向度	出版责任应注重政治性、科学性。出版紧密围绕政府职能及中心工作,满足人民群众精神文化需求的图书,其中以严把政治关为主导

续表

责任向度分类	典型表述
经济向度	出版人唯一的责任就是要盈利，没有盈利的书即使出版了也没有意义
行为向度	出版是商业包装下的文化人职业，编辑的责任不仅是看稿子，还要建立广泛的社会营销圈子
观念向度	出版人得有使命感和责任感
管理向度	维护公正的出版秩序，创造良好的出版环境，为优秀内容创作者搭建出版平台，疏通内容出版渠道，培养优秀内容创作人才
职能向度	出版人原本是教育家，通过图书实现对社会的关怀和引导，但现实往往无能为力
个体向度	出版是每个人将自己的"三观"具象化的途径，是每个人的兴趣、审美、爱好、价值观等的体现
组织向度	出版责任分为出版前责任和出版后责任。出版前责任，按照出版流程则可分为选题的甄选、内容的把控、图书的设计编辑等，如实事求是、引证的追根溯源等；出版后责任，就是宣传推广方面的责任，可以根据营销相关的社会责任去分类考虑

根据网络访谈反馈的关于"出版责任"话语文本的类比分析与表 4-1 所做的向度分析，初步总结出版人群体对出版职业责任认知维度大致呈现为五个方面，如图 4-1 所示。

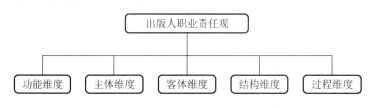

图 4-1　出版人群体对出版职业责任维度

五个维度的界定体现了出版人对责任理解的多元化思考角度，而且每一个责任维度下面又都延伸出不同的责任内涵。功能维度下的出版责任包含出版政治功能方面的责任、文化功能方面的责任、经济功能方面的责任、教育功能方面的责任等；主体维度下的出版责任主要探讨是谁的责任，即是出版人个体的责任，还是出版组织或者整个出版事业的社会责任，主体维度体现为责任承担者的微观、中观和宏观三个层面的不同；客体维度下的出版责任突出责任的对象，即出版应当对谁负责，图书出版责任的客体包括读者群、作者群、出版组织员工、出版企业股东、出版营销商等，是基于利益相关者的责任分析；结构维度下的出版责任体现为出版组织内部结构的层次性存在，责任承担的程度取决于责任主体处于出版岗位的性质、出版决定权的大小等，与其他领域一样，责任主体的职位越高承担的责任越大；过程维度下的出版责任体现为依据出版活动中的不同环节而承担不同的责任，责任的要求与活动本身的特性有关，但每一个环节上的责任也存在一定程度的共性，如诚实的责任品格，无论是生产环节，还是营销环节都是责任主体应当具备的。

2. 出版人职业责任认知的特征

以这五个维度剖析网络搜集的责任话语文本，大致可以管窥出版人职业责任认知的总体状况，呈现为以下几个方面的特征。

第一，出版人对责任主体的表述向度分散，有的表述意指飘忽不定，表现出受访者对责任主体认知的含混不清。出版责任的主体应当体现为从事出版职业的个体和社会组织，而出版责任既有一般性，又有特殊性，前者表现为这个职业的社会责任，如传承文化、传播知识、思想引导、提供娱乐等等，后者指的是具体责任要根据处于不同岗位的个体或不同规模、水平的出版组织自身情况而定。

第二，出版人对出版责任本体的认知大致呈现一致，即多数表述采用类似的词语来概括出版责任，诸如"文化传承责任""文化使命""社会效益""有益社会"等。

第三，出版人对出版责任的对抗性焦点在于文化与商业的冲突，使出版人的责任呈现为两极间对抗：一极表现为强调出版的文化向度；另一极表现为强调出版的经济向度，尤其是经济向度的观点表现出明显的情绪指向（表现为无奈，或者表现为对文化责任的鄙夷、嘲讽之类），而文化向度的回答体现为不回避经济责任，却要把握一定尺度。

第四，对影响出版人责任观的原因指向单一且明确，即集中指向市场竞争所带来的营利方面的压力。同时，在涉及"影响出版人职业责任观的因素"问题中,受访者的表述体现出较为一致的几个层面的影响因素:个体层面,包括个体的职业责任认知、工作态度、职业精神、职业理想等;组织层面,包括出版企业的文化塑造、社会责任管理、责任奖惩制度等;行业层面,包括行业规范的制定与实施,行业竞争环境的协调与完善等;社会层面,包括政府管理机构的政策激励、社会监督等。

责任原本是从事社会活动的人所秉持的内心信念和对自我行为的内在价值约束,出版责任就是出版人对其职业的认知与行为的价值约束,它体现为职业主体世界观、人生观、价值观在职业现实中的抗争状态,有些主体有明确的职业认知,并坚守职业信念,因而责任明确;但有些主体由于缺乏明确的职业定位,又没有职业理想的引导和鼓励,其责任向度就体现为多元或扭曲、纠结的状态,在现实中往往表现为茫然、焦虑、困扰、无措等消极回应。

4.3.2　出版人在责任冲突中的应对心态

在对责任伦理冲突问题上,受访者的反应并非一致,笔者依据他们的不同应对方式,将受访者所代表的出版人群体大体上分为三种类型:

(1)保守的批判者,传统出版人居多。他们对于出版的市场化改革持保守、谨慎态度,认为正是由于转企的"一刀切"模式,使传统的出版精神丧失殆尽。他们批判图书出版变革中的消极因素,甚至将消极因素的产生归结于市场化转型。他们始终保持传统知识分子的文化忧患意识,缅怀出版业曾经的光荣岁月。在他们的批判中体现为两种风格:一种风格是激愤地痛斥当下出版伦理失范问题,对买卖书号者、跟风炒作者、虚假营销者等充满鄙夷和愤怒,认为这种不良风气已经严重到扭曲了出版文化的程度,使出版失去了职业底线;另一种风格表现出来的批判则是无奈的,他们对问题的评价也呈现为一种消极避世的态度,认为既然周围的出版人不能保持初心,自己也无意坚持,却备受良心煎熬,在工作中缺少激情和成就感,职业价值感较低。这类出版人内心一直坚守着出版的文化底线，他们认为要做出版就要坚守知识分子的良知，无论是从事学术出版还是从事大众出版，都不要滑落到完全追逐商业利润的泥沼中。正如一位有着多年编辑从业经历的编审从出版社一线管理者转到高校出版教育工作，他感叹道："图书可以净化人的心灵，陶冶情操，引导人类走向真善美。可是出版转企之后，出版社最关心的不是图书的文化品位和质量，而是能否在市场上大卖、能否完成经济指标，从社长、总编辑到各部门管理者再到普通编辑，大家成了兜售图书的商人，知识分子的尊严逐渐被铜臭味包裹，出版被太多的书商剥夺了尊严和体面。"

　　在这位长者的嗟叹面前，笔者无法碰触那个敏感的神经，或许那满腔的出版激情和知识分子的骄傲已经在来势汹汹的 GDP 考核中碎落满地。尽管他本人仍然是转企之后保留了事业编制的一小部分人中的一个，但相对于施行企业聘用制的编辑来说，事业编制本身具有的职业安全感是不言而喻的。或许离开那个热爱的岗位到学校去培养出版人才，才是这位传统出版人将对出版的热情与责任重新挥洒的场地。但笔者从和这位长者的对话中仍然能感受到他对出版界责任感世风日下的隐忧与无奈，所以，每每与他相约，他都爽快答应并倾诉良久。

　　（2）超脱的坚守者，"书痴型"出版人代表。与批判者的激愤和无奈相比，这一类型的出版人活得较为自由，因为他们对职业的追求已超越了物质而到达内心愉悦的层面。在笔者所访谈的十位出版人（或曾经的出版人）中，仅有一位是这样的。但是，通过笔者查阅一些文献，发现"书痴型"出版人并不在少数，他们作为图书责任编辑有着坚强而纯粹的内心，读书、写书、谈论书是他们的人生乐趣，这种乐趣不会因为收入的多少而增减，也不会因为经济压力而被消磨。笔者所接触的这位编辑来自某高校出版社，曾经在学校从政的他因为偶然的际遇而进入出版社，对他来说，进入之后发现出版才是真正能与心灵内在契合的理想职业。尽管他也能感受到同事对他的不理解，甚至各种明嘲暗讽，但这些没有让他放弃图书出版的文化探寻之路。直到他出版的图书开始获得省市级各类奖项，他在出版社才越来越受到重视。

在他的叙述中笔者感受到的是无论外界风云如何变幻，我自岿然不动。他对责任冲突的行为选择呈现为超脱地坚守。他说："我做编辑不为挣钱，就是喜欢编书，我觉得我对出版的爱是纯粹的。也说不上来为什么，就是一种偏爱吧。就像我的作者（他们）评价我是书痴（一样），我也不觉得（有）多么辛苦。有时候出差住特别差的宾馆，和作者一起去国家图书馆查资料，整天待在里面，中午就是面包加白开水。也正是这样的'患难与共'，我的作者都很信任我，也愿意把好的书稿给我。……我觉得编辑得有一种胸怀，不仅仅是家国情怀，更要心怀全世界、全人类。要能够放下私利、荣誉，面对诱惑选择高尚。学会'舍'才能'得'，即便不'得'也能守住心灵的安宁与享受。"

在他编辑的书还未曾受到重视，还未给出版社带来任何奖项和资金支持时，他的坚持在出版社里显得有些格格不入，但他在回忆最艰难的日子时也没有感到有多么不容易，责任困境于他似乎并不存在，因为内心所坚持的初心并未动摇。笔者曾问他如果他曾经策划的书获不了奖或没有项目支持，没有出版社对他的重用，是否还有信心坚定地做文化（出版）？如果出版社的年度考核指标完不成，会不会也做一些教辅类的图书来填补一下？他没有片刻犹豫，豪情万丈地回答："不会！我不会因为完成任务而做出版，我曾经连续两年一本书都没有做，那时我的账户上是负值，但这些无所谓，我走过来了。……如果只看到蝇头小利，那出版就永远走不远、做不大，即使全世界都不理解我，我也会坚持。我的坚持不会因为别人对我的支持或者肯定而改变，当然如果有支持和肯定最好，我也努力争取了各种奖项和项目申报；但是，有或没有这种支持，都不会改变我做出版的方向，只要我在这个职位上我就做我喜欢的文化。"

当笔者追问他会不会因为政策的激励，而会偏重出版一些契合时下政治标准或政治应景类的图书时，他坚定地回应："不管什么时候，我不会迎合任何标准，内心的愉悦才是我的标准。"

　　那么，这类出版人对出版痴迷的动力来自哪里呢？难道他们内心真的一点都不挣扎？笔者在与这位编辑的互动交流中表达了这种困惑和疑问，他告诉了笔者他的一次特殊旅行，两年前他曾参与了一个从石家庄市步行至五台山的徒步"行脚"（佛教语）活动。那是一次难忘的心灵洗礼，一路上大家结伴而行却各自修行，关掉手机、静语、吃斋、反思人生，是一次难得的与心灵契合的过程。那次旅行，体力上的辛苦换来了巨大的精神给养，给了他坚持文化出版的勇气和不竭动力。对于处于责任困境的编辑而言，能获得一份内心的宁静与平衡便获得了一种坚持信念的勇气和力量。如果说，第一种类型的出版人将出版视作一种高尚的事业，当它被脱去阳春白雪的华服之后，他们承受的便是价值感的消解，那么，第二种类型的出版人则将出版视为一种信仰，是价值存在的依托，只要有出版工作便有了价值感，内在强大驱动下的价值认同将责任困境完全接纳。

　　（3）积极的务实者。他们对于出版文化责任和商业责任的冲突表示积极顺应，这些人往往思维灵敏、社会活动能力强，对图书有着一定程度的热爱，更有着被后现代消费主义价值观同化了的痕迹。他们以追求出版的成功来体现自己奋斗的价值，他们充满激情，却又不失理性；他们善于求新、求变，不拘泥传统出版思想与格局，也敢于坚持一种出版方向。

　　笔者所接触的受访者中有一个典型的积极务实者，他从高校转到出版社，从一线编辑到出版社副社长，一路成长起来，对出版人的责任有自己独到的理解。在涉及如何看待图书出版中的文化责任、政治责任、商业责任等之间的关系，在图书出版中是否存在一个价值排序的问题，即文化价值、商业价值、政治价值或其他价值之间的主次，如何看待出版责任的价值排序等诸如此类问题时，他没有按照笔者的预期讨论责任冲突的应对，而是从根本上反驳了笔者所预设的"责任的价值排序"。他认为将出版责任进行刻意的价值排序其实恰恰是功利主义的表现，因为功利主义讲究的就是利益最大化、幸福最大化，反之就是风险最小化，那么，这种排序就意味着要在伦理层面上进行一定的取舍，先假定了责任内涵中的各个向度之间是相互冲突和抵消的。

他排斥一味强调责任，认为过于理想化的文化使命如果失去经济或政策的支持，必然是空中楼阁，因此，他认为重要的不是强调责任价值的排序，而是进行综合权衡，实现多元责任的兼顾。他说："为什么一定要进行排序呢？为什么不能兼顾呢？有些人主观上就把它们对立了，就认为做这个就做不了那个。其实两条线能兼顾，有所侧重而已，但其实有学术品位的书不愁市场，关键现在好多不是真学术，而是伪学术……"他认为越强调出版的文化责任，可能就越是将商业责任推到一个与之相抗拒的位置上，并且被无限夸大；但是，如果对二者，或者责任的多个方面进行综合考量，那么，就可以依据市场来进行权衡、分层，文化要做，学术要做，大众更要做，关键的问题是如何做出新意。换言之，对于出版人来说，关键的不是首先尽到什么责任，而是用什么方式尽责，方式是多元的，尽责是目的，而出版不同市场需求的图书则是尽责的方式。

在谈及出版界的文化坚守时，他列举了当代出版界的几个值得研究的人物，也是他认为有职业理想和文化追求的优秀出版人：老三联人范用、陈原、沈昌文、董秀玉，首次提出"经济是手段，文化是目的"的刘杲，中国美术出版总社社长汪家明，海豚出版社的俞晓群，上海复旦大学出版社的贺圣遂，河北教育出版社的王亚民等。

（4）消极的回避者。笔者在接触这类出版人的时候，内心承受着来自于其对"出版责任"话题的鄙夷，他们认为出版研究应当关注出版界的前沿走向，应当为出版实践服务。他们主张研究畅销书，研究开拓出版市场，认为这才是真正的出版务实性研究，而谈"出版责任"是一种无谓的"务虚"，没有任何价值[①]。他们对出版工作没有特殊的情感，更

---

① 笔者出于对受访者的尊重，对于这类出版人所持观点也给予尊重和包容。但从他们抗拒谈出版责任的话语中，笔者捕捉到出版人群体中这种类型出版人的存在，他们过于偏重务实性出版，即出版市场开拓与创新，而忽略了出版精神建设，甚至将出版责任视为可有可无、很虚的东西，却未曾发现自身已经处于价值虚无的状态中，这种职业责任认知体现为典型的责任淡漠。

多的是作为一份工作来完成的，而完成的好坏要取决于个人专业素质的高低。这里的专业素质被注解为"对市场的灵敏度""图书功能的延伸与开发""多元化经营"等。在他们的出版视野中，精神层面的探讨都是缺少实际价值的，更重要的是如何卖出更多的书。笔者无意与他们争论出版责任的重要性，而是将这一类型出版人对出版责任的认知状况给予呈现，他们也是出版人的一种典型类型，代表了一种值得反思的职业生存心态。

四种类型的出版人虽然不能穷尽当代出版人群体的全貌，但是他们真切的自我表达充分体现了当前出版人职业责任认知的不同角度，他们真实地来自于出版界的普通角落，来自成千上万的普通出版人，他们既是特殊的个体，也是具有某种普遍意义的群体。他们对出版责任冲突的批判、接纳与淡然其实折射了不同的出版责任观，在他们或抗拒排斥或接纳认同的差异中笔者感受的是作为编辑共同的责任底线。责任的内涵是多元的，它不仅仅只有"文化责任"一个向度。

4.3.3　出版人职业责任观分殊与失衡趋向

通过对访谈资料的整理与分析，加上对相关文献的查询，了解到当前中国出版人职业责任观总体呈现为结构的不平衡状态，大致体现为四种类型的出版人职业责任观。

（1）理想型。它体现为在出版商务的成功运营中始终坚守文化使命，在"双效"结合中突出强调文化性，集中呈现于当前成功的出版人和具有品牌影响力的出版企业文化中，诸如中国老牌的出版企业三联书店、中华书局、中国商务出版社等。正如北京市三联书店的总经理樊希安所提倡出版业的本质体现为"授知""续脉""弘道"，他积极联系各省级新华书店，开拓图书的实体营销网络。但面向市场的大胆改革是基于承继三联传统文化内核的前提的，他放弃了自己先前务实的出版经营管理经验，积极融入到三联的优秀传统中，在邹韬奋的出版文章中找到创新三联的内在文化驱动，使其成为支持三联外部变革的内在不变的文化坚守。

（2）务实型。它体现为出版商务经营上的创新与开拓，是在保持文化底线的同时偏重市场开拓和经济回报，集中体现在当前一些具有品牌影响力的专业出版社和各类特色出版社。这种务实型出版责任观体现为对文化与市场的双重认同，主张优秀的出版物也能经得住市场的考验，能够在"畅销书"和"长销书"之间找到一条折中的路，实现文化与商业的兼顾。转企成功的出版企业共同的经验就是要创立自己的品牌优势，务实型出版责任观便是以出版商务为主，侧重市场运营，但仍然能保持图书独有的社会教育教化、文化创新、价值引领等社会功能。拥有这类出版责任观的出版人往往精于商业运营，对出版文化追求并不显著，却仍然能保持底线。

（3）偏废型。它体现为文化责任与经济责任难以调节而只能固守其一。这种类型的责任观容易导致职业焦虑，尤其是经济上的压力使文化责任感降低，甚至产生消极情绪，容易陷入难以实现职业理想、无法承担责任使命的无奈纠结中。拥有这类职业责任观的出版人，要么离开编辑工作岗位，要么苦苦坚守岗位却得不到任何职业成就感，也相应难以实现能力突破。

（4）淡漠型。它体现为职业价值观上的随波逐流。这类出版人对图书出版的职业选择不过是一份工作，无所谓喜欢也无所谓讨厌，因此，也没有责任冲突之后的纠结与痛苦，这种价值虚无更多地表现为在出版市场竞争中轻易地放弃底线，甚至对于一些人来说就从来不曾有过"出版责任"这一底线，除了外在的法律制度规约之外，内在没有任何职业价值约束。他们将图书经营视为完全与文化无关的商业性操作，认定经济效益才是硬指标，将利益最大化成功地运用于出版行销过程中。

通过调研了解到，在这四种典型的出版人职业责任观中，理想型和务实型是出版界的主流价值观，它们都强调出版的文化使命和责任，并将其置于利润之上。但二者的区别在于，理想型出版人职业责任观放大了出版文化性与商业性的冲突，并将二者放于不可调和的位置，主张以牺牲市场利润的方式来强化文化情怀；务实型出版人职业责任观则强调文化与商业的契合，积极寻找能将二者融为一体的"双效"结果。

转企改制后的出版环境呈现多样化，当价值观遭遇不成熟、不完善的市场竞争环境，不稳定的出版企业文化，不成体系、不科学的企业管理模式时，它很容易被扭曲为偏废型出版人职业责任观，继而成为出版从业者的群体无奈和悲凉的现实。拥有这一类型价值观的从业者是转企改制后出版企业中的大多数从业者，他们内心还保留着对出版职业理想的渴望，保留着对图书的真挚热爱，却在市场化改革中迷失自我，职业责任观趋向断裂，这种断裂让他们承受强烈的职业挫败感，抑或是在强势的商业化利润追逐中产生了强烈的被吞噬感，却无力挣脱压力束缚，他们无所适从、焦躁不安，除了外在顺应之外，内心还不断地承受责任感的煎熬，其职业价值观是分裂的。

淡漠型出版人职业责任观，则是在转企改制中涌现的一种非主流但很强势的价值观存在形式，它主要表现为对出版物价值衡量标准比较单一，即以换取市场利润、迎合大众口味为主。在当前的出版界，具有淡漠型出版人职业责任观即缺乏职业理想的出版从业者不在少数，成为较为普遍且影响恶劣的问题。因为入职门槛并不高，很多编辑对自身职业的价值评估失衡，没有认识到作为传承知识、传播信息与文化的编辑职业本身所具有的重要性，而只是把它当作一份取得收益的工具；忽略或者缺少对出版工作的文化创新性认知，加上有些出版人对出版工作付出的辛苦、对书稿做出的贡献等和所获得的回报也存在严重的不匹配性，这种种状况都造成了出版工作者在工作认识上的偏差，会出现一些诸如"得过且过""无非一个养家糊口的工作，怎么赚钱怎么做"等消极乃至错误的认知。这种负面价值观的入侵打破了传统出版人的责任底线，成为导致各种出版失德行为、破坏出版业良好社会信誉的罪魁祸首。

无论是偏废型还是淡漠型出版人职业责任观，都是出版主体内在职业价值失衡的结果，虽然造成这种失衡的原因是复杂的，但是，失衡的职业责任观体现的就是对责任的漠视与丢弃，他们的出版行为也相应地缺少责任感和职业道德感。经济学家盛洪曾说："一个机构可能会获得眼下的外在成功,但会因'失德'而终于没落;它也可能暂时遭受挫折,却因'有德'而东山再起。德是一个机构的灵魂,是它的真正的'核心技术'。"司马长风(2003)一个企业如此,一个行业亦如此。行业伦理建设重在从业者的德行建设,只有重视构建从业者主体的内在价值观才能从根本上获得行业发展的内在动力。

本 章 小 结

对出版从业者进行多次开放式问卷调查和深度访谈,发现其"责任内隐观"呈现几个特点:第一,出版人对责任主体的表述向度分散,有的表述意指飘忽不定,表现出受访者对责任主体认知的含混不清。第二,出版人对出版责任本体的认知大致呈现一致。第三,出版人对出版责任的对抗性焦点在于文化与商业的冲突,使出版人的责任呈现为文化使命与经济责任的两极对抗。

同时,通过多次深度访谈,接触不同岗位、不同出版企业的出版人,笔者最为直观地感受到出版人职业责任伦理困境与职业责任选择。

第一,出版人对出版责任伦理困境的感知与评价表现为对文化责任追求的高度重视和现实中的难以实践极度缺乏造成的责任真空;出版"双效"原则的割裂与极化造成的责任单面性。

第二,出版人对出版责任困境的归因体现为三个角度:出版人个体职业素养归因、出版企业组织管理归因、社会环境综合归因。

第三,出版人在出版责任冲突中的行为与心态选择,体现为四种类型:保守的批判者、超脱的坚守者、积极的务实者、消极的回避者。尤其是第三种类型,他们是激进务实性的出版人代表,他们排斥一味强调责任的单面性,认为重要的不是强调责任价值的排序,而是进行综合权衡,实现多元责任的兼顾。

通过调查访问与文献研究,总结当前中国出版人的职业责任观大致体现为四种类型:理想型、务实型、偏废型、淡漠型。理想型和务实型出版人职业责任观原本具有出版界主流价值观的优势，也是能够实现图书出版社会效益与经济效益相结合的良好价值观。但是，转企改制后的出版环境呈现为多样化，当价值观遭遇不成熟、不完善的市场竞争环境，不稳定的出版企业文化，不成体系、不科学的企业管理模式时，它很容易被扭曲为偏废型出版人职业责任观，继而成为出版从业者的群体无奈和悲凉的现实；而淡漠型出版人职业责任观即缺乏职业理想的出版从业者不在少数，成为较为普遍且影响恶劣的问题，出版人的职业责任观总体趋于断裂和淡漠状态。

第 5 章　场域视角下出版责任伦理的影响因素剖析

中国图书出版责任伦理失范虽然是出版实践领域中的伦理道德问题，但出版业作为一种社会职业或社会产业，同时作为文化事业的组成部分，其伦理问题不是孤立地存在于封闭的专属领地，而是与整个社会的政治、经济、文化、社会伦理等交织杂糅。从社会整个结构的互动关系中考察出版责任伦理失范问题，一方面，源于出版业内部，包括出版行业层面、出版组织管理层面与出版行动者微观层面，尤其体现为职业道德规范体系的失效与从业人员职业价值观的失衡等；另一方面，也源于社会背景，即处于转型期的中国社会在政治层面、经济层面和文化道德层面所呈现的各种矛盾在出版领域的折射。

本章拟用布尔迪厄的场域理论来反思中国图书出版责任伦理失范的原因，通过对该理论的简单阐释与参照，分别从三个方面研究出版场域并对问题进行探因：基于出版场域与社会"权力场"的关系结构考察社会场域对出版场域的合力作用；出版场域自身的结构特征及其不同资本的对抗力；出版场域中行动者责任习性的差异性与斗争力。

5.1　以布尔迪厄的场域理论剖析中国出版责任伦理的影响因素

20 世纪后半叶，西方社会学开始经历从社会对象化研究向社会关系结构本身研究的范式转换，产生于 20 世纪 70 年代的布尔迪厄社会实践理论①就是这种范式转换的典型代表。该理论着重于社会学研究本身的反思，在此基础上强调了社会存在实践的历时性、共时性与空间的关联性，他接受并超越了胡塞尔的先验直观与海德格尔的主体性存在，更

---

① 以 1972 年布尔迪厄出版当代西方社会学经典之作《实践理论概要》为标志。

在梅洛-庞蒂知觉现象学思想影响下，超越了主观主义的现象学对实践感的直接性的内化理解，探讨了实践的客观结构和社会的生成条件（孙琳，2014）。

5.1.1　布尔迪厄的场域理论是解读社会实践的工具

布尔迪厄的场域理论是构成他的社会实践理论的基础，也是他研究社会关系结构的起点。场域、习性、资本构成了布尔迪厄实践理论的核心概念体系，他试图打破长期以来对"存在"的或"主观"或"客观"的二元对立哲学解释，以习性（或资本）与场域的二元互动取代传统的主客观二元对立来解读复杂的社会实践。他反对结构主义忽视行动的实践本性，提出社会行动都是实践性的，行动者只有进入实践场域才能成为主体的行动者，并以场域和习性的关系来讨论社会结构和主体能动性问题。场域是社会实践的基础概念，而行动者的习性和资本是寄生其中又对之施以改造的主体力量，正是这种力量的作用才使场域在充满斗争与不断变化中得以动态构型。

布尔迪厄和华康德（1998）认为现实的就是关系的，他将整个社会视为一个场域综合性结构，由无数个场域构成。所谓场域，他界定为：在各种位置之间存在的客观关系网络，或一个构型（configuration）。正是这些位置的存在把它们强加于占特殊位置的行动者或机构上的决定性因素之中，这些位置得到客观的界定，其根据是这些位置上不同类型的权力（或资本）——占有这些权力，就意味着把持了在这场域中利害攸关的、专门利润的受益权——和分配结构，以及它们与其他位置之间的客观关系（支配关系、屈从关系、结构上的对应关系等）。在布尔迪厄看来，社会科学研究需要从场域研究开始，它是资本主义分化社会研究的切入点。他认为社会学应该以场域为研究对象，通过研究"中间"（场域）而把握"两头"（社会和个人）。布尔迪厄的这一思想具有"中层理论"的特性，一方面，可以避免"宏观主义者"大而无当的"宏大叙事"；另一方面，可以克服"微观主义者"的"只见树木，不见森林"

（毕天云，2004），从场域的理论出发，将社会与个人通过"惯习"进行连接。这一理论对于诠释出版业职业伦理形成及其遭遇困境的现状具有重要指导意义。

　　布尔迪厄用一个公式表明了场域、习性、资本之间的关系：[（习性）（资本）]＋场域＝实践。他认为行动者的习性和所拥有的资本在场中不断地实现能量的转化，习性在场中进行形构与内化的过程；而资本作为习性的结果，在场的关系博弈中又促进习性的改变以达成新的形构。三者紧密而复杂的关系一直处于不断的变化之中，也促进了实践的变化。场域中的行动者在场域和习性作用下，通过自身负载的资本为占据一定的位置或维持、提高资本总量而与其他位置上的行动者争斗（张意，2005），从而形成场域的结构。因此，对于行动者来说，习性与资本是其在场域中变换位置的原动力，而外在因素对行动者的改变也是通过场域来完成的，即通过场域的特有形式和力量预先经历一次重新形塑的过程（孙琳，2014）。在布尔迪厄看来，一个场域的自主性越强，它自身特有的逻辑性就越是会加强该场域特定的历史积淀。这种特定的历史积淀又反过来构成该场域的"传统"，或海德格尔所谓"理解的前结构"。

5.1.2　影响出版责任伦理的三大要素：出版场域、主导资本与出版人习性

　　场域、资本与习性构成了布尔迪厄场域理论的核心体系，它给我们提供了能够诠释"出版责任伦理"的社会学理论基础和研究起点。布尔迪厄提出的、从场的角度所做的分析，牵涉到三个必要的并且是有内在联系的要素（包亚明，1997）：与权力场相对的位置、场内的"客观结构"与"行动者的习性"①。本书拟从这三个角度去剖析与出版场域关系密切的三个要素，并且阐释这三种要素在哪种状况下会造成出版责任伦理的失范。

――――――――――

① 这里的"客观结构"，指的是某种体制下行动者之间关系的结构；"习性"指的是场内行动者所拥有的不同的性情系统。

1. 出版场域——出版责任伦理形成的结构基础

由于场域间具有同源性，出版场域与其他社会场域存在千丝万缕的联系，场域间的相互作用也成为出版场域改变的重要因素。看似整体的社会实则是由许多个大大小小的具有内在特定逻辑并相对独立的小世界组成的，这些小世界与整个社会在生成结构上有同源性（homology），即都遵从支配与被支配的等级结构的作用（张意，2005）。社会分化促成场域形成，社会分化程度越高形成场域的数量越多。场域是不同社会要素通过有效连接、关系的聚合而形成的，场域之间则通过组合构成整个社会。例如，整个社会大场域可以分为不同的社会小场域，如政治场、经济场、学术场、艺术场、文学场等，这些小场域也被称为"子场域"，它们之间各自独立却又具有一定的联系。

同时，场域本身具有自主性，相对于其他非同类的社会要素而言，它具有自己特有的逻辑与规则。正是这些逻辑和规则成为排除和摆脱其他场域影响而建立场域边界的特性。布尔迪厄和华康德（1998）列举了一些类似业余合唱团、读书俱乐部、戏迷会等集合体的例子来说明场域的特征，他认为不具有传播性质或场域效果的真实性的集合行为并不代表就形成一种场域。真正的场域反而与一种传播性强、场域效果明显、声望好，即便是不具有真实性的集合行为或形式的"客观性"的观念有关（孙琳，2014）。他列举了新闻业的例子来说明，报纸也好，网络也好，都是形式的客观性观念，而它作为一种传播工具必须有良好的声望，否则就不是新闻而是庸俗小报的奇闻逸事，只有前者才能称其为形成一个新闻场域。与此相通，书业场域也具有这样的逻辑，纸质图书或电子图书，不过是书业场域的形式客观性观念，图书作为一种传播载体也要保持自己良好的声望，即传承文明、教化社会、传播真善美的文化载体，而不是充斥着假、恶、丑，以低俗娱乐刺激人们阅读消费的庸俗读物。

布尔迪厄（1998）将艺术场、文学场、科学场等统称为文化生产场。他认为文化生产场作为包含具有多个差异性小场的整体社会场，与政治场、经济场之间在结构和功能上具有同源关系，文化生产场域作为一个子空间具有一个自身独特逻辑的社会空间，每个社会空间中都带有某种利害关系的特殊事物使该场域内的行动者你争我夺（孙琳，2014）。因此，出版场域也涉及权力与资本，是一个斗争的场。在这个斗争的过程中，拥有特定资本的行动者就会拥有场域的支配权，支配权决定了场域的结构，影响并支配场域中行动者的习性及其资本竞争规则。而何种资本能够主导权力场则取决于社会历史发展的不同阶段，是政治、经济、文化等因素共同作用下的结果，它具有历时的阶段性和共时的聚合性。

　　出版场域作为各种位置之间的客观关系结构其实质体现了身处其中的行动者之间的伦理关系，也呈现了出版场域的游戏规则，是无形中建立的，客观上能够形成并约束场域中所有行动者习性的一种行动共识。书业场域所呈现的是以图书策划、编辑、包装、市场推广等一系列不同环节中多种位置的复杂结构，它并非线性、完全续接的，而是以图书生产销售为主线，每一个环节又延伸出网状的结构，网与网之间又纠结缠绕，形成行动者利益、组织利益、行业利益的不同层面的竞争格局。出版责任伦理即蕴含于这个复杂的格局中，其内涵主要负载于图书生产销售的主线中，而场中资本流动和主导无疑对主线有着重要的形塑作用。因此，出版责任伦理的影响因素之一，即是整个出版场域，特别是主线的导向力量。而决定场域主线导向力量的却是能够获得权力的特定资本。

　　2. 主导资本——出版责任伦理的决定性因子

　　布尔迪厄对"资本"给予了不同于经济学所谓"资本"的更为宽泛的界定：资本是累计性的劳动（以物化的形式或具体化、肉身化的形式），这种劳动在私人性即排他性的基础上被行动者或行动者小团体占有，这种劳动（资本）使他们能够以具体化的形式占有社会资源（包亚明，2000）。布尔迪厄将资本分为四种不同的形式：经济资本、文化资本、社会资本和符号资本。经济资本是其他类型资本赖以存在的根源，它与金钱存在着密切的联系，在某种程度上，拥有金钱的多少便是经济资本的多少；文化资本以精神状态为存在形式，通常以作品、文凭、学衔等为符号附着于行动者的身心之中，又在实践中体现为具体的文化物品存在。对于行动者而言，文化资本的积累意味着对各种文化资源的传承，并通过内化成为自身习性的过程，完成文化上的区隔与差异；社会资本体现为行动者拥有的社会网络资源的多少；符号资本则与前三种不同，它既非物质又非精神，而是一种抽象化的资本形式，布尔迪厄将之视为符号的社会分化功能，它可以掩盖政治、经济等直接暴力性统治，使一部分个体或群体获得一定利益，也就是获得这种符号资本。

　　同时，布尔迪厄指出，资本包含对自己的未来和他人的未来施加控制的能力，因而是权力的一种形式（Bourdieu，1986）。场域的竞争逻辑是按照资本的逻辑进行的，行动者通过自身拥有的各种资本在场中获得或保持一个位置，并在不断的抗争、冲突中权衡着复杂关系之中的利益。在布尔迪厄看来，场域变化的动力来自于结构形式的不对称关系，而这种不对称关系的形成正是由于特定资本的数量和结构。特定资本赋予了场域某种权力特征，而正是这种权力可以支配场域的生产与再生产，进而成为支配场域结构的力量。

　　据此来考察出版场域中资本竞争与权力生成的过程，会让我们洞察出版责任伦理的历史变迁。中国近代出版事业始于 1898 年商务印书馆的创立，出版史研究学者史春风（2006）在界定"近代出版"时提出，近代出版的第一个要素，是富于出版理想，明确社会责任的资本主义性质的民营出版企业的兴起。他并且列出三点要素来概括近代出版的特征：一是将实现出版者的文化理想作为重要目的；二是积极从事出版的近代新型知识分子群体；三是能够推动社会思潮与文化变革的出版物。他将商务印书馆的创立视为中国出版事业的近代化肇始，在"变革图存""师夷长技以制夷"的政治救亡语境和"西学东渐""融合国粹欧化"的中西文化冲突语境下，近代出版场域中经济资本、文化资本与符号资本（政治资本）一直进行博弈。在经历了清末立宪运动、辛亥革命、五四运动，直到 1931 年"九一八事变"，再到中华人民共和国成立，在每一次国家政治改革与文化转型的社会思潮更迭中，以商务印书馆、中华书局、世界书局、开明书店、生活书店等出版机构为主流的民营出版力量已经在波澜起伏的历史大潮中顺势而发，在商务竞争与出版改革中积淀起以文化忧患与文化理想为价值追求的出版责任传统。

布尔迪厄将场域与游戏做类比，让人们直观地认识到场域竞争的逻辑本质是遵从资本控制逻辑的。场域中有着与游戏一样的能起主导作用的"王牌"或"将牌"，随着场域的不同或同一场域的动态变化，这些经济资本、文化资本、社会资本和象征资本作为"王牌"资本的可能性也发生改变，从而形成不同的等级层次，并随之具有相对的"王牌"战斗力。从这个角度看出版场域，其自身也存在一个动态变化的历史过程，在不同的历史时期，其场域中的资本种类和等级结构不同，也突出地表现为特定的历史时期出版场域的"王牌"不同。

通过考察 1919～1949 年近代民营出版事业三十年的历史，可以透视出中国近代出版人出版实践的社会价值，在近代民营出版人群体的职业追求中为我们呈现出这个场域由融合了符号资本在内的文化资本起主导作用。文化资本控制下的出版场域将文化传承、创新、教化、服务责任作为出版人的职业追求，即便是民营商业属性的出版机构也并未将"利益最大化"的商业伦理奉为圭臬。文化资本即为出版场域中的"王牌"，这种决定性因素以胸怀天下的文化忧患为核心，以传承文化、服务教育、启迪民智、德性教化等出版社会功能为实体，形成近代出版人群体的职业文化生态圈；以出版机构为平台，经由若干有共同职业理想与文化追求的组织管理者，在激烈的商务竞争中形成强有力的组织文化和行业价值观。例如，以张元济、王云五为两代核心的"商务文化"、以陆费逵为核心的"中华文化"、以夏丏尊、叶圣陶为代表的"开明文化"、以邹韬奋为核心的"三联精神"等。出版场域的文化权力场对每一个进入的从业者都有着很强的文化吸引力，进而使出版职业责任传统积淀形成。

与此相对照，我国出版业自新中国成立到改革开放的三十年里，政治话语作为一种符号资本主导出版场域，将之演变成为政治运动服务的宣传式"大生产场域"；改革开放之后，我国出版业经历了文化启蒙的阅读黄金期，出版责任伦理开始回归文化向度。但在传承与创新文化的道路上大胆前行时，又遭遇经济场域强势入侵，使出版场域中的权力从文化资本转为经济资本（商业资本）。当经济资本主导出版场域之后，出版"大生产场域"便几乎朝向图书商业利益的社会语境，出版责任伦理话语也相应从德性论、义务论的文化责任与使命追求，蜕变为功利主义和契约论之下的利益最大化追求和商业伦理底线。

3. 出版人习性——出版责任伦理践行的动力

所谓习性（habitus），又被称为惯习或生存心态[①]等，因为在该概念的翻译上，中国学术界还未有一个完全统一的用词[②]，本书无意对此概念进行翻译和语义学上的探讨，因此，选择了学术界的多数用法——习性——来阐释布氏该概念的内涵。

布尔迪厄对于"habitus"概念的使用突破了原有意味——习惯被自发地看作重复的、机械的和自动的；它与其说是生产的，不如说是复制的，是强调某种强有力的生成机制，是兼备建构性、创造性、再生性和被建构性、稳定性、被动性两个方面的心态系统—行动模式的双重结构，是在现实和历史的双重时空结构中，前后共时穿插地产生内在化和外在化功能的实践过程中发挥其复杂微妙的作用的（高宣扬，2008）。布尔迪厄和华康德（1998）在《实践的逻辑》中将习性阐释为持久的、可变

[①] 高宣扬在《论布尔迪厄的"生存心态"概念》一文中从"habitus"一词的拉丁文原意和词语构成的角度总结出布尔迪厄所用的关键概念应当是指"生存的方式"，包含客观行为中的实际表现和内心道德状态两个方面。"既是静态的内化心理、精神和情感结构，又是行动中实际发生外化作用的精神力量。"[高宣扬，2008. 论布尔迪厄的"生存心态"概念[J]. 云南大学学报（社会科学版），7（3）：8-15.]

[②] 高宣扬在其文章《论布尔迪厄的"生存心态"概念》中指出："中国学术界往往由于语言上的隔阂，特别是受到英译本的影响，加上受到传统思维模式的约束，因此无法正确地翻译和表达布尔迪厄所说的 habitus 的意义。"认为"习惯""惯习""习性""习气"不过是从字面上进行的翻译，而"生存心态"则除了包含在生存活动中所获得的因素外，还含有布尔迪厄非常重视的由惯习所累积而成的"个人历史的主动性和积极性"。[高宣扬，2008. 论布尔迪厄的"生存心态"概念[J]. 云南大学学报（社会科学版），7（3）：8-15.]

的一些性情系统，是一些被建构的结构，这些结构基于某些原则而被作为建构性的结构而发挥作用，它们是产生实践的力量，并在改变实践的过程中作为实践的表征而存在。但这个过程并非行动者刻意为之或并未完全明确行动目标，而是在适应客观环境的过程中自然形成的。因此，习性是场域对行动者个体的改造，使之成为适应并改造场域的能动性主体。而习性的生成也是人的社会性本质的必然呈现，同时受到社会文明发展的总体约束，这种约束伴随个体成长而内化为自身习性。

布尔迪厄提出场域是斗争的，斗争的过程是场域中的行动者通过占有资本而争夺场域位置的过程，但同时也是行动者按照资本的数量和结构进行聚合划类的过程，经过聚合后的类聚合体由于拥有较为一致的利益和欲望而形成一定的价值观或一致倾向的性情系统，即习性。布尔迪厄的"习性"是带有强烈的时间色彩的，它产生于过去的实践，代表过去场域的趋向，而又以实践的方式藏匿于当下之中，在实践调整中形成未来新的习性。

纵观中国近现代出版发展史，以史为鉴，追寻中国图书出版责任伦理在不同时代的呈现与变迁脉络，我们会看到出版伦理既体现为中国不同时代社会总体的价值追求，同时，更体现为某些行业领袖、佼佼者的职业价值观和责任使命。当这种时代追求与行业行动者的职业价值观相契合时，行动者的责任感与使命感就格外突出。

近代以来，中国图书出版史可谓是一部近代知识分子民主救国抗争史与文化启蒙思想史。通过图书出版活动，社会的文化精英聚拢在一起，积极参与政治改革，心系社稷安危，胸怀报国之志与文化使命，他们以图书明志抒怀、醒世启人，每一个进入出版场域的行动者都受到这种主流习性的影响，将其内化为自身的职业伦理观，其价值追求与使命承担中铭刻着责任。例如，民国时期的出版家张元济、陆费逵等人在保存国粹的同时，传播西学的兼容并包思想，正像张元济（2008）与友人书信中所言："吾之意在欲取泰西之种种学术，以与吾国民之民质、俗尚、教化、政体相为调剂，扫腐儒之陈说，而振新吾国民之精神耳。"张元济（1981）将中国传统文化视为国之根本，在致汪康年的信中他明确提出要对国粹进行保存："弟尤注意于古书，于开辟新营业之中，兼寓保存国粹之意。"基于张元济、高梦旦、陆费逵等出版社管理者中庸适度的中西文化观，在西学盛行的年代中国的本土文化得以更好地保存、传承。另外，在出版对教育的影响功能方面，民国时期的出版家们也都以各自的教育思想，使出版承担起扶助教育的重任。张元济以"扶助教育为己任"，倡导国民基础教育理念；王云五以各类文库类书籍发展平民化出版，实施文化普及，践行其社会化教育思想；陆费逵主张发展普通教育、人才教育与职业教育，提出在实利主义原则下坚守"德性"立业之责任，从倡导职业德性教育到反思出版业的职业德性；夏丏尊批评教育的形式化与无内涵，提倡将感情注入教育的"爱的教育"，也通过编辑有感情、有责任的教科书来支持践行爱的教育。这些出版人的习性养成虽有个体经历的差异性，但同时也有特定历史背景生成的共同性。这种状况与当前中国出版业转企改制过程中文化派和产业派两大阵营的对抗局面具有相似性，都是特定历史阶段出版场域对行动者习性的改变。

因此，习性这一性情系统既具有胡塞尔"意向性"的主要内涵，同时又超越非理性而宣告"利益"存在的理性作用，惯习的目的就是提醒人们经济行动者的历史性就是历史的及由历史所带来的偏好与欲望的生成过程（司马长风，2003）。这个过程并非刻意的，而是受到场域决定性力量的构型而在行动中被个体接受。

分析社会实践层面的主体行为或主体价值认知，应当将之放入整个社会结构中去加以考察。按照社会学家通常的研究，可以将社会分为宏观结构，即：社会制度层次的结构，是指社会作为一个整体的宏观结构，即制度化的社会关系模式；中观结构，即组织或群体层次的结构，是指社会构成要素之间的关系，它超越了个体关系而以组织、行业等社会存在构成的各种关系为主；微观结构，即社会角色层次的结构，最基本的社会关系是角色关系，社会角色体现的是个体的社会地位与身份关系，当然它并非孤立存在，而是以角色丛的方式混杂在一起，构成以社会个体为出发点与利益旨归的角色结构（林聚任，2010）。对于出版场域而言，存在内外两个相对性场域：出版"外场域"，即社会制度层面的宏观结构；出版"内场域"，即包含出版行业或出版组织层面的中观结构和出版行动者角色层面的微观结构，二者分别是出版行业场域（出版场域与非出版场域的区隔）和出版组织场域（具体出版组织间的区隔）。我们需要从出版内外两大场域中去考察是否存在外场域合力对出版场域的渗透与消解作用，是否存在出版场域内部的分裂与断层，以此来探析出版责任伦理失范问题的原因。

5.2　出版场"外场域"的力量渗透对出版责任伦理的消解作用

尽管场域具有自主性，但这种自主性并非绝对的，因为任何场域在追求自主性权利的同时，总是无法完全排除其他场域的影响，这些影响会成为场域发生分裂的因素之一。由于场域之间的可通约性，出版场域的界限往往是模糊的，尤其是政治场域、经济场域和道德场域等，其主导资本所形成的场域文化会延伸至出版场域，形成干预力量的渗透，进而影响出版场域的结构。只是谴责出版者见利忘义，只是强调出版者的道德建设，就显得比较片面和软弱了。应该看到，把问题的解决寄希望于出版者职业道德自律的改善，是一种把问题简单化的幻想，带有一定的唯心主义色彩（郑晓红，2005）。出版界的诸多怪现象中所呈现的出版伦理之恶"，源自于特定的市场和社会基础，是一个相当复杂的问题，需要从中国所处的政治、经济、文化转型期这一整体社会背景来分析，才能找到综合治理的有效路径。

5.2.1　中国转型期"政治场"的权力约束使出版责任伦理趋向形式化

任何一个场域都不是完全独立、封闭的，而是与社会主导结构之间存在一种"可通约性"，即在组成结构和运作过程中存在着全面的对应关系，如：都存在支配者与被支配者，都存在内部的再生产机制、竞争机制、各具特色的场域自身规约机制等；在与社会其他场域形成关联的同时，必然受到社会权力场域的支配作用。而在这种支配作用下，场域本身也发生结构变化，结构的变化体现为场域内行动者资本竞争的斗争状态，是资本较量之后形成支配型资本的过程。

从中华人民共和国成立到改革开放之间的三十年（1949～1978 年）中，中国图书出版业在经历了民营资本的全面国营化整顿之后，成为国家文化宣传事业中非常重要的有机成分，为提高整个社会的文化水平、教育水平而履行着自身的职责。尤其是在"十七年时期"[①]出版图书品种与总量均有大幅度提高，在出版推动下文学、学术、教育都有正向发展。出版家陈原（1984）指出，仅 1974 年，据说出书也有一万一千种，可很多是伪造历史、指桑骂槐的毒品，对我们伟大的祖国文化，是一种侮辱，只配拿去化灰炉安置。

从 20 世纪 70 年代末到 80 年代末是中国出版界重获繁荣的十年，对知识饥渴的人们来说，迫切地想通过阅读来获得精神自由成为突出的时代特征。政治场域提出的实践纠偏也极大地影响出版场域的大胆突破，尤其是在 1979 年《读书》发出的"读书无禁区"呼声之后，中华人民共和国的文化启蒙运动开始了，出版界也迎来了阅读的黄金时代。据陈原（1984）回忆，1980 年全国出书两万一千六百种，总印数是四十五亿册。两万多品种不算多，印数四十五亿册却是个天文数字。政治场域的权力支配与出版场域的文化资本主导遥相呼应，奏响出版改革的时代强音。

---

① "十七年时期"指的是从中华人民共和国成立到"文化大革命"开始，即 1949～1966 年。

在中国，政治场与社会其他场域（自然包括出版场域在内）本身就存在支配和被支配的关系，这种支配力量一般是通过行政管理发挥作用的。尽管中国颁布并修订了《中华人民共和国著作权法》（以下简称《著作权法》），但并未出台专门的出版法。目前，出版业主要是依靠行政力量的管理与监督，主要体现在以下几个方面。

一是通过行政审批，确定出版单位的设立方式。中国出版单位设立实行审批制，由国家特定的业务主管部门和行政管理机关，依据核准设立原则，通过对出版单位的审批、登记等管理活动来进行（唐伶俐和裴良婕，2012）。审批制利在可以对从事出版活动的机构或人员进行资质核准，为整个文化传播事业建立宏观的把关制度奠定基础；弊端在于，审批标准建立是在文化产业改革前，多为政治、文化层面标准，经济指标是赋权之后的要求，这就形成了场域进入标准与场域竞争机制的错位。这种错位的存在使目前一大批具有出版资质的机构本身缺乏市场运营能力，靠书号买卖维生，严重阻碍出版市场的正向发展；同时，颇具市场运营能力，又有良好声誉的民营书业公司却难以通过审批获得出版资质。审批制所造成的权力衍生弊端正是书号买卖屡禁不止的根源，而是否需要将行政审批制调整为美国式的经济登记制①，或者什么时候什么条件下实行登记制将是改变这种状况的关键问题。

二是行政管理权力由国务院直属机构下放到省级行政职能部门，主要以行政规定和行业协会管理实施对出版业的监督。2013 年依据《国务院机构改革和职能转变方案》和《国务院关于机构设置的通知》，设立国家新闻出版广电总局，统一管理中国新闻、出版、广播、电影、电视诸领域的发展；2018 年 3 月 17 日，经第十三届全国人民代表大会第一次会议通过关于国务院改革方案的决定，将国家新闻出版广电总局改组为国家广播电视总局、国家新闻出版署（国家版权局），国家电影局。"新闻出版"和"电影"统一由中央宣传部进行管理。在出版监管方面，主要以制定能够促进出版业长足发展的管理条例和规定，诸如《出版管

---

① 美国的登记制是指美国的出版企业与其他企业一样，仅在工商部门进行登记，即获得营业资格。

理条例》《印刷业管理条例》《出版物市场管理规定》《著作权法》《书号、刊号、版号的使用规范管理》从宏观上把控出版业正确的文化方向，并适时地依此实施监督。同时，对新闻出版广播电视等领域的法律法规管理主要包括《著作权法》《出版管理条例》《印刷业管理条例》《出版物市场管理规定》《图书、期刊、音像制品、电子出版物重大选题备案方法》《书号、刊号、版号的使用规范管理》与各类出版物出版专项法规七个方面。专门的出版法还未出台，对出版实践进行规约的是各种行政法规、部门规章制度或规范性文件。

当然，随着中国加入世界贸易组织，国家对文化产业采取积极的政策引导与强有力的改革措施，以期促进中国文化产业与世界文化产业接轨。中国政治、经济、社会等方面的综合国情，决定着新闻出版事业整体的管理模式与发展水平。长期以来，作为文化事业单位的新闻出版机构基于意识形态突出的特征，形成自上而下的垂直、线性管理模式，这种状况决定了它的市场化转型难以直接完全突破原有的结构与观念束缚，交与市场决策。因此，客观条件决定了中国新闻出版产业化、集团化改革，注定要走"政府主导型"而非"市场主导型"道路。文化宣传部门从事业化统一管理体制转型为文化实业化、产业化的市场管理体制，包括图书出版在内的所有文化产业机构都在外力推动下，努力完成观念上的产业化转型与管理体制上的企业化转型，更是将"做大做强"文化产业作为一项政治使命来践行。

出版产业改革是在政治力量的主导之下进行的，市场竞争机制的引入，从发行领域的放开，到转企改制的基本完成，政府相关管理部门的宏观调控作用极为明显。整个新闻出版领域的转企改制可追溯到 21 世纪初，从 2001 年中共中央办公厅、国务院办公厅转发《中央宣传部、国家广电总局、新闻出版总署〈关于深化新闻出版广播影视业改革的若干意见〉的通知》（以下简称《通知》）开始，强调以发展为主题，以结构调整为主线，要求"出版集团要以资本和业务为纽带，在清晰界定产权的基础上，明确资产经营责任，着力进行管理体制和运行机制的创新"

（刘少华和兰蓉蓉，2012）。允许出版单位进行跨行业、跨地区、跨媒体、跨所有制的多领域横向和纵向发展，出版行业朝着集团化、企业化、资本化的方向有条不紊地调整改革。

经历近十年的调整，到 2010 年年底，中国出版体制改革取得重要进展，全国经营性出版单位转企改制工作全部完成，中国出版业正进入后改制时代（刘少华和兰蓉蓉，2012）。对于出版业的转企改制，宏观层面上，它是国家实施文化大改革、大发展、大繁荣的战略规划，也是提升国家文化软实力、打造文化产业新的经济增长点的探索路径；微观层面上，则要求出版企业要打破传统的事业体制，激活企业市场机制，重塑市场主体形象，积极开拓出版文化产品的多元市场，构建自身的出版品牌和核心竞争力。同时，《通知》实施细则也强调深化改革必须"坚持把社会效益放在首位，实现经济效益与社会效益的统一"；"深化新闻出版改革必须坚持党性原则，牢牢把握正确导向。新闻出版业既有一般行业属性，又有意识形态属性，既是大众传媒，又是党的宣传思想阵地，事关国家安全和政治稳定，负有重要社会责任。"（刘少华和兰蓉蓉，2012）这明显体现了即便是实施转企改制的出版业，其文化的根本属性不会改变。相应地，出版本身所应当承担的政治责任、文化责任、教育教化责任等也不能改变。

为了推进文化产业化改革，国家对出版业的行政管理在机构和职能上也进行了相应重大改革，行政管理方式和力度在转型中发生重大改变，从完全的一体化直接干预，转向保留一定行政任命的宏观调控，审批等具体职责从国家级管理部门下放到省级管理部门。但行政化管理要求与市场利益追求的二元冲突使出版业价值观朝向两极分裂，这是造成出版职业责任感缺失的重要原因。

一方面，出版企业负责人的职业责任感偏离文化方向，成为整个出版企业责任缺失的症结所在。

当前中国的出版企业最高负责人大多是通过行政任命产生的，行政任命虽然主要考虑行业经验，但也有基于行政人事调动而使并不擅长出版的人来管理出版企业。因此，基于行政任命而产生的出版企业负责人多数会倾向于一味追求出版短期经济效益，却又由于长期的行政工作而本身并无市场运营经验（这种状况在高校出版社比较明显），在"双效"兼顾目标的追求中非但会偏离方向，而且容易使文化与商务互为消解，失去自身竞争优势。甚至有些被任命的出版社负责人，其从事出版管理的目的并非实现其出版职业理想，而是以此作为仕途提升的跳板。这种状况使出版社总体的发展重心出现倾斜：或者完全忽视图书的社会效益，朝市场利润方向倾斜，加剧了出版社的短视行为，出版大量经济上立竿见影的"利润图书"；或者以追求图书社会效益为借口，重视出版应景性图书，实则既缺少文化创新又不为市场所接纳，应景之后难逃积压滞销的命运。这两种情况均不利于提升出版企业的市场竞争力，反而是对出版企业形象和行业声誉的极大破坏。

另一方面，国家对出版文化创新采取的扶持政策，因具体操作不当而背离初衷，使出版职业责任观的政策激励力量被消解。

图书出版并非纯消费品生产，而是文化创新、积累的过程，因此，国家行政管理部门通过设立国家出版基金、文化出版专项基金，以及中国出版政府奖、"五个一工程"奖、"三个一百"等奖项，对有重大创新意义的图书进行资助，以补贴消费市场的狭窄与冷淡，引导并激励原创精品图书的出版，这也是对出版业实施宏观调控的手段。但笔者通过采访获知，当前图书评奖中存在诸多权力干涉下的"暗箱操作"问题，造成某些出版重大课题申报难、普通编辑获奖难、课题与获奖的"官本位"趋向等问题。这些问题使一些缺乏文化创新的图书获奖或被资助，在造成资源浪费的同时，也使政策扶持偏离初衷，不能在行业内发挥正向的激励作用。最为严重的是，政策扶持资源的官僚化趋向，会削减一线编辑的文化创新热情，使责任激励政策流于形式，最终成为消极障碍而殃及出版责任伦理本身。

5.2.2　中国转型期"经济场"商业规则使出版责任伦理趋向功利化

早在十七、十八世纪，西方一批自由主义经济学的奠基者，在哲学反思、逻辑推理和实践验证中反复论证并乐观地坚信：意识形态启蒙、经济富裕、政治自由与个人道德之间具有必然的内在和谐性。在肯定了人追求自利、理性与和平合作的愿望，以及"看不见的手"这一强大催化剂的作用下，乐观的自由主义者推崇"市场的奇迹"，即以其物质利益为导向可以促使人以对社会整体最有利的方式采取经济行动，而无须个体本身进行有意识的计划或通过法律或政治当权者进行有针对性的干预（米歇尔·鲍曼，2003）。20 世纪 90 年代末，当全世界资本主义经济发展方式呈现工具理性膨胀与伦理道德孱弱的不平衡之后，贪婪攫取性——松巴特之所谓"促使以理性生产与交换为特征的资本主义兴起的基本动机力量"——在现代社会肆意横行，而韦伯所揭示的新教伦理的禁欲苦行主义动力却逐渐消耗殆尽，对资本主义行为的道德监护权在目前实际上已经消失了（丹尼尔·贝尔，1989）。

随着中国市场体制的基本建立与文化产业化改革的不断深入，在中国传统伦理思想还来不及哺育蔚然勃兴的市场经济时，旋即遭遇西方功利主义的猛烈碰撞。功利主义的"享乐的合理性"很快被处于市场竞争中的现代人无限推崇。市场淘汰、盈利、效益等概念深入人心。轰轰烈烈的经济大潮激发物质生产、流通与消费的火热势头，在提高整个社会生产力水平和生活条件的同时，经济繁荣背后也泛起了汹涌的道德恶浪。

从 20 世纪 90 年代末开始，随着改革开放的不断深入，出版行业逐步放开发行领域，民营资本巧妙进驻门槛较低的大众图书市场，并在短短十年内就占据了图书策划、作者资源及发行等领域的一席之地。大众出版相较于教育出版和专业出版，一方面，进入门槛低、风险小、回报周期短，适合中小投资者进入；另一方面，在品牌化、社会影响力和阅读趣味性等方面又较为突出。基于此方面的原因，21 世纪以来图书出版领域资本介入最多、竞争最激烈、社会影响效果也最明显的实属大众出版。在伴随着丰厚市场回报的畅销书刺激下，大众出版这块"蛋糕"越做越大，尤其是民营资本通过各种方式进入出版业时，大部分选择的是大众出版领域（刘昶，2005）。

针对这种状况，有一部分出版从业者认为：任何生产领域进行市场转型，必然要经过一个产品粗制滥造、媚俗低俗的初级阶段，但在这个阶段中市场自身也必然会完成优胜劣汰的过程。读者（消费者）最终会选择优秀的作品，这些作品文化含量高，有深度有水平，同时备受大众欢迎，成就销售奇迹。持这种论调的人就是典型地将图书（包括所有的文化产品）当作与普通的、用以等价交换的产品并无二致的东西来看待，而忘却了文化产品本身所承载的文化传承与社会教化作用，也忘却了一个文化从业者所应当背负的文化使命和责任。如若允许书籍（以及音像制品、报刊、影视节目等）完全由市场来抉择，那么，按照资本与利润关系原则，能迅速吸引消费者并刺激其购买行为而带来利润的图书便会备受资本青睐，效仿者云集，资本大量涌入，最终的结果一定是图书业出现"滞胀"问题。从行业宏观的角度来看，这种"滞胀"明显属于粗放型生产模式，它所造成的资源浪费和品牌信誉耗损是相当大的，因此对市场采用"无为而治"的策略完全不可取。

同时，资本主导出版业最大的弊端在于它将资本的本性——追逐最大利润带进出版业，潜移默化地改变了出版从业者的职业价值观。出版资本化、市场化之后，必然会按照市场规律去考虑成本与利润的关系、投资与回报的周期、生产与消费的匹配等一系列问题。经济领域所崇尚的"效益原则"，将人丰满的个性统一切割成冷冰冰的单一的分工角色。对于出版主体而言，出版市场竞争直接转化为职业压力，不同程度地影响他们的职业认知与行为：一方面，对于出版组织管理者来说，转企改制使出版社成为自负盈亏的市场主体，通过图书营利以占领市场便顺理成章地成为出版组织的头等大事；另一方面，对于大多数一线出版人员来说，单本核算制和年终考核制都使他们无暇顾及对优秀作品的精雕细琢，"十年磨一剑"更成为出版业稀少的出版个案。利润的压力之外，新媒体技术的推广，数字出版的崛起再次挤压传统出版业的生存空间，出版从业者聚焦的重点不再是弘扬文化、打造独特作品，而是以销售利润和市场前景为基调的文化投机。

最值得反思的是，这种错误认知最大的杀伤力除了资源浪费和信誉的有形耗损之外，它本身所形成的无形文化戕害与文化割裂更是难以弥合的。有些出版组织美其名曰文化改革、文化创新，实质却在做低端复制、低劣炒作的事情，如近几年扎堆出版的厚黑学、火热的经管励志书、跟风炒作的养生书等。这是一种明显的短视行为，抛却文本的媚俗与粗糙对读者的负面影响不提，单就出版行业的职业伦理而言，这种行为所带来的利润刺激及相应的职业价值观畸变无疑是对出版业文化传统与职业责任最大的冲击和破坏。

正如法国社会学家爱弥尔·涂尔干（2001）指出的，大量个体的生活都已经被纳入工业和商业领域，所以说处于这种境况中的人对道德只有微乎其微的印象，他们绝大多数的生活远离了道德的影响。难道这样的状态不会堕落成为"去道德化"的根源吗？如果责任感依然是我们牢固的根基，那么我们的生存环境就必然会使其保持积极的姿态。因此，在图书出版业遭遇资本入侵所带来的职业价值观畸变的关键时刻，最为重要的是如何强化出版职业的责任感，以责任培育起来的职业精神来抵御或化解文化坚守与利润至上的冲突，探寻一条融合文化目的与经济动机的"双效"兼顾之路。

5.2.3 中国转型期"道德场"价值虚无使出版责任伦理趋向去道德化

道德是一种意识形态，它是以善恶评价为标准，依靠社会舆论、传统习俗和人的内心信念的力量来调整人们之间相互关系的行为规范的总和（陈立旭，2012）。对于个体而言，它支配个体的行为方式与价值取向；对社会而言，它成为社会普遍的善恶评判标准。因此，道德按照其实践主体和实践范围可分为私德和公德，前者强调以私人为中心的实践范围，既涉及个体的品德、修养、作风、习惯等方面，也包含通过私人关系所形成的亲缘、邻里、朋友等小群体利益或习惯，并以此为基础形成的自觉性规范；后者则强调存在于社会群体中的道德规范总和，与外界接触而表现社交行为的，如廉耻、公正、正直、勇敢等公德（福泽谕吉，1982）。所谓"外界"，是一个包含并超出了亲缘、邻里、朋友等私人交往圈的公共领域，即人们日常生活中所形成的公共秩序、公共利益、公共卫生、公共安全等领域所需要遵守的自律性规范。

在世界各民族的文化史上，中华民族谱写了尊礼奉德的光辉篇章，从尧舜禹时代开始，数千年文明发展史上，无处不闪耀着道德伦理精神的光辉。尤其是以儒家为主干的伦理道德体系，讲究"内圣外王"，将圣贤作为个体道德追求的对象，所谓"圣人之道，有体、有用、有文"；讲究"修身、齐家、治国、平天下"，以个体的实践为核心，从自身到家庭再到国家和社会，"内省"与"博览"、"尊德性"与"道学问"相结合的由内而外的道德观。无论是儒家经典论著中的"温良恭俭让""忠信笃敬""克己复礼""存心养性"等，还是封建社会"三纲五常"的伦理规范，都倾向于针对以私人圈子为对象的实践活动所应当遵守的规范，归根结底还是以"私德"为基础的伦理道德体系，偏重个体的修身养性与价值理想，而缺少公共领域的道德约束和理性反思。正如林语堂（Lin Y T，1935）所言："'公共精神'为一新词，'公共意识'一词亦然，'社会服务'一词亦然，中国原来没有这种东西。"

道德实质属于意识形态范畴，意识形态的形成与特征受制于特定的政治、经济条件，中国伦理道德体系中偏重私德而缺少公德培育的主要原因，要归结于中国长期处于传统农业社会，农业社会是以家庭为基础的，伦理关系自然偏重私人关系；而从 20 世纪末期开始，中国从农业国向工业国、从传统社会向现代及后现代社会转型。在政治经济体制的改革带来民主进步、物质丰富的同时，人们对经济利益的狂热追求与对法治的片面理解都冲击着传统道德规范的合理性，功利价值与经济制裁、法律制度成为人们行为的底线。人们将 20 世纪 80 年代看作思想启蒙的文化理想主义年代，而 90 年代则是抛却精神奔向物质的功利主义年代。陈香（2008）指出，20 世纪 90 年代是一个从精神解放向物质解放过渡的时期，人们忙于给精神解放奠定物质基础，反而把精神淹没了。人的生活落到地面，变得平庸、平常，没有宏大的目标，而物质性变得更加坚实。于是，注重精神的理想主义被偏向实用、实效的功利主义精神替代，而成为后现代社会最具主导性的价值内核。

同时，司马云杰（2003）指出，以科学、技术、商品生产为核心的现代文化价值体系把整个国民的价值思维方式变得更为自觉、更富于理性。合理的核算、合理的技术、合理的生产、合理的管理、合理的分配和合理的消费及合理的经济道德和精神生活，将成为国民主要的价值思维方式。当康德所建构的现代性形而上道德昌明个人主义理性自主之后，随现代性而勃兴的个人主义也随着中国的市场化改革而大行其道，并在社会原有的道德意识层面与群体主义发生冲突而使道德失序。科层框架的盲从与人心秩序的混乱，加上本土传统伦理思想不及时疏引，工具理性从生产领域的精打细算快速过渡到整个社会，并畸变为一种全民娱乐的疯癫状态，传统的价值堡垒在不知不觉中轰然塌陷。唐文明（2002）指出，在传统的安身立命方式被釜底抽薪之后，留下了一个价值真空。在享乐主义的煽动下，"商品拜物教"这个肆无忌惮者，会毫不理会人们的羞羞答答去填补这一价值真空。信仰真空与价值虚无可谓是当代中国社会的精神之困，唯一能够重新规划的力量便是文化的整合与引导，而文化本身又成为亟待整合的对象。文化之所以难以纾解精神之困，是因为文化已经成为商品，在工具理性的支配下已经将普罗大众转化为文化消费者，文化产品可以通过批量生产、模式化经营而形成规模效益，文化本身已经处于失去精神内核的边缘。

浸染于资本市场的现代人以启蒙的思想、务实的精神和公平利益的追求在带来巨大物质财富的过程中，也开始对传统社会道德产生巨大破坏。他们成为资本主义的创造物，他们的行为和理性力量使整个社会共同体中的人际关系被异化为权与利的附庸。传统伦理中以家庭为基础的格局被打破，被经济关系编织的纷繁复杂的社会格局取代，传统的道德价值体系也随之崩溃、消解。于是，"毒奶粉""染色馒头""瘦肉精""地沟油"挑战着人们的诚实互信，"范跑跑""小悦悦"等事件也让人们困惑到底该遵循什么样的道德信念。传统媒体与网络媒体无一例外地被商业利润裹挟，在泛娱乐化、低俗与恶搞中丢失价值引导力和道德感召力……这些在很大程度上昭示出转型期社会道德危机的存在，社会面临陷入伦理无序、道德滑坡的危险中。

　　道德信念危机不仅仅使个体在道德层面上善恶混淆不清、价值观飘忽不定，更重要的是使个体丧失原有的道德信念，体现为被消解了的现代人自我生存价值与意义，从而致使个体行为呈现为群体化的非理性趋向。邹平林和杜早华（2011）认为，非理性行为的盛行反过来进一步消解生活的意义和价值，从而导致现代相对主义和虚无主义的恶性循环。

　　哈贝马斯将现代人的异化和社会危机归根于生活世界与系统①的分离，他指出尤其是在发展中国家，在他们的现代化社会转型或建设过程中，急于摆脱贫困、获得经济进步的内在驱动和愿望必然会首先促进其经济的快速发展，使整个国家的经济系统率先获得最大的经济动力。然而，经济系统的快速成长也必然会让其发展规律、背后的价值取向波及社会生活的其他领域，从而形成系统间的侵犯，甚至会不可避免地侵犯或腐蚀另一个系统，即国家管理系统或政治领域，使公共权力不再是维护公共利益和公民的基本权力，而是为少数人的特殊利益服务，成为谋取私利的工具（阎孟伟，2006）。经济领域的资本逻辑进行双重侵犯所形成的裙带关系和权钱交易在生活中又蜕变成伪善，人们看多了伪善的现象之后产生的不是缺乏道德行为评判的价值模糊，而是干脆"去道德化"的冷漠与无视，体现为某种程度畸变之后的适应与深谙其道。

　　这种状况不是处于转型期的中国社会独有的。从 20 世纪 70 年代开始，西方社会在后现代主义的批判中就针对道德危机问题进行反思，阿拉斯代尔·麦金太尔（1995）在其论著《德性之后》中将西方道德危机

---

① 这里的"系统"指的是社会的经济系统和国家管理系统。

总结为三个方面：一是人们的道德立场、道德原则和道德价值的选择失去了客观普遍的依据，变成个人意志的一种主观产物，因而也不存在绝对合理的道德权威；二是情感主义盛行，认为人们的道德言辞、道德判断的运用主要是个人情感和个人好恶的表达；三是传统意义的德性已经发生变化，由外在的功利和规则代替德性而占据了社会生活的中心位置，德性则退居到生活的边缘，表现为人们对道德的冷淡。从麦金太尔的总结，我们看到无论中西方，现代社会在自身的理性变革中，追逐效率、民主、公平的同时，功利主义、民主观念、社会契约论与个人主义分别从经济领域、政治领域和文化领域入侵着伦理道德的领地，技术理性化发展出一种"替代性道德原则"，即只要满足痛苦最小化、快乐最大化原则，即为正当（李国霖，2006）。这种入侵使现代人的道德天平失去平衡，甚至出现困惑与茫然，整个社会陷入信仰真空和价值虚无的去道德化状态中。

社会各场域影响力量是交错存在的，正如道德场域的混乱与失序是受到经济场域功利思想和政治场域技术官僚化的强势入侵而造成的一样，"去道德化"的道德危机使道德场域形成一个巨大的负效应场，它对其他一切职业领地的伦理道德产生病毒式入侵，破坏健康有序的伦理原则和职业道德规范。

社会诚信危机对出版诚信的侵染，突破了出版需要坚守的职业伦理底线，注水书、盗版、虚假营销、跟风炒作等不诚信和急功近利的出版行为层出不穷，极大地破坏了图书出版业的社会形象，也成为社会道德滑坡的征象之一。李国霖（2006）指出，图书市场非常规发展的产物——大众出版的畸形结构，却使读书非文明传承说、读书非文化传播说、阅读无关社会信仰说之类的思想观念得以流行；而有关媒体评论的失语、知识阶层社会责任感的缺失、出版业资源失当的开发，使图书文化品位一路走低，文化产品患上了出版内容低俗综合征。出版责任感的淡漠和价值虚无成为当前出版伦理的最大的现实之痛，它以割裂乃至抛却出版传统的文化底蕴和道德底线为代价，将文化的朝向从精英的反思滑落到大众的盲从，再将盲从的大众诱惑浸淫在缺少文化内涵而充满感官刺激的大量复制品中。如若出版从业者失去了固守文化底线的勇气和耐心，做书之人不爱书、从事文化事业的人不讲究文化品位，那么作为文化产生者、推广者和引领者的他们也就丢失了文化初心，也终将会被文化市场的消费者抛弃，最终无法承当文化传承者这一职业角色。

5.3　出版场"内场域"的区隔与断裂对出版责任伦理的扭曲

场域具有动态性，形成动态改变的一方面源于外场域力量干预与渗透，最为主要的还是源自场域内部的结构分化。场域发生分化的原动力来自于场域结构的变化，场域结构即场域内各种特殊力量之间的对抗性、差距，以及由于这种差距而形成的不平衡性。场域不平衡性的动力驱使主要来自内部，与布尔迪厄"斗争的场域"相似、美国社会学家默顿提出社会结构论的"自我动态性"，他认为社会的变迁主要来自内在压力（林聚任，2010）。

5.3.1　出版行业"大规模生产场域"的扩大化带来的责任错位

布尔迪厄和华康德（1998）认为场域的根本就是关系网络，是与人的社会活动相关联且由此而形成的互动结构，这种关系结构一旦形成就具有相对的独立性。场域的相对独立性表现为不同的场域具有不同的"逻辑和必然性"，即"每一个子场域都具有自身的逻辑、规则和常规"。场域的自主性就在于其内在的逻辑性和规则性，这种逻辑与规则的存在使场域中的行动者有了行动的参照与指引，也成为其在场域中争夺资本获得位置的行动基础。

相对于文学场、艺术场等文化生产场而言，图书、报纸、新媒体等大众传播媒介不仅在文化生产中直接生产，而且参与加工、推销产品，因而也属于文化生产场的子场。

正如布尔迪厄所分析的文学场域具有双重结构一样，出版场域也因为行动者进行图书生产的目的不同，场域内部的空间又细分为两种不同向度的"生产场域"，即"大规模的生产场域"与"有限的生产场域"。前者是社会场域的扩大化，而往往由于它的边界不清，场域的特殊化程度不高，场域壁垒薄弱，很容易受到其他场域力量或要素的影响；后者则是一种纯专业生产领域，它的消费者很少，有些甚至就是生产者中的一部分。

对于图书出版而言，大众出版便是其"大规模的生产场域"，它面向大众，力求避免专业术语构建的知识壁垒，而更讲究通俗易懂、意趣横生。同时，它以促进大众图书消费为目的，通过探索模式化的大众图书消费来完成图书的再生产过程。在这个生产场域中，畅销书是大众出版典型的追求目标，所有进入大众出版领域的出版主体都希望自己出版的书能够畅销。因为畅销书本身意味着被读者、被市场接受，也影响图书再生产的规模与效益。当出版行业场域被畅销书主导之后，畅销书的生产逻辑便会成为主导出版生产的逻辑，而其责任伦理也控制了出版责任伦理的向度。

当然，"畅销书"一词实属舶来品，原产于美国 20 世纪 40 年代《纽约时报》的"畅销书排行榜"。对该词的学术性界定问题上，杨虎和肖东发（2014）分别从畅销书发展的历史性、畅销书产生的自发性、畅销书销量的决定性、畅销书发布的客观性、畅销书销售的时间性、畅销书质量的复杂性六个维度给予了更为严谨的总结。他们认为在特定的空间范围内，在一段不间断的时期内，在开放的市场环境下，经过读者的自主购买消费，持续销量达 10 万册以上，获得良好经济效益并产生较大社会影响的图书，均可称为畅销书。中国舶入该词来描绘图书热销始于

20 世纪 90 年代，但回顾中国畅销书的历史可知，畅销书其实始自近代。欧阳雪芹（2002）撰文将中国畅销书的发展史分为鸦片战争以来至中华人民共和国成立前的萌芽时期、中华人民共和国成立后至"文化大革命"前十七年的初具规模时期、"文化大革命"期间的畸形发展时期、党的十一届三中全会以来至今的逐步繁荣时期。

遵照上述对于畅销书发展史的界定，四个时期之说并非十分严谨，因为有些时期并非"开放的市场环境"，因此，从严格意义来说，以市民大众为消费对象的畅销书发展史还是要从十一届三中全会前后的思想解放算起。即便如此，从 20 世纪 70 年代末到现在的数十年中，畅销书无论是从宏观的社会影响，还是从微观的模式打造、品种形成和运作手法等来看，都经历了三个阶段的发展过程：80 年代的文化理想主义时期、90 年代的文化实用主义时期和 21 世纪以来的文化消费主义时期。

首先，从 1977 年开始，出版界在思想解放运动中被"解冻"，并在"读书无禁区"的呐喊中积极地赶印各种文化思潮类图书、经典文学名著等，来应对"书荒"所带来的全民性的"阅读饥渴"。姚福申（2004）指出，从 1977 年到 1985 年，中国每年图书出版总印数由 33.08 亿册增加到 66.73 亿册，图书出版种数从 1.3 万种增长到 4.6 万种。1985 年，中国图书出版总印数和总印张均创彼时的历史最高纪录。正如中国著名作家王安忆所回忆的："那时候人们对于阅读非常热情，好像社会每一个人都是文学青年似的。虽然在物质上人们还是比较贫乏，但在精神上却很富有。"（张文红，2008）20 世纪 80 年代的阅读是自发性、全民性、潮流性的，精英阅读和大众阅读并无明显界限，从中外文化思潮类人文图书，到各类通俗读物都供不应求。人们怀抱着回归文化的火热激情，阅读的背后又常伴有救国救民的豪迈情怀；但是，到了 90 年代人们的阅读开始出现分裂，这与 90 年代整个社会文化结构的变化有着莫大的关系。

其次，中国进入 90 年代以后，市场化、世俗化的特征日渐明显，整个社会的文化结构发生了巨大变化，从整个的文化理想主义与启蒙主义的果壳中崩裂出以消费、娱乐为主要表征的大众文化，它迅猛崛起并以席卷之势冲击着传统的国家意识形态文化与精英文化，在三足鼎立的格局中显然占据优势位置。全民阅读的激情退潮之后，畅销书进入多元化的时代，这与整个社会的文化、思想、价值的多元相辅相成。90 年代的出版界也是忽然之间从文化追求的理想高空跌落到实用主义、功利主义的现实中的，市场经济搅乱了很多读书人、做书人的心。许纪霖（2011）指出，出版界在市场化的转型过程中，也变得非常浮躁和惶惑，出版了很多迎合市场的图书，而有品位、有价值的学术、思想图书既没有人写作和翻译，也没有出版社愿意出版。总结 90 年代的畅销书，我们看到无论是名人传记和各类隐私作品的火热出笼，还是消费类纪实性文学或借景抒怀的大散文，或是崭露头角的青春文学和网络文学，功利性阅读和迎合性出版成为整个出版界最突出的风潮。1989 年以后，对许多人来说，读书不再是寻求知识，而是消费与休闲，这是一个非常大的变化。即使是寻求知识，也多是带有实用的目的，是那种技术性的、可以增加自己竞争能力的实用读物，而在 20 世纪 80 年代非常流行的人文读物开始边缘化（许纪霖，2011）。值得一提的是，这十年中教材教辅类图书成为市场的主流，直到现在这类书所带来的利润仍然是很多出版社转企改制之后赖以生存与发展的重要支柱。

最后，进入 21 世纪以来，随着利润的客观存在与资本的不断投入，尽管也有诸如经管类和养生类图书的伪书事件和少儿图书的检查曝光事件等，但畅销书市场依然如火如荼。除了从 20 世纪延续下来的大散文类、名人传记类、影视剧类等畅销书之外，又增加了素质教育类、经管励志成功类、养生保健类、青春文学类、网络文学类等诸多主题类型的畅销书。畅销书模式的探索也形成了出版界围绕职业责任向度的反复博弈：是适应快节奏消费时代读者需求，出版一段时期内畅销的书，还是仍然保持出版行业传统的"文以载道"观念，出版经久不衰的长销书？有观点认为，花费大量的人力、物力和财力去追求图书市场的经久不衰对多数出版社来说是不切实际的，如果在某段时间内能有大量的读者愿意购买某种图书，出版社能够获得丰厚的利润，这种图书的市场价值能够得以体现，对于出版社而言就足够了（周百义和芦珊珊，2008）。然而，如若将单纯考虑某段时间内的图书市场价值得以实现作为某一两个出版社的出版追求还无伤大雅，若是整个出版界风行的是这样一种当下的、实用的、功利主义的出版思想，那对整个出版界而言是有害无益的。

出版畅销书所带来的高额利润吸引了社会资本的注入，民营书业从开拓二渠道到发行上溯扩展到图书生产上游的利益分羹，民营资本与出版企业的各种合作加剧了出版行业的竞争，也使大众出版这块利润大、风险高、壁垒弱的"大规模生产场域"成为逐鹿的战场。转企改制后出版社成为自负盈亏的市场竞争主体，对于普通编辑而言，文化选择之外更增加了图书成本核算与年终考核带来的经济压力，使热爱读书、编书的传统文化人变得焦虑纠结起来，焦虑纠结源自于知识分子文化崇敬情怀与商人精打细算的情绪冲突，是职业身份中文化气与市井气混杂在一起的对抗与惶恐；而民营书业的从业者也并非气定神闲，同样焦虑的他们抱怨的是没有公平竞争的图书市场环境、没有名正言顺的图书出版资格。各种焦虑不安形成了图书出版从业者的浮躁与急功近利，大部分畅销书热得快，消退得也快。对于出版商来说，其主旨也不是要创立一个永恒的文学传统或有价值的精神世界，而是采用"短、平、快"的商业策略迅速收回成本，并进而牟取厚利（黄会林，1998）。

20世纪90年代末之前，图书界的畅销书现象发生得也很频繁，那时造就畅销书的因素，除了图书本身的文化价值之外，特定历史时期的政治、经济、文化与大众传媒等所打造的社会环境也非常重要。但到了21世纪，新媒体技术推动下的消费时代，图书阅读文化遭遇更具互动性和吸引力的键盘文化、移动屏文化的冲击，畅销书自然生发的现象几乎不存在了，而成为反自然传播的一种现象，是通过人工操控、通过畅销书机制和畅销书机器实现的一种市场最大化行为（王一方，2003）。畅销书被视为由文化公司或出版商在经济利益驱动下，迎合并刺激大众的群体消费心理，通过包装、炒作等一整套商业运作机制，打造出来的图书消费潮流，它和服饰、影视剧、音像制品一样，成为流行文化中的一种。

就目前的形势而言，畅销书的生产模式和光辉前景已经不再是单个书商或整个民营书业的期待，而成为整个出版界所关注且身体力行的重要内容，不同规模的出版主体（组织）采用公开明示或内部暗喻的方式传达给每一个参与出版活动的行动者。当作者写书被称为"做书"，出版商拿书为"拿货"，出版公司里的图书负责人不再被称为"责任编辑"（编辑也有，但不是"书的主人"），而且他（她）们被按照工作能力的大小分成不同级别，但都有一个完全跟责任编辑无关的名字——产品经理时，打造畅销书显然与图书的文化创新无关，成为一项资本高投入、人工操作、精心策划的多媒体共谋事件。正如苏州大学出版社原总编辑吴培华（2010）所言："出版单位受利益驱使，在这种浮躁心态和浮躁的社会风气中，迷失了出版人的使命感和责任感，推波助澜，快餐文化因此盛行。出版界如果靠几本畅销书来支撑图书市场是不健康的，一个只读畅销书的民族是没有希望的民族！"

从"写"到"做"，从"书"到"货"，从责任编辑到产品经理，畅销书文化将图书的文化属性一点点剥落，剩下的便只有商品属性，畅销书出版的逻辑与商品生产逻辑无限贴近，却与文化创造逻辑无限偏离。正是因为这样，畅销书席卷着的整个出版行业场域充斥着的是以利润最大化为核心的商业伦理，以责任感、使命感为基础的文化伦理已然被边缘化。这种状况之下，还要让那些"仓廪不实""衣食未足"的编辑们胸怀出版之"礼节"与"荣辱"，似乎于情于理都不免有些过于苛责。于是，编校书稿中存有讹误，图书缺少创新，抑或"跟风""注水""买榜"等似乎都可以顺理成章地被谅解……然而，仍需看到，出版责任伦理正是被"大规模生产场域"的商业逻辑区隔，完全带到了单向的效益最大化逻辑中去。而一味向经济效益妥协所造就的商业出版，忘却的偏偏是市场伦理中同样需要坚守的质量、诚信、创新诸要素。

5.3.2　出版行业管理体系的内外失衡带来的出版问责缺位

中国对出版行业的管理主要包括：一是基于法律法规体系和市场监管体系两个核心的外部行政管理体系；二是基于出版文化传统承继和出版组织生态平衡的内部行业自律体系。新闻出版行政机关是新闻出版行业改革发展的第一责任人，在改革过程中建立了从中央到地方较为完善的新闻出版行政管理网络系统，中国新闻出版行政管理机构也早就制定并下发了一系列包括《中国出版工作者职业道德准则》《新闻出版行业标准化管理办法》在内的行业管理规定，行政管理和法律规制属于保障行业发展的外因，外因固然重要，但真正激发出版行业原动力，并使其保持恒久生机的仍然是行业的内因，即出版行业自律体系。

出版行业自律体系的创建在近代出版业发展时期就有，当时被称为书业的"同业组织"。面对外部或内部的纠纷，个体的力量总是处于弱势地位，也难以维护自己的正当权益，于是，书业同业组织应运而生。从这个意义上来看，同业组织是某一行业发展到一定程度必然出现的一种行业自律性组织，对外争取行业的社会权益，对内进行利益协调，保持行业内部竞争的有序性，并为行业的发展赢得社会声誉。同业组织既可以共同抗御来自外部的版权侵犯行为，同时又能有效地调整内部相互之间的版权关系。

1905 年 10 月，叶九如、夏育芝、席子佩等将原来停办多年的上海书业崇德公所重新组织，定名为"上海书业公所"。"凡上海一埠内关于图书业之商家，无论木板、石印、铜版、铅版，庄局、坊店以及各报馆、仪器馆之兼售书籍者，皆当认为同业。"（宋原放等，2000）1905 年 11 月，北京书业商会成立。

书业协会组织为规范市场、树立出版业自身形象而努力。20 世纪20 年代，上海诲淫败俗的小报杂志充斥市面，各种低俗诲淫书籍、歌曲小册比比皆是。出版同仁深感这些书刊会严重影响风化，流毒社会。上海出版业组织于 1922 年 5 月，发起成立"书业正心团"，以改良风俗为职责，以销毁淫书为入手，致函同业："嗣后凡我同业概不代印、发行淫书，并公布简章，欢迎同业加入'正心团'。"（黄宝忠，2007）组织力量极力遏制打击此类书刊的出版发行。1922 年 7 月，北京书业成立"北京书业进德会"，专门针对有悖出版伦理道德的出版活动进行监督管理，对相关不听劝阻的出版组织或出版者，主动呈请当地官厅处办。

中华人民共和国成立之后，出版行业内的监督管理组织很长一段时间没有组建起来。直到 1979 年中国出版工作者协会创建，之后才陆续成立发展起包括中国印刷技术协会、中国书刊发行业协会、中国编辑学会、中国期刊协会等在内的一个全面的、冠以"国"字号的出版行业协会。

尽管随着出版业的繁荣发展，出版行业协会也形成了贯穿出版各领域、自上而下的行业管理网络，但是，相较于西方国家出版行业协会的职能和作用，中国的出版行业协会还存在许多问题，如协会的半官方性质使其难以在行业和政府之间发挥独特的中介力量；中国出版行业协会的权威性还未真正建立，尽管在贯彻党的出版方针、培训出版人员、编写出版史志、组织图书展览和评判优秀图书等方面，出版行业协会做了大量工作，但在出版制度化、规范化方面还未能建立权威力量。正因为如此，行业自律无法有效实施，缺少行业环境的规约，出版从业者的责任心与承担意识容易陷入只要不触及法律和政治敏感地带就可以安然无事的误区，于是，大量缺乏创新、错误百出的平庸甚至低劣之作出现，久而久之，出版从业者的职业责任感便日渐缺失。

爱弥尔·涂尔干（2001）提出，职业伦理越发达，它们的作用越先进，职业群体自身的组织就越稳定、越合理。因此，在中国出版业转企改制之后，对出版行业的管理还应该朝着行政管理力量弱化、行业协会力量强化的方向推进。政府管理部门在这方面的推动和鼓励作用要加强，该放权就放权，鼓励出版企业自发组织代表行业利益的行业协会组织，政府管理部门只进行宏观上的政策调控，给行业协会发展的空间。吴培华（2010）指出，行业协会必须改变目前作为不大的现状，它应该成为政府管理与企业之间沟通的桥梁和纽带。协会应该花大力气建立行业的信誉评估制度，通过对企业在规范管理、质量效益、市场信誉等方面的考评，为政府提供加强管理的有效参数，为企业争取最大的发展空间。通过行业内部的有效管理和行业道德培育，将外在的行政管理和规范约束，转化为出版人坚定的职业认知与恪守的职业信念，以及自觉自愿去执行的职业伦理原则。只有这样才能更好地实现行业自律，有效地建立健全图书市场管理体制和竞争机制。

在监督的同时，行业组织也通过评选优秀的方式来鼓励行业的正向发展，以行业佼佼者的出版成就与责任来引发整个行业的学习和效仿。特别是对于民营书业强化社会责任、文化责任和提高公信力方面，中国的出版行业组织以监督和表彰双管齐下的方式，积极引导民营书业以开放自信的心态面对取得的成绩和存在的问题。一个行业是需要荣誉的，没有荣誉的行业不会是一个好行业；一个行业是需要信心的，信心需要大家彼此激励（续鸿鸣，2007）。最为关键的是，出版界的荣誉和信心都是以出版责任为基础的。

5.3.3　出版组织场资本与习性的断裂带来的责任断层

正如场域是一个不同资本持有者进行斗争的社会空间，出版行业场域内部也存在大大小小的组织场域，场域内竞争力量的不同向度形成了场域内在的张力与冲突，也是其中行动者习性养成与主导资本变换的博弈过程。Merton（1975）指出，这些类型的变迁是通过积累的模式化行为选择而发生的，也是在不同社会结构中因为某些张力、冲突和对抗所导致的反功能结果的扩大而产生的。场域内竞争逻辑实质是资本竞争的逻辑，行动者通过争夺资本来变换场域位置，使某个场域内部结构发生改变，同时养成或改变行动者的习性。但同时，场域本身的逻辑一旦形成，它对场内行动者所争夺的资本向度和行动者的习性养成也具有一定的制约性。

在布尔迪厄的理论中，行动者是通过实践，受场域力量型构又将客观结构内化为个体习性的主体，既不是人文主义意识形态中空洞泛化的主体，也不是完全被动承受外力而缺少能动性的生物体，而是作为具有积极性和能动性的主体而存在。Bourdieu 和 Wacquant（1992）指出，社会主体行动者并非被外力机械地推来扯去的"粒子"，相反，他们是资本的承载者，而且基于他们的轨迹和他们利用自身所拥有的资本（数量和结构）在场域中所占据的位置，他们具有一种使他们积极作为的倾向，即要么是维护现有的资本分配格局，要么是颠覆这种分配格局。因此，当主导资本与行动者习性是同一个向度时，行动者中掌握资本数量与质量较高者占有支配地位，场域结构比较稳定；但若主导资本与行动者习性向度不同时，场域内部冲突较多，资本竞争、行动者习性变化及二者之间的冲突等都会使场域本身结构处于不稳定状态，这种不稳定体现在组织本身则表征为组织文化的断裂或支离状态。

一种情况是，出版组织场域内主导资本的确立由场域中起支配作用的行动者的个体习性所决定，支配性的场域价值一旦形成，且又契合特定历史时期的时代主流价值观，必然会形成一种自觉地促进出版责任伦理的力量，推动出版事业的发展。

出版主体的个人品格、思想文化修养及在出版活动中所形成的文化使命感与创新意识构成了他们在出版场域中的习性，而这种习性又反过来促进他们对出版活动的职业认知与出版责任养成。特别是出版企业的管理者，要处理好商务与文化的关系，坚持以文化追求作为出版活动的终极目标，以出版家的风范和出版商的智慧担当起出版行业文化塑造者和引领者的重任。

只有具有文化使命感的行动者支配出版组织场域时，文化资本给予他们的力量才能使他们在具体的出版活动中能够对文化创造者给以包容与坚守、对文化亵渎者持以批判与不屑、对读者保持永远的忠诚热情与关爱，也正是他们一次次的文化选择塑造了出版组织的品牌形象与文化格调。悉数中外出版史上每个阶段绽放耀眼光芒的出版物和出版组织，无不浸润着优秀出版人个体的文化品位、文化使命或职业责任。例如，特立独行的汤姆·麦奇勒、独具慧眼而又旨在培养大众文化智慧的艾伦·莱恩、善于发现人才和提升时代文化的翁泽尔德，以及以出版为终身事业的张元济、陆费逵、邹韬奋、王云五、胡愈之、张静庐等，优秀的出版人永远是那些崇尚文化、志趣高洁、德才兼具的人类精英（贺圣遂和姜华，2012）。他们是真正的文化至上主义者，文化和理想在其心中永远是第一位的。他们还有自觉承担启迪时代精神的社会责任感，有将文化的圣火通过自身的出版活动播撒到更广大民众中去的雄心和抱负（贺圣遂和姜华，2012）。

在科学技术日新月异的当下，出版技术推动着出版物的融媒体化、阅读方式的自媒体交互式、呈现了互联网思维在出版界的蓬勃实践。无论知识传播或信息传播的载体在科学技术的推动下如何变换，出版本身个性和创新的精神内核亘古不变，具有文化创造力和传播力的出版业对提升整个国家原创力的影响力也不会改变。更何况，直到新媒体应用广泛的当下，图书仍然被视为文化记载、文明传承、知识传播的重要工具，其社会功能不可低估。无论是计划经济还是市场经济，无论是作为事业单位还是转企改制后的竞争主体，个性与创新相融的思想传播、责任与自由并举的文化传播，出版主体作为知识传播者与文化传承者的社会角色和使命永远也不会改变。当前中国优秀的一流出版组织呈现为一个多层面结构，既有像商务印书馆、中华书局、三联书店等这样具有多年文化传统和良好口碑的老牌出版社重整旗鼓，也有像海豚出版社的"海豚书馆"、广西师范大学出版社的"理想国"等新锐品牌力量，更有民营书业中崛起的各具特色的文化传播公司，如万榕书业、智品书业、磨铁图书、共和联动、时代华语等。融合了传统与现代、文化与商业的出版组织群结构尽管复杂，又在每一个层面和每一个组织节点上都闪耀着不同的特色，但他们在管理者的出版责任认知、组织管理和整个团队在践行出版文化责任、社会责任方面呈现为一致的向度。

因此，对于出版组织而言，处于支配地位的行动者所具有的职业习性决定组织内小场域的主导资本，如若他们保持对出版文化本质的深刻认知，并将出版本质特性作为其文化创新的逻辑原点，就能带领场域内其他行动者去探寻更有效、多元的出版策略，找到文化与商业的最佳结合点。只有这样才能以出版者微观个体为基础，由组织孕育整个出版业的文化德性守望，进而实现出版业对整个国家与民族文化德性的承继。

另一种情况是，出版组织资本与习性向度不同，导致出版主体责任的游离与断层，这便是致使出版责任伦理发生扭曲的中观和微观层面的双重根源。

在出版产业化之前，出版场域在政治宣传、社会教化层面与政治场域相通，文化资本在场域中起主导作用。出版组织因受政治力量的约束与制度政策的庇护，出版从业者（无论是管理者还是一线编辑）首要考虑的是如何更好地做好政治宣传、舆论引导、文化积累与传承、文化教化、价值观构建等问题，行政机构的政治使命感和知识分子的文化责任感形成高度一致。因此，经济方面虽然有一定的压力与任务，但大多数出版机构能通过政治摊派、教辅支持等各种方式来完成任务，而无须为经济效益大伤脑筋，也便缺少提高经济效益的内在动力。

出版产业化之后，出版场域中经济资本成为主导力量，在出版物商品化生产、流通与形成利润过程中与经济场域相通。尤其是在出版组织内部，经济资本的一极化集中表现在图书选题中的市场考量、单本图书核算、组织成员绩效考核等方面，它作为出版企业管理的重要方面起着支配作用，也成为大多数出版企业文化的组成部分。目前，在中国出版业基本完成了转企改制的阶段，市场竞争生态的无序、出版把关主体的多样性、图书消费群体的割裂与游离……都成为出版主体在职业领域中所亟须面对的现实状况与问题。

需要关注的是，基本完成了转企改制的出版组织处于行政监管、市场淘汰和数字出版冲击的多重重压之下，在被要求时刻不忘文化使命，追求图书的最佳社会效益的同时，还要面对沉重的企业经济指标和各类资本进驻之后日趋激烈的图书市场竞争。于是，图书的出版组织场域内部出现了主导资本和行动者习性的较量与冲突，出版企业文化处于强化管理而日益凸显正效应或疏于管理而临近支离破碎的边缘。在企业发展完全不同的两种境况中，差别的关键是企业管理者的个体习性与个体资本构成。

诺贝特·埃利亚斯等（2005）指出，每个"文明"人的习惯中出现精神上的自我约束，这是决定性的特征。这种机制的稳定性是与对身体力量的垄断和社会中心机构的趋于稳定紧密相连的。只有形成这种相对稳定的垄断，组成社会的个体从婴儿时期才能够适应各种井井有条的自我约束形态，社会才会获得某些特征；而只有与这些垄断在一起，这种自我约束才需要比较高的自动性，它也才能成为所谓的"第二天性"。这里所谓的"习惯"与布尔迪厄的"习性"的不同在于，前者是社会普遍层面的，而后者是场域层面的。也就是说，只有进入到场域，行动者的习惯才能受场域影响而有所变化（或强化或弱化），逐渐形成场域内部的习性。

毋庸置疑，不同文化风格和专业素养的出版组织管理者，他们的个体习性与资本构成也不同，他们在组织场域结构中处于支配地位，因此呈现的支配力量也会有不同的向度。正如一个人文专业的出版企业管理者，他更倾向于注重出版企业的人文气质培育，并且对出版有着传统知识分子一贯的忧患意识和批判精神，主张重视经典、拥有较为坚定的文化追求；一个经济管理专业的出版企业管理者，他更注重提升出版企业的市场适应能力，偏重出版类目的实用性、理性化，比较容易接受新技术对出版效率提高带来的作用，对数字出版转型等问题比较敏感。贺圣遂和姜华（2010）指出，书的品质是由出版的品质决定的，而出版人的品质又最终决定着出版的品质。也有一些出版企业管理者为求利润淡忘文化责任，贪图眼前的市场短暂"辉煌"，沉浸在一味追求经济效益的短视行为中，盲目开展多元投资、多种经营，反而丢掉了图书出版的主业；不是在图书选题策划和编校包装等环节上把好关，而是忽视编校、主题思想等图书质量，一味求数量；不是去培养更具专业性、创新意识和市场灵活性的编辑出版人才队伍，而是急功近利地琢磨怎么去模仿、剽窃、复制、跟风；不是去研究探索图书市场需求，开拓新的阅读消费，而是与其他社会资金一同投身房地产、金融等领域。

无论如何，作为管理者，他们的决定直接体现一个出版企业的文化追求和发展方向。关键的问题是，只要他们对出版文化本质和出版责任有底线的坚守，即便是一个追求经济效益的出版企业管理者，只要他追求图书的利润是建立在保证图书品质、追求文化传承、社会教化等责任基础之上，而且在利润追求中又未失去诚实、互惠等原则，便能实现文化责任与商业责任的兼顾。

除了出版企业管理者之外，处于出版组织场域的其他行动者是单本图书的责任编辑，他们的职业责任意识直接体现在图书上。但是，由于经济压力的不断增大，出版企业内部从业者无论是同一级别还是不同级别都有压力，每个人习惯了忙碌于"单打独斗"的职业规划，握紧自己手中的出版资源，不敢轻易相信同伴，这也是社会普遍的诚信缺失表现。资深编辑和新入行编辑之间没有形成帮带传统，使出版职业责任根本无法实现耳提面命式的强化。如果出版企业管理者放弃了职业责任底线，便不会关心图书的质量、读者的需求，更不会在意图书的文化传承，他唯一关心的便只有每本书背后的利润，或者应景图书带来的政治资本。在这种支配性组织文化导向下，一线编辑对出版责任必然是趋于淡漠与麻痹，而新进人员职业责任感更容易模糊与盲目。出版企业的责任一旦失去了文化追求，变成单一的经济责任，便很容易将自身变为缺少文化旨趣的所谓文化掮客，身陷以逐利为目的的畸态的市场竞争中。

本 章 小 结

场域、资本与习性构成了布尔迪厄场域理论的核心体系，它给我们提供了能够诠释"出版责任伦理"的社会学理论基础和研究起点。本章借用布尔迪厄的场域理论反思中国图书出版责任伦理失范的原因，通过对该理论的简单阐释与参照，分析了影响出版责任伦理的三大要素：出版场域、主导资本与出版人习性。分别从出版场域与社会"权力场"的关系结构中考察社会场域对出版场域的合力作用、从出版场域自身的结构特征及其主导资本的引导力作用、从出版场域中行动者的责任习性差异所带来的对抗力作用等角度，探讨了三个影响要素在出版业曾经或正在发挥的作用，并在此基础上探讨了出版责任伦理被外场域力量的消解和内场域力量的扭曲，前者体现为中国转型期"政治场"权力约束下出版责任伦理趋向形式化、"经济场"商业规则下出版责任伦理趋向利益化、"道德场"价值虚无中出版责任伦理趋向去道德化；后者则体现为出版行业"大规模生产场域"的扩大化带来的责任错位、出版行业管理体系的内外失衡带来的问责缺位、出版组织资本与习性的断裂带来的责任断层三个方面。

第6章　后改制时代中国图书出版责任伦理的双重建构

经历了 21 世纪最初十年的转企改制，到 2010 年年底，中国出版体制改革取得重要进展，全国经营性出版单位转企改制工作全部完成，中国出版业正进入后改制时代（刘少华和兰蓉蓉，2012）。出版业作为中国文化体制改革的"排头兵"，截止到 2012 年有 49 家出版企业在境外上市，120 多家出版集团组建成功，九大出版产业基地总产值超千亿元，15 个省市成立专门的全民阅读活动领导机构，新闻出版行业总产出超过 1.5 万亿元（张贺，2012）。改革开放以来，经历了几十年艰难的市场体制改革，中国出版业在出版资源、资本、人才、合作方式等逐步有序放开的过程中，最终基本顺利完成整个转企改制工作，出版业在经营规模和经济效益上俨然已取得了巨大的成就。

但是还需看到，转企改制只不过是中国出版业乃至中国文化产业走向市场化、资本化和国际化的第一道关卡，是中国社会主义文化发展之路上的一个入口。转企改制本身不是目的，通过转企改制让出版单位成为文化市场主体，将中国出版业做大做强、实现可持续性发展，并提升中国文化软实力才是目的。而如何在后改制时代进一步完善市场机制和人才机制等，永葆中国图书出版业的强劲动力，才是我们亟待反思和探索的重要课题。

6.1　他山之石：市场机制下国外图书出版人责任理念与责任规约管窥

在欧美出版业的商业体制下，尽管不可避免地存在资本控制下文化责任与商业责任的冲突及所带来的伦理困境，但我们仍然需要以兼容并包的心态面对欧美出版业，去其糟粕，探寻可以借鉴的精华。图书出版业如何在市场机制下进行正常有序的运营，欧美国家的一些出版人和出版企业可以给我们提供可参考的经验和可借鉴的教训。一方面，从出版经营的微观层面，通过考察欧美国家一些优秀的图书出版企业，结合这些企业领导者的出版实践和出版理念，来解读他们的职业责任观与其出版成就之间的关系，以此为参照确立中国出版人亟须树立的出版职业责任观；另一方面，从出版监督管理的宏观层面，通过对某些国家出版监管制度、方式、手法等方面的关注，反思他们对实践出版责任伦理的社会保障机制构建，以期为创建中国完善、有效的出版责任规约体系寻找路径参照。

6.1.1　出版责任伦理的内在坚守：国外卓越出版人的责任理念

当下全球范围内的出版资本运作以如火如荼之势席卷大多数国家，并已经成为打破传统出版格局、加剧行业竞争的无形力量，各国出版业竞争的焦点都聚集在规模效益和资本运营上。资本争夺战的结果就是产生并强化屈指可数的全球出版巨鳄，它们实行跨行业、跨领域、跨地域、跨资本、跨所有制的资本兼并与控制。

值得一提的是，世界上最大的普通版图书出版商兰登书屋和世界出版品牌中最具个性的企鹅出版社同样无法摆脱被并购的命运，它们分别于 1998 年和 1970 年被德国的贝塔斯曼集团和英国的培生集团并购之后，又于 2012 年 10 月 29 日与其母公司达成协议，合并成为企鹅兰登书屋。由于两家出版社均在全球前四大出版商之列，合并后的新公司控制美国和英国出版市场逾四分之一的市场份额。英国《金融时报》称，合并之举旨在应对电子图书业务领域快速增长带来的战略挑战（东方早报，2012）。由此可以看出，较之中国出版业的生存环境，欧美出版业在出版市场资本运作和数字化转型方面承受着更为严峻的压力和挑战。

然而，正如一个成功的企业必然要在经历了初创时期的个性养成、成长时期的品牌培育阶段之后，才会进入品牌影响力阶段和资本运作阶段一样，兰登书屋和企鹅出版社之所以能够实现规模上的不断发展、壮大，成功跻身世界级出版社之列，跟它们早期的品牌创建和积淀过程紧密相连，而两社在其资本运作中也时刻保持了品牌的美誉度和影响力。

　　兰登书屋的创始人贝内特·瑟夫从 1923 年进入出版业，在利弗莱特出版社担任副社长一职，但他的出版生涯是从发行员做起的。从发行渠道到作者圈子，从出版流程到人脉关系，他认为一部书稿的取舍主要依靠对编辑判断力的信任与否。他目光如炬，善于挖掘发现并有效使用人才，短短两年的时间，就在起步阶段快速积累起影响他一生的出版经验。从 1925 年他和克劳弗尔一起创立现代文库出版社，走面向平民的大众出版之路；两年之后拓展业务，将典藏本图书（限量精装本）与现代文库同时出版，却开辟出面向收藏者的高价位的小众之路。1927 年，他将出版社正式更名为兰登书屋，那时它虽然左手是廉价的"现代文库"，右手是高价的典藏本，但从规模和影响上来看也不过是一家刚起步的小出版社。真正奠定该出版社社会声誉和品牌影响力的是出版乔伊斯的《尤利西斯》。《尤利西斯》在美国当时以淫秽之名被法院列为禁书，瑟夫行事一向稳健，但因为看中了该书的创造力便决定冒险为该书解禁。他在获得出版权和得到美国鼎鼎大名的律师支持之后，又巧妙设计终于使法院判定该书并非淫秽之作，而是为了创造一种崭新的文学手法而做出的严肃而认真的尝试（李庆西，2012）。该书出版后成为超级畅销书，瑟夫也因他的胆略和智慧而从此名声大振。瑟夫绝不是一个只会玩市场的商人，而更是一个率性、有责任心的文化人（刘朗，2007）。他对作者和读者一直诚实、宽容、热情，同时对编者时刻保持信任、支持，善于根据相反的意见纠正自己的偏狭，这些都形成了他对出版决策的果断勇气和判断的智慧。瑟夫并非没有自己的眼光，但他知道不能以自己的喜恶决定出版内容，也从来不以自己的见解去影响读者与作者。终其一生，他恪守自由主义的出版信念和公平公正的做事原则（李庆西，2012）。

　　如果说瑟夫冒险出版《尤利西斯》是他稳健作风之外的果敢尝试，

那么，相比之下，企鹅出版社创始人艾伦·莱恩出版第一个英文版本的《尤利西斯》则是他一贯大胆而谨慎作风的典型表现。尽管莱恩力排众议出版了该书并获得了不错的销量，但他还是无法忍受海德出版社股东的保守。于是，他在 1936 年创立了自己的企鹅出版社，以平装本图书大获成功。20 世纪 30 年代的英国，阅读的主流人群是社会的上流阶层，即有钱人和读书界，主要原因还在于出版界热衷出版硬皮精装本图书，其定价高，有的还限量印行，适合广大读者阅读的平装本廉价图书少之又少。莱恩意识到这个问题，而且他一直认为阅读不应该是奢侈的事。于是，基于对读者阅读需求的满足，他开拓了适合大众口味的平装本市场，这既是他的出版商业理念，又是他服务读者、创造阅读条件的纯粹情怀。质优价廉的企鹅平装书系列改变了公众对书籍的一贯认识，激发了他们的阅读兴趣，堪称世界出版界的创举。随后企鹅出版社又扩展领域，相继涉足企鹅儿童故事、企鹅经典、有声书等多项业务。他创立了企鹅以封面颜色来区分不同类型图书的个性，蓝色是传记，绿色是侦探小说，橙色是文艺小说，粉色是旅游图书等，这种个性一直延续到现在，成为企鹅出版社视觉形象设计的重要元素。

1960 年，因出版《查泰莱夫人的情人》一书遭到诉讼更是莱恩出版生涯上浓墨重彩的一笔，最后出版社被判无罪，该事件也成为英国文学史和出版史上轰动一时的个案，为他塑造了一个智慧、果断、敢于冒险的出版家形象。同样发生在 20 世纪 60 年代初的另一个事件更加表明了莱恩作为一个杰出的出版人应有的责任担当。时任企鹅出版社总编的戈德温批准接受了法国著名漫画家西耐的漫画作品集《大屠杀》，该漫画以过多的色情渲染方式通过低俗性感的图画，表达了作者对罗马天主教会的讽刺。该书在出版社内也引发了不少编辑的不安，包括莱恩对该书的厌恶，但基于总编辑的坚持，该书还是正式出版了。出版后即刻引发宗教人士和众多读者的抗议。虽然该书销售不错，但社会上强烈的负面反响让莱恩果断地决定对该书及其责任人进行处理，他亲自带人去仓库将该书库存全部搬走销毁，总编辑也被董事会辞退。

对两件事的不同态度折射出莱恩作为出版人坚守文化的勇气和魄力，在图书出版的选择上更注重挖掘图书的文化价值和文化的正向引导，勇敢地出版或坚定地拒绝出版都是一个出版人从文化责任出发进行的价值选择。正是这种对文化责任的守望，"企鹅"形象在世界出版市场上独具风格。正如国内学者张宏（2012）对他的评价："一名真正的出版人，他所从事的出版工作，最大的好处是什么也得不到，可大凡能够得到的，却是对自身乃至对读者公众最有价值的德性和修养，以及高尚品质的养成。"

在 20 世纪的 60 年代到 80 年代，英国最特立独行、事业最成功的文学出版家是汤姆·麦奇勒，他把凯普出版社打造成英国一流的出版社。研究学者将他的成功归功于他对阅读的热爱，以及由此而形成的坚定的出版理念。章祖德（2012）评价他："他很少纯粹出于商业原因来甄选书籍或者作者……他只想出好书，出使他感动的书；好书能感动他，他希望也能感动其他人；至于此书能否获奖，或是否会产生多大的轰动，那不是他考虑的主要方面。"正因为对出版抱有如此单纯的心态，他才能够在访问古巴时因为读到当时名不见经传的加西亚·马尔克斯的短篇小说集《没人写信给上校》之后，决定为其出版。在当时英国出版界出版翻译小说是非常冒险的事情，而麦奇勒却决定一次签约五本，第五本就是使马尔克斯获得诺贝尔文学奖的《百年孤独》。章祖德（2012）认为，麦奇勒强调艺术家的力量应来自艺术家的内心，这是其最注重的品质。麦奇勒是一个精明老道的生意人，也是一个无可救药的理想主义者，更是一个真正懂得书之价值的人。

在西方出版巨鳄的光环之下，被人们忽略的是一直以独特的光芒闪烁其间的欧洲的一些中小出版社。他们虽然规模很小，甚至只有几个人，却有着多年经营的历史，有着在世界文化传播史上骄人的出版成果，也成就了世界出版史上杰出的出版家。德国的苏尔坎普出版社和法国的午夜出版社便是典型。

　　德国出版业在原创力方面保持着世界顶级的水平，除了有诸如贝塔斯曼这样的国际出版传媒集团，更有在人文书籍出版中独领风骚的中小出版社，如苏尔坎普出版社、费利克斯·迈纳出版社、费舍尔出版社、雷克拉姆出版社等。正如国内青年学者杨状振（2009）所评论的："这些中小出版社作为独立的出版机构，保持了对文学的独到见解和自身的创造性，以追求理想信念和成绩文化传统为己任，担负起了维持德国社会文化多样性的职能。它们不仅把图书当作在市场上流通的商品来售卖，更将其视为文化的载体和象征来呵护和经营。"1959 年，苏尔坎普去世，翁泽尔德继任苏尔坎普出版社社长一职，面对第二次世界大战后百废待兴、精神颓废、思想绝望麻木的德国，他主张通过出版优秀书籍来给予德国读者精神给养，于是就有了苏尔坎普图书"彩虹系列"和"苏尔坎普书库"，前者以生动的文学思想论坛的方式搭建起德国新文学、新成就展示平台，并以此为切入口，又囊括了哲学、社会学、政治学和社会心理学等社会科学的诸多力作，用社会科学领域的新思想、新精神、新观念滋养德国人的内心世界，培育他们对人生与社会、知识与进步的理性反思；后者则极大满足了文学爱好者的阅读需求，为其创造了一座现代文学和思想的知识宝库。翁泽尔德在书库建设方面不随波逐流，坚持以作品个性和思想作为选择标准的主导思想，正如马文韬（2012）评论的："翁泽尔德坚持以质量为标准的选书原则，以有益于社会进步为出版宗旨，经过长期努力终于把德国和世界文学界和思想界的精英集中在这里，使文库成为名副其实的20世纪世界文学和社科书籍经典图书馆。"

　　翁泽尔德用他的出版实践表现出对读者的需求观照、思想引导和文化培育，对作者也一直保持着同事般的理解、朋友般的真诚和严父般的栽培。他认为出版社有责任对好作者进行最大限度地开发、挖掘和锻造，最终将他的优秀作品奉献给读者。例如，苏尔坎普出版社对诺贝尔文学奖得主赫尔曼·黑塞、哲学家维特根斯坦等进行了大量的各种形式的出版推广，使优秀的作品被社会广泛接受。在翁泽尔德纯粹的出版文化理念和精准的经营实践中，形成了惠泽德国甚至全世界的"苏尔坎普文化"。透过优秀的出版物，读者得到了无穷的精神滋养，那也是杰出出版家率领下众多出版人的责任担当所成就的。

在出版选择标准上以出版物的文化价值为最高标准，不计利润地坚持出版好书也是法国午夜出版社社长热罗姆·兰东所践行的出版责任。自 1948 年他接手午夜出版社之后，一直秉承着一种出版理念，即出版家存在的真正理由在于推出不知名的作家，在于寻找出人意料的书籍（余乔乔，2001）。基于此原则，兰东领导下的午夜出版社不随波逐流，坚持扎扎实实的以出版物自身的文化价值作为选择标准，竭尽所能地支持优秀作者、满足各类读者的需求。因此，从 20 世纪 50 年代末开始，兰东将午夜出版社打造成法国"新小说"的根据地，而这种打造并非提前预定的，而是因为他具有独特的眼光和过人的胆识，敢于出版具有创造力和个性的好书，而不考虑眼前的短期经济利益。正如人们所评价的，他是一个追求出版个性的人，即成功实现了商业和文化上的双重冒险（何明星和李爽，2012）。

无论是当前全球最大的图书出版公司掌舵者还是那些执掌出版决策权的中小出版社编辑，优秀的出版人总是能够对文化发展趋势进行深刻洞察，不随波逐流、人云亦云，也不投机取巧和媚俗迎合，更不会毫无顾忌地剽窃、复制。优秀的出版品格是秉承对出版事业无比的激情与专注，是能够将出版文化价值和经济价值以多元经营方式契合在一起的创造能力，是使命感与责任感的价值内化。悉数贝内特·瑟夫、艾尔·莱恩、汤姆·麦奇勒、西格弗里德·翁泽尔德、热罗姆·兰东等全球知名的出版家，我们感受到真正的出版人虽然各具特点，但他们共同的品质就是对出版事业的热爱和责任感。从他们的身上，我们看到了诚信、耐心、宽容、勇敢这些善的品质，看到了他们对出版事业的专注、热情、坚持、创造的力量，这些都融汇成他们对出版这个职业的高度责任心，正是这份责任让他们能够坚持最纯粹的文化价值判断，能够保持永不衰竭的出版勇气和敢于创新的魄力。毋庸置疑，这种职业责任理念是值得我们国内出版人学习和借鉴，并结合现实出版条件加以实践的。

6.1.2　出版责任伦理的外在保障：国外出版责任规约体系

尽管伦理作为一种实践评判的原则和标准更倾向于主体意识层面，是主体内在价值选择的结果，但同时伦理也需要主体之外的规范约束，这样才能使这种原则和标准达到其实践性目的。在这一方面，国外出版责任规约体系可以给我们一些启示，它大致包括法律法规规约、行业监督规约和媒体舆论力量规约三个层面。

1.　涉及出版业和出版活动的各种法律法规层面的责任规约

不可否认，法律层面的责任规约并非属于伦理范畴，但法律在某种程度上对构建伦理层面的责任具有一定的外力作用。尤其是在西方国家，法律和宗教是影响伦理观念的重要因素。对于出版而言，出版法主要是确定出版物内容上的限制范围、合法的衡量标准，同时也体现了出版自由的程度。

出版法一方面，是对出版行为的限制，同时也是对出版行为的保障，当然是限制还是保障，限制和保障的对象是谁等问题，还要根据不同国家的现实状况（包括政治制度、经济发展水平、民主成熟度、阶级关系状况等）有不同的呈现。西方各国的出版法在制定上无非体现为两种思路，即预防制和追惩制。前者体现为出版前的限制，诸如英美国家在资产阶级革命和自由资本主义时期政府对出版业实施的各种管制：检查制、特许制、保证金制等，这种出版法是对出版自由的严厉限制；而后者则体现为对出版自由的适当限制，在西方国家，以事后惩罚为思路的法律主要体现为对出版行为或出版物是否确立为煽动、诽谤、淫秽、泄露国家机密等方面。

法律对出版的限定是出版责任最底层的界限，也是实施问责、担责最重要的层面。每个国家政治、经济、文化等发展状况不同，出版法的制定和实施也有不同的现实背景，因此，就借鉴层面来说，我们没有必要照搬西方出版法的具体制定和实施条例，但需要认识到在西方国家历史上从来不曾存在毫无限制的、绝对的出版自由。

2. 出版行业协会自律层面的责任规约

与中国企业所处的经济市场化环境相比，美国企业的各种运作都是在一个相对比较成熟的市场环境中的。除了少数国家企业之外，政府对企业的直接干预非常少，大多数企业的商业行为除了受到法律法规的制约外，还有一个很重要的力量规约，就是行业协会。国外的出版行业协会是由民间出版机构组成的，通过法律程序而被认可的非营利性法人组织。它们一般采用公司化管理模式来运作，是独立于政府的非政府组织，它们独立进行行业内实务的管理和行业发展决策的制定，从社会功能和作用上来看，是政府和出版机构之间的沟通中介。

以英国、法国、德国、美国、日本等国为例，出版行业协会分为不同的类型，与图书出版紧密相关的主要有美国出版商协会、法国的全国出版联合会、英国出版商协会、日本书籍出版协会、德国书商协会等，都属于各国国内主要的出版行业协会组织。这些组织虽然名称略有不同，但主要的职能大致体现为四个方面：第一，行业服务。服务项目包括开展图书促销和阅读等活动；开展各种评奖和展览以引导出版物的印行；提供行业发展信息服务以引导行业高效、有序、合理发展；提供会员的出版技术培训、组织研讨、调研等服务。第二，行业自律。这主要体现为制定出版伦理纲领，强化出版从业者的自律意识，防止恶性竞争。例如，日本行业协会制定的《出版伦理纲领》《出版物批发伦理纲领》等从伦理层面界定了出版人的责任。第三，行业规范。其主要指经济层面的定价、发行、竞争规则等，以保障出版市场的正常运营秩序。第四，行业代表。作为出版行业的代表建立与政府管理部门及其他行业的有效沟通，美国的出版商协会代表会员与政府和其他行业展开对话以维护会员利益，当政府拟定或修订一项与出版业相关的政策或法律时，出版行业协会就会为此进行大量的游说，以期新政策的推出能维护出版业的利益（赵婷，2008）。各国出版商协会的功能如表6-1所示。

表 6-1　各国出版商协会的功能

协会功能	日本	欧盟各国	美国
1. 参与制定出版行业发展规划及论证		√	
2. 行业调研和政策立法建议	√	√	关注政府立法进程,属于被动式建议
3. 行业统计	√	√	√
4. 办刊咨询	√	√	√
5. 组织展销展览会	√	√	√
6. 参与出版物质量管理和市场监督		√	√
7. 帮助出版企业进行企业管理和咨询	√	√	
8. 帮助出版企业进行出版物的宣传和市场推广	√	√	√
9. 国内外出版文化交流与合作	√	√	√
10. 制定出版行规、协调市场整体价格	√	√	√
11. 参与制定出版行业标准及实施和监督		√	√
12. 参与行业许可和资质审查		√	√
13. 政府委托的工作	六家（版权受理）	少数	
14. 出版人员和出版专业技术等的培训	√	√	√
15. 反映会员要求，协调与政府关系，为会员维权	√	√	√
16. 发展出版行业并推动相关文化公益事业发展	√	√	√

资料来源：魏玉山，陈磊，2005. 国外出版行业协会的历史与现状[J]. 出版发行研究（3），5-10.

从表 6-1 中不难看出，在"参与出版物质量管理和市场监督""参与制定出版行业标准及实施和监督""参与行业许可和资质审查"三个方面，日本出版行业协会没有这些职能，而欧盟各国和美国的出版行业协会具有。这三个方面恰恰在出版责任方面有很强的约束能力。

当然，这并非表明日本缺少对出版责任的自律，恰恰相反，日本行业协会于 1957 年 10 月 27 日专门制定了出版责任伦理纲领——《出版伦理纲领》，其中明确提出，我们应当明确我们的责任和目标，加强出版道德建设，并付诸实践。该纲领包含了五个方面：①出版物必须有助于学术的进步、艺术的兴旺、教育的普及和人心的向上；②出版物必须在引导和丰富民众生活、提高其知识水平、培养高尚情操、创造性等方面发挥作用，保持出版物的品位，不从事迎合低级趣味、妨碍文化水准提高的出版活动；③确保言论和出版自由，但不能滥用言论和出版的自由伤害他人，为了私利牺牲公义；④在实事求是前提下，尊重个人名誉；⑤出版物普及讲究秩序、公正，不做通过不正当宣传给出版人的诚实和品位造成消极影响的事情（甄西，2004）。从《出版伦理纲领》的表述中，我们可以看到日本行业协会对于日本图书出版责任伦理的要求是明确而详细的，还提出了需要规避的伦理缺失，这些都值得中国行业协会借鉴。

3. 媒体书评在社会层面上的责任规约

书评是对图书本身的外在呈现形式和内在文化价值进行客观、公正的评论，而媒体上的书评周刊、板块、栏目等多是为读者阅读提供服务性的图书信息，包括图书出版界动态、新书出版等相关的新闻报道，简明的图书点评及各种体裁的图书评论。对于书评人来说，主要任务是对图书进行新颖地、准确地阐释与专业性分析。尽管大多数媒体书评强调公正客观[①]，但事实上，由于阅读与创作本身就是主体性活动，主体性的存在使优秀的图书能带给读者广泛的情感与认知共鸣，主体性理解也成为隔在作者、书评人和读者之间的壁障，客观公正只能从书评人的社会角色和专业程度上进行选择和规范。

媒体书评在各国都存在，但若从媒体书评的历史和对广大读者，尤其是社会知识分子群体的社会影响力方面来比较，美国的《纽约时报书评》堪称一流。该报自 1896 年创办书评专版——《星期六书评增刊》

---

① 与综合类大众媒体书评不同的是，一些小众的图书评论却反其道而行之，强调其主观性，突出目标读者与书评家之间的共鸣。

以来，已走过百年历史，如今已俨然在美国书评界执牛耳。《星期六书评增刊》从开始的 8 版，到后来的 16 版、32 版、56 版，在 20 世纪 70 年代最多达到 80 多个版面。该报书评从创立之初就立志要成为服务于知识分子的高品质文学评议，多年来坚持"精学精编"的原则，要求书评内容制胜——必须有发人深思的观点或争论点。正如《纽约时报书评》的前执行总编麦克格拉斯所说："书评目的不是推销图书，也无意宣传作者；书评只对读者负责，提供信息，提供某种意见。书评应该公正独立。"（赵武平，2004）该刊编辑主要从两个方面做书评：选书与选人。在选材范围上尽量全面覆盖，从反映严肃政治现实的图书到体现生动社会人情的图书，尽力做到不漏评重要图书。郑丽园（1997）指出，《星期六书评增刊》对时下热门或知名人物的论著、刊物固然保持高度关注，但对那些无公关助阵或小出版社出的好书亦舍不得冷落。对文学新人的作品刊物曾慷慨给过全页好评。该刊坚持以服务知识分子为己任，对一些哗众取宠的作品经常表示"不值一阅"。也因此错过了某些后来获取赞誉的好书，如《麦迪逊县的桥》。尽管该刊主编反复强调的是其书评服务于读者，并无意对图书出版界施以力量，但从客观来说，美国图书的销量，会受到报刊书评极大的影响，特别是专业性和学术性的著作，购书者有 60%～80%受书评的影响（徐雨，2000）。这种对读者阅读与图书购买的影响自然是对图书出版界的文艺批评力量。它对出版界好书的推荐与赏析对于有文化责任感的出版人来说是莫大的鼓励，也是好书得以实现传播价值的重要平台；同时，它对某些时下畅销书的无视或批评也会对出版界浮躁之风进行纠偏。

当然，除了报纸书评之外，电视读书节目、读书俱乐部组织、网络读书等都在一定程度上与出版界进行着互动。但西方报业在经历了经济危机之后，很多报纸开始缩减版面，媒体书评也面临着如何"瘦身"的问题。2001 年 4 月，时报书评在管理层要求下，不得不取消主要用于简要点评图书的两个版面（赵武平，2004）。无独有偶，《西雅图时报》书评缩减三分之二的版面，《波士顿环球报》将书评分离，压缩后与其他版面合并，《旧金山纪事报》书评则直接将真正意义的书评改头换面为图书的社论式点评等。这种状况对于美国的广大读者来说并不是一件好事，如若传统的权威书评在商业压力下妥协，逐步放弃为读者负责的使命，那么，它就很可能会和某些短视出版企业一样沦为对读者一味地迎合与讨好，失去文化引导的影响力。

相比之下，中国某些媒体书评非但没有类似《纽约时报书评》的权威，而且在读书出版界一直备受诟病，原因在于一些出版商会通过各种社会关系或不同的方式影响书评人撰写书评，于是出现了一批只说好话、不批评的"人情"书评。这些媒体书评无论是从选书的角度，还是选书评人的角度，都很难达到一个严肃的、专业性的高水平。选择一些真正严肃的、客观独立的、掷地有声、犀利深刻的书评，不仅仅是对广大读者阅读行为的指引，更能带动整个图书出版界的优良风气，能鼓舞和监督出版从业者的责任心，甚至能为整个社会的文化、道德建设提供正能量。

6.1.3　启示：后改制时代中国图书出版责任伦理亟须双位重构

随着文化体制改革的不断深入，中国文化产业在经历了十几年全面深化改革后，到目前已经进入稳定发展期，图书出版业也在基本完成整体市场转型后步入后改制时代。这个过程也是中国文化整体朝后工业文化转变的过程，科技的日新月异为人们打造出超越以往一切时代的技术文明，极端丰富的物质供给也滋养了消费文化的盛行。传统主流价值观在实用主义、功利主义、文化消费主义、娱乐主义等观念的冲击下早已四分五裂，在崇尚自由、个性的超速发展时代里，不同的个体需求与多元价值观成为时代的主流，也被视为社会民主进步的表现。

但是，需要警惕的是，在整个社会尊重个性、接纳多元的正向意味背后，也暴露并滋长着一种及时行乐、精神麻痹的价值虚无与责任淡漠，它成为孕育消极文化的温床，也是中国和谐社会思想文化建设的破坏因素。尤其是在图书出版传播领域，作为承担传承文明、创造文化、传播知识思想等文化使命与社会责任的出版职业工作者，一旦陷入职业价值虚无和责任淡漠的精神困境中，中国文化的可持续发展将受到影响。

因此，中国图书出版业以什么力量保持自身的可持续发展？以何种力量跻身世界出版之林？又将以何种方式推动中国文化软实力的提高？……这一系列问题俨然摆在我们面前，成为当下图书出版从业者和出版事业管理者亟待思考与解决的重大课题。

通过对国外出版人出版理念的剖析与出版责任生态的梳理，我们看到尽管文化市场作用下西方图书出版从业者也承受着来自市场竞争的经济压力，但仍然有一些坚守文化使命与责任感的出版人出版了影响全世界的优秀图书，尽管人数少、出版企业规模小，却张扬出卓尔不群的文化影响力。因此，出版人内在责任理念是出版责任伦理的核心，它从价值层面决定着出版行为的尽责程度，但出版伦理的外在责任规约体系也不容忽视，它同样起着举足轻重的作用，能够为出版主体履行出版责任创建良好的行业生态与竞争氛围，也会反过来塑造出版人的职业责任观。

以此为鉴，反观中国出版责任伦理的重构还是要回归中国文化的本质，从本土的文化内质中去树立责任的价值定位与现实基础。正如牟宗三（2005）曾著《生命的学问》一书，在该书自序中他将中国文化的核心比作"生命的学问"：由真实生命之觉醒，向外开出建立事业与追求知识之理想，向内渗透此等理想之真实本源，以使理想真成其为理想，此是生命的学问之全体大用。一个行业也有其生命，而这生命的存在便体现为对内参悟职业价值所在，对外则建构行业实践与社会文化之使命与责任。尤其是在完成了转企改制之后，图书出版从业者到底应当以什么样的职业价值观在产业化拓展中坚守出版文化？出版行业应当建立怎样的激励和约束机制来引导数字时代的出版责任观？一如在论及如何引导出版人做文化、做内涵的问题上，时任长江出版传媒集团董事长的王建辉等（2009）认为，无非两个方面——内因与外因，引导是外因去诱发内因。外因无非政策与利益，让有一定文化内涵的人去做文化内涵。因此，中国图书出版责任伦理的构建也需要从两个方面入手：出版从业者内在职业责任观和出版责任外在规约体系。

正如第 1 章提及的责任的三种类型中，法律责任和政治责任更多体现为外力规范性责任，道德责任则更偏重主体内在的自觉信仰。出版责任伦理的构建与践履首先依赖每一个出版从业者个体自觉的认知和行为，从出版主体的道德责任到政治责任和法律责任，责任认知、责任动机到责任行为和责任实践整个过程都成为个体的职业自觉。但从责任问责的角度来看，则是从法律责任、政治责任到道德责任的一个反向回归。因此，可以看到出版责任伦理的构建逻辑应当是从出版主体的职业道德责任开始的，而且编辑出版从业者的职业动机、意识、态度和能力在很大程度上制约着出版责任伦理的实现。因此，应当探寻出版责任伦理的建构路径，从构建以忧患、创新为基础的出版人职业价值观与责任观的内在契合，到以激励、问责为路径的出版责任管理与规约体系的外在统一，实现个体的内在认知与外在行为的一致，责任管理体系的践履从个人、组织到社会的三位一体，最终由行业责任伦理的构建辐射整个社会责任意识的提升与责任管理体系的形成。

6.2　出版责任伦理的内在建构：出版人职业责任观培育

德国伦理学者汉斯·约纳斯的责任伦理学以节制、谨慎为伦理核心，强调责任的事前预期与约束，强调责任的连续性与整体性向度。约纳斯提出将责任置于作为人的基本伦理之上，以预知和承担责任作为人类对善的追求。同时，对于处在科学技术日新月异下的现代人和现代社会来说，约纳斯提出以忧患启迪法来施以预警，在对未来的忧患中确立现代人对社会对人类的责任。对于出版业来说，不仅仅需要形成对孤立出来的出版行业的忧患意识，更应当将文化忧患置于出版忧患之上，脱离行业狭隘的责任认知，形成更面向文化发展未来的、可持续的出版责任观。

6.2.1　中国出版人的职业责任情感培育：文化忧患意识

民国时期出版人职业价值观集中体现为，以文化忧患为核心的出版责任观，即将文化忧患与出版责任相结合的出版价值观。纵观近代出版发展史，无论是救亡图存的政治变革还是实务运动中的文化报国，抑或是在抵御外敌入侵的战斗中，整个社会的主流价值观反映到文化领域便是文化忧患与文化复兴。

张元济加入商务印书馆后，将一个士大夫满腔的爱国救国之情倾注于出版事业之中。近代出版史研究学者史春风（2006）在《商务印书馆与中国近代文化》中指出，将夏瑞芳与张元济的组合评价为"一个是精明而不固守的商人，一个是力图以出版'提撕国民'、心忧天下的近代知识分子，夏、张二人相得益彰，掀开了商务印书馆走向现代出版新的一页"。翰林出身的张元济有着"先天下之忧而忧"的文化情怀，他主张对文化要兼收并蓄，取长补短、相为调剂。学习西方文化的同时，更重要的是保留本土文化的精华。当知识分子的文化责任得到商业支持的时候，在出版组织内便形成一种绝对支配性力量，正好契合了时代的需求，成为商务印书馆崛起的重要因素。

继商务印书馆之后崛起并与之竞相闪耀至今的中华书局，同样离不开陆费逵及追随者对出版事业的文化责任和使命感。虽然在社会政治变革方式上张元济与陆费逵体现出保守与激进的差异，但在中西文化冲突背景下如何看待中西文化传播的问题上，陆费逵主张的"各有优劣，重在调和"与张元济的"兼收并蓄，相互调剂"并无二致。同为出版商的他们都没有被其政治思想所范围，而是从文化传播交流、相与并济的角度确定出版与文化的关系，进而履行出版人的文化传播职责。作为实业家的陆费逵提出："当以东方伦理的精神，立身治家，而祛陋俗，辟谬说；以西方科学的精神，治学问事业，而除偏见，减物欲；更进而立社会之基础。"（吕达，2000）因此，中华书局在他的带领下一直秉承"兼采中西文化，融合国粹欧化"（安静，2009）的出版理念。

一方面，中华书局以服务社会的理念和严谨负责的态度出版多部国学古籍，特别是编纂聚珍仿宋版《四部备要》和影印《古今图书集成》，突显出其在保存国粹、弘扬中国传统文化方面明确的职业责任意识；另一方面，中华书局也并未忽略西方文化对处于社会转折点的中国所形成的文化启蒙作用，积极投身世界文化的翻译引介大潮中，虽然在引介西学的数量上不及商务印书馆，却在翻译著作、翻译人员和编译成书的方式等方面努力做出创新。

西学翻译出版事务开始于 19 世纪六七十年代的传教士出版和洋务运动的官办译所，从那时起便成为西学东渐、思想变革的一个重要信号。直到近代民营出版机构的勃兴、新文化新思潮风起云涌，各种思潮都依托出版这一阵地。从 20 世纪初的立宪运动到辛亥革命，从力倡"科学"与"民主"的五四新文化运动到 20 世纪二三十年代不同政党的救国兴国之争，翻译出版西学成为孕育新思想、传播新观点的一块沃土，它涵纳了世界多元的文化思潮。

以张元济、陆费逵为核心的商务印书馆与中华书局，以胸怀天下的文化忧患为责任，始终保持中西文化传播上的平衡、中庸思想，坚持从文化实用的角度冷静理性地对待西方文化和本土传统文化，积极筹划出版图书，以"谋沟通中西以促进整个中国文化之光大"（何炳松，1992）。以商务印书馆、中华书局、开明书店等为代表的民营出版机构秉持着中西调剂的出版原则，既出版较为激进的马克思主义书籍，同时也不排斥宣扬改良主义、无政府主义、虚无主义等的著作。正是这种兼容并包的出版之风使民国之后的中国文化界充满了自由的空气，使中国的知识分子在中西文化交流中，既以包容之心对西方意识形态和复杂的社会思潮施以接纳，同时又能保持对本土文化、民族精粹的矢志不渝，在接纳中不断地汲取优秀文化的精华。叶再生（1993）指出，这种多元取向带来了多元的坐标和参照系，使中国人有可能寻找到一种自我认识与自我意识，在这兼容、丰厚的思想摄取中，中国文化才有可能不落入特定思想的固有框架之中，而获得真正的创造性转机。

　　无论在民国时期，还是在抗战时期、解放时期、中华人民共和国成立，直至改革开放以来，历史的每一个横截面上都有着一批优秀的出版人，他们以对民族文化乃至整个人类文化的忧患意识，怀抱着纯粹而高尚的文化情怀，自觉承担着发展本土文化、促进世界文化交流的责任与使命。如果失去这种文化忧患，轰轰烈烈的新文化运动就失去了理性的力量，国粹无法得到保存与传承，本土优秀文化或许会在残酷的政治、经济较量中支离破碎、飘零凋敝。

　　从根源上来看，近代以来出版人职业责任传统的基础是对文化的忧患，只有忧患意识的存在才能在情感上建立出版职业理想，才能在出版实践中自觉拥有文化的责任感与使命感，并使这种情感随着出版实践的深入而内化为出版主体的职业价值观。职业理想集中体现了工作者对自身从事工作的价值判断和目标追求，它往往决定了从业者以什么样的精神状态进行工作。缺少职业理想的工作者，往往出于生存需要或某种机缘获得工作机会，但内心对工作目标充满了不确定感和盲目性，加上入职培训普遍存在的重技能而轻信念问题，使他们既无法勾勒职业目标又无法确定职业底线。这种状况一旦遭遇职业环境的变化，自己内心缺少正确的价值判断和引导，就容易陷入伦理困境，或者难以抉择，或者胡乱选择盲从。与之相反，职业理想丰满的工作者，会对工作充满热情，会有明确的提升自己职业能力的方向，也会在提升的过程中从内在认知中获得能量，用以抵消外界环境对理想的侵蚀。

6.2.2　中国出版人职业责任认知培育：把关人角色责任

　　责任认知是对责任的理性认识，从情感上升为理性的过程，便是对事物本质的理解与把握。对于出版人来说，从情感上多是出于对图书的热爱、痴迷，而理性上的认识便不止是一种情怀，更多的是对出版活动本质的洞悉与驾驭；是对"出版是什么？""图书是什么？""出版人应当做什么？"等一系列基本问题的理性思考与深层叩问。

　　俞晓群（2009）就曾撰文谈及什么资质的人适合做编辑，提出可以用做选择题的方式来招聘编辑,设置的几个选择题,诸如"书是什么?""出版人应该是一个什么样的人?""出版产业的终极追求是什么?""出版社可持续发展的道路是什么?"从这些选择题的设置我们能看出,俞晓群作为出版社领导在选拔人才的时候更关注人才对出版职业的理性认知,这种认识是建立行业文化的基础和必备条件,如果一个进入出版行业的人没有思考或形成对这些问题的认知,那么他(她)起码不是一个合格的从业者。

在出版业门槛越来越低的状况下,人们确实感受到出版社选人过程中的两难境况:出版科班出身的毕业生往往缺乏某一专科领域的深厚积淀,而某专业出身的毕业生又对出版传播规律知之甚少,于是,就有了出版行业对人才的呼吁——"一专多能""学者型编辑"等。其实,这中间呈现的行业焦虑是如何在符合出版传播特殊规律的条件下进行专业性选择。编辑工作在加工稿件之前,首要的是一种选择工作,对稿件进行包括政治性筛选、文化性筛选、专业学术性筛选等在内的各种标准衡量,然后确定要出版的对象。这个过程俨然就是出版传播的源头,而编辑(或图书策划人)就是传播过程中站在端口的把关人。

把关人理论是传播学一个非常著名的理论,由被誉为传播学四大奠基人之一的美国社会心理学家 Lewin(1951)首先提出,在其著作《群体生活的渠道》中,他揭示了在群体传播过程中存在着一些把关人,只有符合群体规范或把关人价值标准的信息内容才能进入传播的渠道(郭庆光,1999)。他还在其他著作中分析了把关人的心理因素,如人的认知结构、动机(包括选择的价值判断、需求和要克服的障碍与干扰等)。尽管把关人理论在传播学的发展中更趋向于研究大众传媒新闻传播中的把关过程,但传播现实中,传媒的把关是多环节、组织化的,单个的记者或编辑所起到的作用非常有限,而媒体整体的把关作用体现了媒体本身的价值向度与组织的传播方针、立场等。相较于媒体传播信息的时效性而言,图书出版更侧重知识、思想的持久性传播,也因此它的影响一般不体现在当下,它对读者或者社会的影响往往是一个无形的积累过程，是对受众知识结构、思维方式、兴趣爱好等多方面的塑造和培育，是"润物细无声"的效果。当然，从文化选择的角度来看，图书出版的选题策划与新闻报道的选题策划都扮演了传播中的把关人角色。

从根本上说，无论何种形式的出版都是一种选择性传播活动，图书出版涉及哪些书稿能出版，哪些书稿不能出版，哪些书稿需要抓住时机立刻出版，哪些书稿需要等待时机再出版，这些都是对出版人专业素养的考验。师曾志（1997）将编辑作为把关人的职业角色分解为四个方面：社会文化信息的传播者、优化净化社会文化信息的把关人、出版传播活动的调节者、联系著译者和读者的桥梁。其实，这四个方面角色实现的基础就是作为传播者的把关责任，特别是在当前传播媒介融合化、自媒体化与文化消费主义化、泛娱乐化等多元发展趋势下，出版从业者更应当明确把关人角色职责，牢牢把住出版传播的质量关口。无论是把图书视为文化产品还是商品，都需要以质量求生存、求发展。图书不仅是单纯的商品，更是传播知识、思想观点的载体，提高图书的编校质量是能够顺利实现知识、思想传播的基础；即便是作为商品，商品质量保障往往是获得市场与持久生存的基础性前提。《中国出版工作者职业道德准则》中规定"认真把好出版物的质量关，提高内容、编辑、印装质量。"因此，对于出版从业者而言，图书质量把关责任是所有一切责任的基础，是出版职业价值观的要求和职业道德规范的原则。

图书质量的把关责任具体体现为三个方面。

第一，严把图书政治关。在书稿政治关的把控方面，原则上必须要遵循三点：不得出版《出版管理条例》和其他有关法律、法规及国家所禁止内容的图书，特别是涉及民族问题、宗教问题和法律法规问题、领土问题、人权问题等，都需要编辑认真地核实内容，不要在书稿中存在明显错误、引发歧义、虚假等问题。胡立昀（2014）指出，凡是涉及国家安全、社会安定等方面的重大选题，涉及重大革命题材和重大历史题材的选题，均需按照新闻出版总署有关重大选题备案管理的规定办理备案手续，否则，不得出版；对于自由来稿，要在舆论导向上进行审读，确保舆论导向正确，谨慎出版。当然，也不能完全机械地被原则所束缚，而是要通过审读上的政治把关，既不能过于冒失无知而误入政治"雷区"，引起不必要的麻烦，同时也不能拘泥于政治原则而不敢有所创新，有些涉及重大题材图书还是需要编辑和出版组织具有一种政治远见，对其图书价值进行充分正确的评估。

第二，把好图书内容关。中国出版界关于政治关的把控有着严格的限制，所以各出版社和出版人都自觉遵从、不敢懈怠。但是，在图书文字表述和图片使用上不够严格，加上市场化之后，各类出版社编辑普遍背负了营利的重担，单本核算制和年终考核制把舒服的座椅变成了"针毡"，让他们浮躁焦虑的心无法安定下来。越来越多的编辑（尤其是新入行者）无暇苦练基本功，在文字语法表达上，不求甚解，对很多自己不懂的问题不仅懒于查询，甚至连基本的工具书都没有，对图书中存在的问题和差错是难以去除的（柯伟和史东娟，2014）。于是，就有了大量讹误书的出现。同时，还要从知识性、科学性和艺术性等方面对书稿内容进行反复审读与文字锤炼。另外，要在书稿的图片使用方面，注意把握尺度，注重图片的版权所有、使用数量及与内容的契合度等多个问题。

第三，把好图书外观装帧设计关。封面是图书的脸，特别是封面的书名表达和版式设计，一定要反复斟酌，切忌一味迎合潮流，要有独特的内涵，而不是哗众取宠、人云亦云。图书的装帧方面也要讲究独特、有新意，选纸、版本、封皮、腰封、勒口等每一个细节之处都要考虑周全，遵循美观、大方、个性的原则，不要过于花哨或者杂乱，否则容易给人以庸俗之感。

广西师范大学出版社的总编辑刘瑞琳在总结"理想国"出版的特点时概括为两点：一是寻找文化上的制高点。关注我们这个时代的心智生活和公共价值。二是坚持"手艺人"精神，拿出来的东西，必须在品质上过硬（张中江，2015）。图书质量把关责任是作为出版人的基本责任，也是体现一个出版人是否具有正确的职业责任认知的重要方面。如果一个出版从业者缺少政治责任意识，又疏于在内容和外观上验校斟酌，那么，这样的人是肯定不适合做图书出版的。

6.2.3　中国出版人职业责任动力培育："双效"兼顾的责任品格

自古至今，无论是古代的人工刻印还是现代的机器印刷，出版活动本身固有地承担着对人类精神财富的梳理、记录、积累、传播、承继的重要职责，是重要的精神生产活动。然而，正如中国出版家张静庐（1984）指出，"钱是一切商业行为的总目标。然而，出版商人似乎还有比钱更重要的意义在这上面。其演出方式相同，而其出发的动机完全两样。"也就是说，同样是以商业活动为手段，但出版行业有别于其他商业活动的地方，在于动机和价值上更需要一种超越了赚钱而为实现文化抱负的意义层面。所谓"双效"兼顾就是绝不能只单纯强调某一个方面，而是基于以文化责任为本、以商业责任为体的原则，即讲究效益优先的底线，这个底线就是对文化责任的坚守，因为一旦失去了文化，出版则失掉了存在的价值（王建辉等，2009）。同时，又要积极探寻适应文化市场的多元经营管理策略，真正实现文化产业的良性增值。

1. "爱国敬业、诚实守信"是出版人责任动力的源泉

在中国出版业走向后改制时代过程中，出版人的职业责任品格既是个人品格在职业活动中的折射，是其职业态度与职业情感的集中呈现，也是其进行职业价值评判、实现职业价值目标的基础。一个合格的出版人起码要具备爱国敬业、诚实守信这两种品质，才能从完成出版任务的基础上成为优秀的出版人。

"爱国敬业、诚实守信"是社会主义核心价值观对每一个人的要求，是良好的个人品质，而对于每一个工作者来说，无论从事何种工作，这两种品质都是必要的，而且它们会使工作变得更有价值感、成就感、使命感，更能促使工作者的责任担当。

　　敬业是出版人最基本的职业价值观和责任品格。敬业，意味着对出版事业、出版行业、出版职业从心底生出的热爱之情，是出版从业者自身价值的实现基础。要做一个图书出版人，首先得是一个虔诚的读者，得是爱书之人，要在个人情感上有着对图书的尊重与痴迷。爱读书才能产生对书的依恋与品鉴，才能在出版工作中怀有敬畏和责任，这种情感是形成出版人职业责任品格的源泉。孔子曾将品质培养概括为"君子九思"，即"视思明、听思聪、色思温、貌思恭、言思忠、事思敬、疑思问、忿思难、见得思义"。其中"事思敬"讲的就是做事的品格，即事情无论大小贵贱，要做就要努力、认真地做完做好，要怀有敬畏之心。只要选择将其作为自己的职业，那么就要尊重自己的选择，以尽职尽责的态度去面对，这就是敬业。敬业既是一种对工作的情感热爱，更是工作过程中的态度选择。正如中国深受后人景仰的优秀出版人邹韬奋，他在《工作与品行之关系》中指出："初任事时，即立意凡事之经吾手者，无论大小，必以全副精神处之，以求得最完美之成绩为鹄的，必竭吾心力，至不能再有所尽而后已。如此缜密准确之习惯，日积月累，能使全部精神为之增强，能使全部品性为之改变。"（温泽远，2012）认真做事过程中感情、态度投入，日积月累就会形成负责的品质，有爱有心即有诚意，诚意终会成就担当。正如韬奋先生自己为出版所付出的爱心与诚意最终形成了全心全意为读者服务的"韬奋精神"。

　　诚实守信是我们中华民族的传统美德，是"善"的品格。孔子将诚实守信视为人的本质的存在方式，人以真实无妄、诚实守信来实现对他人的承诺、实现自己的社会价值，"与朋友交，言而有信"，诚信是为人处事的基本态度和进行社会沟通的基本准则；"自古皆有死，民无信不立"，诚信是一个社会存在与发展的根本保障。对于编辑而言，做出版最重要的是要对作者和读者讲诚信，既对得起作者的嘱托，又对得住读者的期望。在书稿的选择、审读、修改、装帧、印行的整个出版过程中，始终要将对作者和读者的承诺放在心上，心里时刻装着他们，无形中就承担起了对他们的责任，日积月累，也就铸就了一个职业出版人诚信的责任品格。

2. 文化追求与经济追求是出版人直接的责任动力

2004 年 2 月，中国出版工作者协会颁发的《中国出版工作者职业道德准则》中规定：为人民服务、为社会主义服务；增强使命感和责任感，力求坚持两个效益的最佳结合。"双为""双效"既成为出版活动的原则与追求，也成为衡量出版工作者职业道德的标准。"双为"原则是对社会主义文化事业的基本要求和终极追求，无论是计划经济时期还是市场经济时期都应当把为人民服务、为社会主义服务放在第一位；"双效"原则是从出版活动本身所具有的文化属性和商业属性角度设立的，出版企业的社会效益，指的是出版物对社会所产生的符合社会主义意识形态要求，体现社会主义核心价值，为经济社会发展提供思想保证和精神动力，贴近实际、贴近生活、贴近群众的优秀精神文化产品所带来的非经济性效果和利益（罗贵权，2008）。经济效益，指的就是从出版物的商业属性来说，通过出版企业的经营来获得经济利润。由于出版物和出版活动本身融两种属性于一身，因此这两种效益之间天然具有一致性和统一性，但同时在一定的实践条件下二者具有一定的冲突性。两种效益相互促进又相互对抗的辩证关系给中国的出版人带来一定的职业困惑，特别是在转企改制的过程中，原来在事业单位性质下的出版工作可以不用担心商业经营，不考虑出版物的商品属性，只需负责实现社会效益；但转企改制之后，营利的压力使出版从业者感到不适应了、困惑了。于是，这个群体从责任情感、责任认知和责任动力方面都出现不同程度地分层。一个极端是强调社会效益，完全不接受出版企业追求利润，认为追求利润是对文化使命的放弃；另一个极端是完全不顾及社会效益，一味追求经济效益，对图书缺少基本把关，放弃了职业的底线，出版了大量的"垃圾书"。但是，在两个极端中间的一些人在努力探寻社会效益与经济效益相统一，共同实现文化的商务之道。

出版效益是出版人责任追求的动力，不过这个动力系统的向度有所不同。在后改制时代，近年来发展较为突出的出版企业，其领导者基本是传统出版人，他们大多已经认识到出版市场给出版业带来的机遇和资本挑战，并形成了"双效"兼顾的职业自觉。"作为一个文化商人，一方面，我们要与时俱进，出版经济实用、读者欢迎的读物；另一方面，考虑出版一些具有文化积累价值、出版周期较长的图书"（王建辉等，2009）。关键在于商业观念"过犹不及"的那批人，也包括在转企改制过程中崛起的一批从业者，无论是从业于出版国企还是民企，他们被浓烈的利益最大化市场观念裹挟，聚集在现时回报的"通俗出版"之路上。日渐激烈的大众出版市场竞争使他们内在对通俗出版的责任追求只建立在经济层面上，而缺少将社会效益作为责任动力，对他们来说没有文化追求，只有底线。那个底线就是不违法乱纪，不涉及国家政治敏感地带。"西方经济学家总结说，对于文化产业而言，片面地追求通俗并不是一个好办法。它满足不了经营者对利润的狂热追求，弄不好还会导致人们突破通俗文化的底线，向低俗、庸俗、媚俗、恶俗……一步步地深入下去，最终没有了道德底线"（俞晓群，2009）。没有对社会效益更高的追求，仅靠底线是远远不够的，它必然会造成一步步妥协，然后沦落到钻法律法规的空子，或者在行业道德规范惩处不严的状况下毫无顾忌地跟风、炒作、打榜，无所不用其极。崔兰（2011）指出："编辑与其没有原则地去跟风所谓的流行文化、畅销书，不如实实在在地从探求世界本真出发，从对知识本原负责考虑，确立起广阔的文化视野，从而更好地培养自己的宇宙观，为求真求实的文化价值取向奠定坚实的基础。"因此，要始终保持对出版责任的动力最根本的就在于如何建立长期的"双效"追求，不滑落到片面追求经济利益的"泥潭"里。

3. 以责任良心与文化创新处理责任冲突

经济责任与文化责任都是出版人的责任所在，但伦理原则的价值就在于提供了处理矛盾和冲突的标准。如何处理出版责任冲突呢？当出版的商业追求和文化追求发生冲突时，出版伦理就陷入困境，这就需要用正确的职业价值观去构建主体内在的责任动力机制，去确定到底什么责任是首要的，什么责任是长远的。毫无疑问，从文化发展的长远性意义和对社会的影响力方面，文化责任超过经济责任。出版活动作为文化性的商业活动，其本身就决定了经济责任是基础与底线，文化责任是追求与使命，正如出版界的前辈刘杲所说的"经济是手段，文化是目的"，我们要通过对经济手段的创新使用，在达成经济效益的基础上，承担文化责任这一终极目的。王建辉等（2009）指出："出版人的文化责任是要讲的，还是怎样引导出版企业的文化责任这个提法更为确切。即使是做产业，出版产业也是文化产业。"文化是内容，产业是载体；文化是方向，产业是动力。出版产业是文化与产业的融合。

　　文化责任的追求是推动出版业可持续发展的内在动力，在消费文化社会中，人们过度开发并刺激了消费市场的"即食"文化，因为它可以快速带来利润，却忽略了文化对社会持久的浸润与滋养，有些人片面地将出版的文化责任等同于做有深度的学术出版，或小众的高雅文化，但其实正如黄书元所认为的："不同的出版物有不同的目标读者，可以满足不同的阅读需求。……多出一些贴近实际、贴近群众、贴近生活、轻松易读的书籍，应该是出版人的一种文化责任。"（王建辉等，2009）将文化的高雅与通俗简单地等同为出版追求的高与低，其实这是对出版责任的简单化、片面化理解。高雅文化与通俗文化本来并非敌对关系，而不过是文化的不同层次，或从接受层面看，是不同审美需求的满足。但是在文化商业化过程中，大众文化消费所带来的可观利润让文化生产者和传播者都不自觉地开始倾心于此，甚至排斥、疏远高雅文化。正如俞晓群（2009）所言："如果我们只强调出挣钱的书，就会不自觉地在经营的层面上，疏远甚至仇视高雅文化、经典文化，认为它们不会给企业带来经济利益，只会带来麻烦。但是有没有想到，任何优秀的通俗文化，都需要有强大的主流文化做基础。正是文化的经典与高雅，托起了大众文化的繁荣与进步。"一味强调通俗文化的大众消费和商业化经营，难免会滑落到低俗的"泥潭"；但一味强调文化的高雅精深又不可避免地走向曲高和寡与阳春白雪之路。确实有些具有强烈文化使命感的传统出版人，偏保守，甚至固守着不做通俗文化的偏执，认为只有做高雅文化才算承担文化使命，从内心深处对大众文化消费充满抗拒，将通俗等同于低俗甚至恶俗。这种将不同形态的文化进行割裂对待的认识显然会导致出版人较为执拗的职业责任观，但其实是对文化的偏见。客观来说，对二者我们需要辩证统一地看待，而不能一味强调某一方面，无论是面向大众的通俗文化，还是服务小众的高雅文化，只要能做到文化创新、价值呈现与积极传播，那么二者是相得益彰的，也往往能够"双效"合一，实现完美兼顾。

要做到兼顾"双效"责任这一点，就需要出版人保持出版的职业良心，以此来获得坚守文化责任的永久动力。何怀宏（1994）指出，良心是人们一种内在的有关正邪、善恶的理性判断和评价能力，是正当与善的知觉，义务与好恶的情感，控制与抉择的意志、持久的习惯和信念在个人意识中的综合统一。它本质上是作为一种对偏离常规的特殊意志冲动的阻止物而活动的（弗里德里希·包尔生，1988），正如广西师范大学出版社总编辑刘瑞琳所说："保持尊严和底线就不能被权势强力所迫、被商业利益所惑。有些东西哪怕再挣钱，我也绝对不出。多年坚持出好书，恪守出版行业传播文化与文明的操守，持续下来才能获得信任和支持，自己也才心安理得。"（中国图书商报，2012）"心安理得"便是刘瑞琳作为一个出版人的职业良心。只有建立了出版的职业良心，内在才会形成"我应该这样做"的自由意志，才能去支配或抗衡外在的出版冲突。

6.3　出版责任伦理的外在建构：完善出版责任管理、调控与问责体系

出版责任伦理是一个内外兼修的体系化建构，既包含出版责任主体中个体的内在职业价值观的重塑与强化，这是出版责任伦理的核心所在；但同时，又包含从出版组织、出版行业和社会的角度所进行的出版

责任伦理的外在管理与协调，是出版责任伦理得以实践的重要保障。内外兼修才是一个完整的出版责任伦理体系，以往我们所关注的更多是外在职业道德规范的约束作用，缺少对从业者内在价值的引导。出版市场化之后，受市场伦理影响的出版伦理也随之改变，从文化使命感到实用主义再到功利主义和泛娱乐的消费主义，出版责任伦理的大厦似乎坍塌。造成坍塌的原因，除了出版主体内在的价值虚无之外，也表现为外在责任引导力、监督力不够。因此，在进行出版责任主体的内在职业责任观建构之后，还要做好多个层面的外在激励与规约。

6.3.1　出版责任伦理组织化建构：以创新、审慎打造出版责任管理体系

在一个企业内部，不同的岗位决定了不同的责任，岗位级别的高低也决定了责任的大小。在出版企业中，按照科层制的设置，可大致分为核心领导层、中层管理层和基层实施层。整个企业的责任管理要在每一层都设置不同的责任要求，并采用不同的激烈措施。

出版企业核心管理层对出版创新具有方向定位与把控的责任。一个出版企业是否具有责任意识主要看这个企业核心领导层是否具有责任意识，核心领导层负责从企业整体规划的角度来为出版创新定位进行总体的设计与把控。具体包括以下三个层面。

1）以文化创新实践打造出版企业品牌个性

创新是社会组织得以不断发展的原动力，对于出版企业来说也一样，无论是对文化责任还是经济责任的承担，都需要依靠不断的创新来实现。创新是出版责任伦理的重要内容，它虽然通过出版个体的具体实践来完成，但同时它更是一种组织管理理念、经营思想和组织文化形构过程。将文化创新融入到出版企业社会责任实践中，以出版企业的专业个性打造品牌影响力。中国出版业的大众化市场从 20 世纪 90 年代末开始到现在，从整个的经历可以看出它的总体发展呈现出一个从外在繁华喧嚣、内在杂乱无序到逐步走向理性发展、竞合有序的发展趋向。特别是转企改制的统一战略转型，进步层面上表现为在市场优胜劣汰作用

下，出版物整体水平上升，大众市场在由量的对抗到质的较量中促使出版企业的竞争开始走向理性。在后改制时代，要强化出版企业的社会责任意识与管理，将创新意识与创新路径探寻纳入出版企业的责任管理体系中，便可以为实践出版责任、打造出版企业品牌效应建立起强大的执行力与核心竞争力。

在后改制时代，出版市场竞争格局呈现多极化，一级出版企业作为出版业的龙头企业，它们各自拥有出版优势与品牌影响力；庞大的中部区域是以各地出版集团和几家优秀的民营书业机构为主体的竞争主体，它们已经具有品牌形象和主打产品，但还未形成强有力的品牌影响力。因此，出版企业领导者需要认识到经济责任是生存发展的必要，要承担经济责任并不意味着就没有底线地朝着通俗出版的路上一味地向市场妥协下去，而是要用创新精神去开拓、站稳市场，并以出版企业的诚信构建和谐的企业公共关系，建立企业良好的声誉，这是实现出版企业经济责任的基础。通俗出版与高雅出版的区别只是面对的读者范围问题，而并不关乎出版物的品质，尤其是在竞争激烈的后改制时代，出版企业更要依靠高品质的通俗出版寻找市场敏感点。在这方面，近几年崛起的几家民营书业机构（如北京磨铁图书有限公司、中文在线集团、昆明新知集团、江西金太阳教育研究有限公司、重庆五洲世纪文化产业投资集团）给我国出版界提供了值得推广的模式，它们依据自己掌握的作者资源、社会关系、市场搭建等条件，形成了各自不同类别的大众出版物，也为大众市场竞争从无序走向有序起到了正向引导作用。

另外，要使创新不再是一句形式上的口号，就需要将它具体落实在出版企业的组织管理上，将其与出版人、出版组织的责任融合在一起，打破传统的科层制管理，创建以工作流程为中心、减少管理层级和人事内耗的组织结构"扁平化"管理新模式。从原来科层制下的各司其职、各尽其责的垂直模式转变为以出版选题项目为核心的团队式结构、矩阵式结构，一方面注重出版人的创新潜力挖掘与激励，另一方面提高出版组织整体创新能力，将其创新责任打造为后改制时代出版企业面对市场竞争的制胜关键。

2）出版组织领导者的文化创新意识与出版组织责任管理向度

对出版企业组织发展方向的定位是考验一个出版企业领导者专业程度和责任意识的重要内容，是强调文化生产的长远社会效益，做高品质的长销书还是追求资金的快速回报，做高销量、高利润的畅销书？总归还是一个"双效"统一与冲突的问题。如何看待这个问题，持什么样的态度直接决定了该企业出版物的总体方向和社会责任意识。第十二届韬奋出版奖获奖者、人民出版社社长黄书元提出，一个有影响力、可持续发展的出版社，应该尽量多出一些经得起时间考验的图书。图书与网络不同，是永久保存的实物性文化产品，必须有品位，要在编辑、校对、制作等各个环节认真对待（王建辉等，2009）。出版企业领导者要始终保持清醒的认识，即追求经济效益并不是终点，最终的目的还是社会效益，即出版物给大众带来的文化接受与文化导向。对于出版企业领导者来说，在强化企业改革、提高企业经济效益、推动其发展的过程中，在文化坚守和商业经营中找到契合点是最关键的。要善于从文化的角度来经营出版，以文化为核心，把文化生态圈经营成出版产业链。正如广西师范大学出版社总编辑刘瑞琳所说："出版是一个纽带、核心、平台，会用各种各样的产品、活动和事情，连接起作者、读者、书商、听众、讲者，是很立体的东西。多种产业合理打造文化平台和文化品牌，是必然趋势。"（中国图书商报，2012）融合文化与商业双重责任需要出版企业领导者有一种智慧，能够在始终不忘出版文化本质与出版人的文化使命的基础上，拓展一个更为生动丰富的文化生态圈，让公共知识分子的文化情怀与企业领导智慧遥相呼应，成为当前出版企业领导者的最高境界。

在这方面出版界有一位优秀的后起之秀堪称典范，他就是于 2009 年出任海豚出版社的社长俞晓群。海豚出版社以少儿出版为企业的主导方向，但同时，在俞晓群的个人文化理想的影响下企业也不断地在人文书籍方面进行创新与探索。他研究王云五及其"万有文库"，并将他的开拓奋斗精神作为自己从事出版的内在动力；也从 20 世纪 60 年代胡愈之主持出版的"知识丛书"中获得经验启示，于是，探寻并实践一条适应现代社会发展的"大众启蒙文库出版"就成为俞晓群出版工作奋斗的目标，也将其作为真正传承老一辈出版家责任传统的一种实践路径。于是，从 20 世纪末开始通过各种社会关系招募有识之士共同完成这项文化工程建设。在沈昌文、陆灏、杨成凯、陈子善等人的尽心参与下，又通过沈昌文邀请当时出版界的资深出版家刘杲、陈原作为总把关，辽宁出版集团在 1996 年开始出版，一直到 2003 年随着俞晓群的离开而逐步停止。2009 年，俞晓群出任中国外文局下属的海豚出版社的社长，又与沈昌文、陆灏联手创立"海豚书馆"，效仿欧洲文库版做精装小丛书，并学习企鹅出版物的颜色分类方式，用六种颜色代表六个系列：文学原创是橙色，海外文学是蓝色，文艺拾遗是红色，学术原创是灰色，学术钩沉是绿色，翻译小说是紫色（俞晓群，2015）。如今的"海豚书馆"已有八十几种各颜色的小书，成为出版市场上一道亮丽的风景。

3）组织文化上的责任引导与组织制度上的问责规训

在组织文化层面上，要以中国社会主义核心价值观为基础，将爱国主义的民族精神、社会主义荣辱观与改革创新的时代精神相结合，培育员工的社会责任意识，创建出版企业以责任为核心的组织文化与品牌形象。尤其是出版企业领导人更要具有责任自觉，并将其作为一种职业精神、职业追求，将出版责任与社会发展结合在一起，跳出只顾企业眼前利益的狭隘观念，从出版事业对社会的长远影响来提升员工的职业追求，鼓励他们多挖掘具有重大现实意义和社会价值的出版选题。同时，加强企业精神、组织文化层面的建设，让员工在潜移默化中接受共同的价值理念，形成一种力量向既定的方向努力，接受社会责任的约束与提升自己的境界（王建辉，2007）。诸如中国老牌的出版企业商务印书馆、中华书局和三联书店等，他们的组织文化俨然已经将责任融贯其中，又被一代代领导者沿袭，成为中国出版业的支柱。企业社会责任文化一旦形成，便会成为推动企业发展的正能量，同时这股正能量会同化不同时期接班人的责任认知，并沿袭下来成为传统、品牌象征，最终形成强有力的组织文化凝聚力，它为组织的发展方向护航，将为社会负责始终作为企业领导者个体的管理价值观，也成为读者认可的重要形象。

在组织制度层面上，要建立并完善出版企业员工社会责任激励与问责规定。杨桂丽（2009）指出，企业竞争力的培育将不再局限于物质资源、企业规模、产品质量性能等硬实力，而是更多地依赖于企业宗旨、价值观、创新机制、市场信用、社会责任意识和由此凝聚而成的社会声誉和品牌影响力等企业的软实力。社会责任是构建一个企业核心竞争力的内在精神动力，将责任的基本理念和原则融入出版工作的具体细节中，在企业日常管理与市场活动策划中强化社会责任原则，主要包括在企业内部建立社会责任制度体系，诸如确立社会责任年度报告制度，以总结企业履行社会责任的总体情况，达到自我审视的目的（王建辉，2007）。责任管理体系的建立要以激励机制为基础，通过从精神到物质各个层面的责任认知、责任动力培育，使员工的积极性、主动性和创造性被激发出来。在责任制度管理上确立"用人唯贤、能者居上"的用人机制、以人为本的员工关怀制度、"最佳员工"奖励机制等，建立"公平、公正、公开"的竞争机制和创造"人尽其才、才尽其用"的用人环境（欧阳志荣，2014）。将员工的激励脱离出狭隘的利润追求和奖金回报，而上升为职业价值感、成就感的获得，使其从职位提升中实现自身的责任心提升。

同时，要建立详细的出版履约制度与问责规定，尤其是与作者群体、合作单位或其他有业务来往的社会组织（包括出版物的原材料供货商、经销商、印刷厂、银行等）都要建立良好的合作与承诺，企业要做好自身的履约，对于未能履约的个人或部门要进行严格地惩罚问责。美国的自由人出版公司负责人朱迪·加尔布雷思谈到该公司二十多年的发展历史中，也曾经历过几次经济危机，能够平安度过并幸存下来的哲学就是经营目标的明确和专注，即使在经济形势好的时候，也要谨慎管理企业（邹萍，2009）。

另外，从约纳斯责任伦理的角度反思，节制、审慎的行动更符合其责任伦理要求。虽然从市场逻辑的角度出发，面向市场的出版企业需要不断扩大规模增加文化生产的量来提高利润、扩大影响，从而培育品牌、形成更大的规模和更强的社会影响。但是，在这个过程中依然要培养出版企业谨慎、节制的品格，扩大生产并不意味着过度出版、重复出版，并不意味着可以肆意地、盲目地唯市场之"需"而图"利"，那样不仅会积压粗制滥造的"文化垃圾"，也会造成大量的资源浪费。传统出版业是一个建立在大量消耗资源和能源的产业，在当前整体资源环境日渐恶化的状况下，如何创建具有内在审慎、节制品格的"智慧型"出版组织成为中国出版业亟待重点考虑的问题。首先，降低对图书原材料资源的消耗。美国出版商协会就曾号召行业实行"绿色革命"，从行业自律的角度来强调节约资源的重要性，并身体力行。中国一些出版行业组织也在积极地探寻更为有效节约出版资源的方法，研制并不惜增加成本使用环保用纸，而通过市场调查表明，大部分的读者由于环保意识的增强，对于图书因为用纸而提高的价格表示理解和支持。其次，除了在图书生产的原材料选择上合理节约资源，实施"绿色出版"之外，出版的节制品格还体现在优化图书出版的选择智慧上，即在选题策划上做到择优而出、非优不出。也就是说，做到不随意出书，即从对图书品种与数量的追求转变到对图书创新性、文化含量等质量层面上来。要么不出书，要出就要出确实有价值、有水准的好书，将"出好书"不仅作为一个目标来追求，更是要作为一种出版工作的标准来实践；做到不重复生产，在市场开拓上降低库存压力，或者有效利用库存，诸如建立日常性的公益性活动等。无论是在图书原材料资源的合理开发与有效利用上，还是在图书选题策划上的审慎而有智慧，都体现了出版企业的文化使命和社会责任，是在人类自然和社会双重层面上负责的态度和行为。

6.3.2 出版责任伦理行业化建构：协调与引导相结合的行业责任激励机制

进入后改制时代的中国出版业总体呈现为以质取胜、讲究创新力的和谐理性发展趋向，但目前存在的问题仍然层出不穷，诸如出版流通领域的无序竞争，低端产品出版仍然存在，无特色无实力仅靠书号来实现无参与"合作"的出版企业还未退出市场……有人以"春秋无义战"来形容此种格局，即以改制后的市场信用欠佳为特点的图书流通领域的市场无序，以及一些出版业上市公司缺乏力挺图书主业的社会责任，以及面对数字出版紧逼、不知所措情况下无意识的市场信用缺失等无奈（和龚，2011）。随着中国出版文化产业改革的逐步深化，政府管理部门对出版业的管理权下放给省级新闻出版政府机构并不能从根本上改变出版行政干预与市场主导的矛盾，应当逐步地淡化行政管理手段，取而代之的是强有力的出版行业协调监督管理。通过中国出版行业协会在组织建设、权力分配、监督功能等业内综合影响能力的提升，来强化提高中国出版行业的文化实力与对社会文化软实力整体提升的影响力。

一方面，出版行业要理清出版做大与做强的辩证关系，明确出版行业的责任是将出版做强、将文化做强。

当前，在出版做大做强思路的驱动下很多出版企业产生认识误区，即片面追求规模、盲目求量，甚至在发展多元经营的过程中丢失了出版主业，将资金投放到与书业毫无关系的房地产、金融等领域，使出版集团的主业缺少支持，无法形成出版特色。造成这种状况的主要原因在于，错误地认为出版规模与出版效益永远呈正相关。

按照新古典经济学理论对规模经济的解释，针对企业生产过程中使用的关键设备投入在产品成本中所占的份额在一定时期具有固定的量，这一固定成本会随着产量的提高而被分摊变小，从而使单个产品本身的成本降低，这是规模效益的精髓所在。除了通过扩大规模来降低固定成本，现代管理学还提出了通过专业分工细化和提高管理职能两个因素来提高效率。从这三个方面来审视图书出版生产，则发现这三个实现规模效益的方面并非适用于出版业。第一，扩大规模并非一定带来规模效益。经济效益的提高需要针对不同的生产领域，并非所有的产业都适合追求规模效益，有了规模未必一定有效益，这还是要看该领域的生产所需要的关键设备或固定成本是何种性质的。对于图书出版领域而言，图书生产本质上属于文化创新，技术或关键设备在其生产过程中作为成本的影响并不大，因此，规模经济不会因为降低该部分成本而带来效益。第二，通过专业分工来提高效率也不适合出版领域生产。以分工细化来提高效率需要有若干前提，诸如产品从属性上能够将生产过程进一步细化并促进批量生产，而出版领域产品具有自身独特性，它与一般性消费品相比，更突出创新性、个性化、文化内质等特性，这些特性都不是通过批量生产、分工细化能达到的。与之相反，对于图书而言，则需要将生产、加工、包装、市场推广等环节进行整体化设计，讲究个体化战略，凸显图书单个产品的独特性。第三，通过强化管理职能来提高效益，对于出版而言需要一段时间来尝试。

从中国出版业目前的发展状况来看，高效率的出版企业管理应该是未来发展之路，这在个别优秀的民营书业公司已经显现卓著。但就目前出版业总体而言，占比重高的出版集团中存在政府主导型改革必然携带的管理机制问题，诸如集团结构庞杂，企业内部因为科层制结构复杂而造成管理成本增加，从基层到中心决策层的信息传播干扰多，造成出版企业内部耗损严重，管理职能难以发挥新的生产力的效用。事实上，我们从欧美国家数量居多的中小出版企业看到，规模小了未必就缺少社会影响力。徐雨（2000）指出，美国现有出版社 28 000 家，但经常出书的只有 4000 家，而这 4000 家中除了宗教、福利社团和专业协会等非营利出版社占一半以外，一般商业性的出版社只有 2000 家。这 2000 家堪称美国出版文化的重要支柱，其中绝大部分为中小出版社。如果能集中企业优势寻找到专业化、个性化之路，仍然能够建立起一个出版企业的品牌知名度。

另一方面，出版行业组织要针对不同优势的出版企业实施文化责任的分层激励、引导策略。

出版行业的文化责任具有广义和狭义之分，主要是源于"文化"概念的广义、狭义之分。《辞海》中对广义"文化"界定为人类社会历史实践过程中所创造的物质财富和精神财富的总和；狭义"文化"指社会的精神财富，特指社会意识形态及与之相适应的制度和组织机构。而文化研究学术界对文化的界定虽多种多样，但基本遵循了广义、狭义之分，本书无意一一考察文化的多种定义，只选取其中具有代表性的界定以作参考。美国人类学家斯卡平对广义"文化"界定为一个特定社会中代代相传的一种共享的生活方式，这种生活方式包括技术、价值、观念、信仰以及规范（庄孔韶，2002）。彼得·科斯洛夫斯基（1999）指出，狭义"文化"指的是人的智力、艺术活动及其产品。基于此，文化责任也便有了广义与狭义之分，广义的文化责任包含推动物质与精神两个层面的发展责任和对人类社会生活方式的正向推动作用；狭义的文化责任，就是通过出版活动对社会的知识、信仰、教育、艺术、道德、法律、习俗等一切文化活动起到推动作用。

中国后现代文化研究学者王一川（2001）提出，文化并非一个统一的整体，而是容纳了多个层面并彼此形成复杂关系的结合体。他将中国复杂多面的都市文化分为四个层面：①主导文化，以群体整合、秩序安定和伦理和睦等为核心的文化形态，代表政府及各阶层群体的共同利益；②高雅文化，代表占人口少数的知识界的理性沉思、批判和探索旨趣；③大众文化，突出数量众多的普通市民的日常感性愉悦需要；④民间文化，代表更底层普通民众的出于传统的自发（或非制作）的通俗趣味。基于文化的四个分层，我们对出版业所承担的文化责任也进行了四个层面的协调管理。

这种分层实施发展战略既符合后现代社会文化多层面综合的要求，又符合中国出版社总体发展的现状。当前中国出版企业无论从规模、实力、品牌美誉度、人才、资源等各方面，都呈现等级式分层，一级出版社需要在保持主业的基础上形成跨媒体联动或向数字出版领域拓展；二级出版社数量较多，且大多属于行政命令下构建起来的地区性出版集团和实力较弱的中央级出版社，它们在发展上需要壮大自己的主业，突出或寻找明确的图书出版方向，主业和辅业相配合；三级出版社多是实力弱，或曾由于各种原因连生存也难以为继的，这类出版社之所以没有退出市场，更多的是要么依赖与民营机构开展非参与性合作，要么是依赖教辅的低端重复出版。因此，从行业发展的生态环境来看，需要建立出版社退出机制，建立退出标准，允许已经失去市场竞争能力的出版企业宣告破产或被其他民营机构收购；同时，对优秀的民营书业机构给予出版资质，让其强劲的创新力量融入出版业，并强化对它们的监督，使之不偏离文化产业的方向。

针对不同出版社的客观状况和优势承担不同的文化责任，使主导文化、高雅文化、大众文化和民间文化都能有不同级别的出版机构进行文化挖掘、积累、传播，并在承担文化责任过程中形成或强化出版机构的专业和个性。美国出版业从来都是市场经济，而且在当前资本控制传媒业之后，出版从业者也感受到来自利润的压力，但是，通过对美国有影响力的出版社所出书目的研究，仍然能管窥到美国出版人一直秉承的为人类文化发展而传承与创造的专业精神。更为难得的是，为防止过度商业化，美国出版业对非营利出版社做了制度设计以及相应的政策安排。为有识之士在商业领域坚持出版的理想和理念，提供了空间和保障，使他们能够通过获得捐赠和享受免税政策生存下来，坚持下去（陈昕，2013）。我们要向美国出版业学习这种抑制过度商业化的行业引导，中国出版行业组织要以独立的权力来进行行业伦理规范的制定、实施，对中小企业在文化责任承担上要给予更多的激励，如建立各类文化出版选题和奖项，对某领域的文化研究成果给予资金支持，使之能坚持下去。

6.3.3　出版问责力量的强化：完善政府、行业、社会三位一体的问责体系

出版责任伦理的建构体系应包含内在价值层面，即出版主体职业责任观建构，也包含外在规范层面，即出版组织、出版行业的自律机制。但是，除了个体层面的以文化忧患、文化创新为基础的出版人职业责任观，以激励、问责为路径的出版责任管理与规约体系外，要想保持出版责任伦理体系的完整性和实践性，还需要从行业外部建立以政府、行业、社会三位一体的问责管理体系，作为对出版个体与组织责任践履的保障，推动其形成忠实、诚信、创新、审慎、智慧等出版品质，最终由行

业品质辐射整个社会责任意识与文化软实力的提升。

首先，从政府层面看，后改制时代出版业的政府职能从原来的单纯管理控制到实施宏观利益协调、监督与服务等转向。政府新闻出版管理机构要从下放直接管理权力到逐步适当放权给出版行业组织，仅保留对出版宏观调控和责任监督。那么，出版企业对政府应当有什么样的责任呢？国内有学者总结了五个方面：①确保正确的出版导向，繁荣政府的文化建设；②遵守各项法律法规及相关政策，并接受政府的依法干预和监督；③按时主动纳税，通过缴纳税款来反映企业对政府履行的法定义务；④响应政策倡导，促进出版产业发展；⑤向政府提出合理化建议，积极响应政府号召的社会公益活动（顾永才，2000）。从中国的出版业管理实践来看，上述责任的承担状况，也属于政府相关部门问责的职权范围。政府的号召往往也体现了出版的主流方向，它是主导文化的风向标，出版行业应当时刻把握主导文化的向度，积极响应政府在文化建设方面进行的宏观部署。

特别是2014年10月习近平在北京主持召开文艺工作座谈会并发表重要讲话，他强调："文艺是时代前进的号角，最能代表一个时代的风貌，最能引领一个时代的风气。……广大文艺工作者要从这样的高度认识文艺的地位和作用，认识自己所担负的历史使命和责任，坚持以人民为中心的创作导向，努力创作更多无愧于时代的优秀作品，弘扬中国精神、凝聚中国力量，鼓舞全国各族人民朝气蓬勃迈向未来。"（人民网，2014）座谈会之后，中国掀起了文化领域的反思热潮，如何用优秀的作品鼓舞人，如何践行文化艺术工作者的历史使命和社会责任，如何提升文化行业的社会影响力，如何提升中国整体的文化软实力等，这些都成为中国文化领域从业者需要思考的问题。

政府对出版主体的监督问责主要体现为责任意识的倡导培育、重大人事调动、法律法规的执行和监督行业内的惩罚实施等方面。引导出版界树立正确的责任观，把出版活动的文化责任、社会效益放到首位，不回避出版企业需要营利的经济责任，但不过度强调商业利益，更不能被市场利益最大化的伦理裹挟失去文化的方向。正如国家新闻出版广电总局党组书记蒋建国指出，要始终把内容质量放在首位，确保导向正确，体现社会主义先进文化前进方向，体现以人民为中心的创作导向，体现社会主义核心价值观的要求，体现"两个效益""两种价值"相统一（中华人民共和国中央人民政府网，2014）。特别是后改制时代，在社会多元标准和多方利益驱动下，出版生态环境被畸形扭曲，出版人在文化使命与商业竞争双重压力的伦理冲突中，更应当明德载道，以图书的文化价值作为根本取向，强化市场竞争意识和新型传播思维，寻找图书出版业市场运营与数字出版转型创新路径。

其次，从行业层面看，政府监督更多的是从宏观层面上实施，具体的行为问责则由出版行业组织或企业内部处理。目前，中国的出版行业协会组织还未能摆脱行政管理部门而独立出来，其运行仍然是靠行政手段，生存空间也较为有限，因此，行业协会组织对于出版行业内的协调管理与问责能力亟须提高。第一，对出版行业协会组织进行市场化改革。随着出版企业的深度改革，出版市场环境的良性发展亟须一个强有力的完善的市场规范体制来护航，出版行业协会的协调与监督角色不容忽视，要将其行政化干预手段转变为基于利益尊重与协调之上的规则建立与实施。按市场化原则规范和发展出版行业协会，既要积极发展，又要防止失控和过滥，同时要全盘考虑其定职、定责等问题，政府要帮助解决行业协会在实际运作中的困难，以实现其在政府和企业间的中介协调机制和非营利机制，为出版行业协会开展活动、发挥作用创造条件（赵婷，2008）。第二，建立健全出版行业协会的组织结构和规章制度体系，确定行业协会的主要职能和协会宗旨。出版行业协会可以效仿国外行业协会的组织结构实行会员制，吸引出版机构自愿加入协会，给予会员应有的支持，并明确会员的责任和义务。协会的负责人应当是行业中具有较高影响力、权威性和极富责任心的出版人，负责人要按照协会章程通过民主选举产生，实行任期制；协会要与政府进行有效沟通，维护行业利益做好服务；制定行业生产价格标准、市场竞争规范与出版从业者职业道德规范等，并将相应的问责方式、问责程度写入规范条例，从经济层面维护出版市场的良性秩序，从精神层面鼓励出版人诚信、创新和审慎的责任品格，并维护出版业良好的职业风气。第三，强化问责力度。出版行业协会有权遵照协会所制定的行业竞争标准、出版行为准则、职业道德规范等内容，对出版主体（出版人个体和组织）进行问责，而问责的方式、手法和惩罚程度也要遵照协会的相关标准严格实施。对于引起社会负效应较大的出版事件或出版物，不仅要进行媒体曝光批评，还要进行行业内批评反思，追查惩罚事件责任人，并让出版企业和行业引以为戒。

再次，从社会层面看，社会力量也要充分起到向出版问责的作用。社会力量对出版界的批评监督最突出的，要属大众媒体及他们的书评。媒体的大众立场使他们能够站在读者（出版企业的消费者）的角度对出版企业进行监督，出版行业的新闻报道和评论既能给读者展示出版界积极的改革动向、可喜的文化成果和出版人高尚的文化追求，同时，也会批评出版行业的见利忘义、急功近利、失掉主业、媚俗、低俗、恶俗等现象。透过媒体的批评，出版界能够不断地在市场改革创新中冷静审视自身，时刻保持文化的警觉和道德的戒律。尤其是需要加强中国的独立书评建设，设立书评的媒体要坚守书评的独立性和文化性，寻找独立的文化观察员、文化批评家，鼓励他们发表公正客观的图书评论，通过发展中国的书评事业来纠偏出版内容和思想。另外，社会上的阅读引导力量也可以对出版行为和实践进行一定层面的问责。为了引导全民阅读，中国除了以出版机构为主开展各类阅读活动、创建平台和国家实施各类推进阅读的政策和项目外，全国各地都开展的民间公益性阅读也成燎原之势。各类阅读机构在倡导阅读的过程中，必然会对图书进行质量筛选、评价，也会以阅读交流的方式对图书进行评论。还有报纸、电视和网络上的读书栏目，豆瓣书评和问答类网站都以交流阅读心得的方式进行图书评论。无论是来自传统媒体的书评和阅读交流，还是来自网络的代表普通读者的阅读认知，这些评论虽然不是直接的出版问责，却是来自市场的反馈力量，仍然对图书生产方形成监督，客观上实现对出版主体的责任监督。

本 章 小 结

在西方欧美国家的出版业商业体制下，尽管无可避免地存在着资本控制下文化责任与商业责任的冲突及其所带来的伦理困境，但我们仍然需要以兼容并包的心态面对西方出版业，去其糟粕，探寻可以借鉴的精华。无论是当前全球最大的图书出版公司掌舵者，还是那些执掌出版决策权的欧美中小出版社编辑，优秀的出版人总是能够对文化发展趋势进行深刻洞察，不随波逐流、人云亦云，也不投机取巧和媚俗迎合，更不会毫无顾忌地剽窃、复制。优秀的出版品格是秉承对出版事业无比的激情与专注，是能够将出版文化价值和经济价值以多元经营方式契合在一起的创造能力，是使命感与责任感的价值内化。从他们的身上，我们看到了诚信、耐心、宽容、勇敢等这些善的品质，看到了他们对出版事业的专注、热情、坚持、创造的力量，这些都融汇成他们对出版职业的高度责任心，正是这份责任让他们能够坚持最纯粹的文化价值判断，能够保持永不枯竭的出版勇气和敢于创新的魄力。同时，欧美国家在长期的市场体制下已经形成一套成熟的外在责任规约体系：法律法规层面上对出版业和出版活动的责任规约、行业自律监督层面上的责任规约、社会力量问责层面上的责任规约等，这些都是值得我们借鉴的责任规约路径。

如果一个行业也有生命，这生命存在并保持旺盛活力的必需条件便是参悟行业内在的职业价值所在，并对外建构起行业之文化使命与责任。因此，中国图书出版责任伦理的构建需要从两个方面入手：出版从业者内在职业责任观和出版责任外在规约体系。出版责任伦理的构建与践履首先依赖每一个出版从业者个体自觉的认知和行为，从责任认知、责任动机到责任行为和责任实践整个过程都成为个体的职业自觉。从构建以忧患、创新为基础的出版人职业价值观与责任观的内在契合，到以激励、问责为路径的出版责任管理与规约体系的外在统一。实现个体的内在认知与外在行为的一致，责任管理体系的践履从个人、组织到社会三位一体，最终由行业责任伦理的构建辐射整个社会责任意识的提升与责任管理体系的形成。

结　　语

对后改制时代中国图书出版业可持续发展与文化推动作用的思考，离不开对过往十几年转企改制的回顾，通过对暴露问题的反思与解决，探寻未来发展的方向。本书基于图书出版业转企改制的现实考察，通过社会实证调研和文献成果研读分析，发现中国图书出版伦理失范问题凸显，出版职业价值观模糊，体制改革所带来的职业责任冲突成为整个行业最大的伦理困境。它使身在其中的从业者职业理想淡薄、职业精神低迷、职业动力匮乏，甚至滑落到失去职业道德底线的不堪境地。这不仅是市场化、产业化、资本化改革导致的责任冲突，媒介技术客观推动下，出版业的数字化转型也迫在眉睫，数字出版中的信息便利与无门槛化趋势，还加剧了出版把关人的责任冲突与焦虑。

通过多次深度访谈，接触不同岗位、不同出版企业的出版人，对受访者心态描摹呈现最为直观的出版人职业责任伦理困境与职业责任选择，体现在对出版责任伦理困境的不同感知与评价上、在出版责任冲突中不同的行为与心态选择上、对出版责任冲突不同的归因上。在进行社会调研的过程中，笔者也接触到许多坚守出版文化使命和责任的从业者，他们对行业现状充满忧患，也为冲破行业伦理困境积极寻找各种途径。

从受访者对出版责任冲突的不同态度（批判、接纳或淡然）和应对行为（履行责任的程度和自我反省程度）中发现，当前出版从业者责任观呈现多个向度。但是，所幸在接受笔者访谈的出版从业者当中，无论是对"出版责任"抗拒排斥或接纳认同，笔者感受到的都是他们对作为出版人（或责任编辑）仍然保持着职业底线认知，即虽然不能保证一直出好书，但坚决避免出坏书。

　　出版责任的内涵是多元的，对于图书出版业来说也是如此，它不仅只有"文化责任"一个向度。在后改制时代，我们应当允许经济责任被接纳。不回避出版企业面对和一般性商业组织一样的市场生存压力，也不能因为市场压力而质疑产业化改革的大方向，更不能因为市场压力而忘却了文化才是出版的本质属性。重要的是调整出版从业者的职业心态，将对出版职业的理想、使命、精神的守护化为切实可行的出版实践，沿着文化创新、产业经营创新、主业实体创新的方向，既将出版的社会责任作为出版人的价值底线和出版企业的生存依仗，也要使它成为出版伦理主体的最高追求和价值旨归。

　　本书最终的落脚点在于如何建构图书出版主体的责任价值观和责任管理规约体系，以适应后改制时代中国图书出版业的产业环境，并实现图书出版业自身的可持续发展。借鉴了"责任伦理学"中强化现代人忧患意识、培养审慎品格等观点，本书提出的路径主要体现为出版业的内外建设上。

　　一是出版主体内在的职业责任价值观建设，集中于三个方面：在出版人职业责任情感上强化文化忧患意识的培育；在出版人职业责任认知上强化把关人责任角色的培育；在出版人职业责任动力上强化"双效"兼顾的责任品格培育。

　　二是完善出版责任的组织管理、行业调控与社会问责三位一体的伦理规范体系。通过出版组织层面的责任管理，打造创新型、智慧型的现代出版企业；通过行政放权，强化出版行业协会的责任监管权力，完善出版行业的自律机制；通过社会多元力量的参与，强化责任实施的鼓励性政策、社会各界的问责监督，构建政府、行业、社会三位一体的问责体系。

　　在后改制时代，中国图书出版业可持续发展的动力来自出版责任，这份责任对于当前的意义在于协调文化责任与经济责任的平衡，实现二者的兼顾，通过做强出版业来壮大整个中华民族的文化实力。但是，图书对于人类的哺育价值远远不止于当下时代发展的需求，不拘泥于一个国家、一个民族的文化强弱，而更旨在社会共同发展与人类未来的文化共享。

在约纳斯"未来伦理学"反思视阈中，我们领悟到图书出版的最终责任具有历史超越性，它的责任伦理是指向未来的。要做到这一点，对于出版业管理来说，在出版业面向资本市场的产业化、企业化商业运营中，必须不丢弃文化创新和审慎智慧的出版品格，始终保留一支强劲的文化创新主力军，始终给予一股源源不断的责任激励力量；对于出版从业者来说，最重要的是要始终坚守一份对书籍和出版的责任初心，始终践履一条"非好书不出版"的职业原则，始终怀抱对人类文化和世界发展的忧患情怀，如此才能真正符合有益于全人类文化未来发展的责任伦理。

参 考 文 献

阿拉斯代尔·麦金太尔，1995．德性之后[M]．龚群，戴扬毅，等译．北京：中国社会科学出版社.

爱弥尔·涂尔干，2001．职业伦理与公民道德[M]．渠东，付德根，译．上海：上海人民出版社.

安德鲁·埃德加·哈贝马斯，2009．关键概念[M]．杨礼银，朱松峰，译．南京：江苏人民出版社.

安东尼·吉登斯，2000．现代性的后果[M]．田禾，译．南京：译林出版社.

安静，2009．陆费逵编辑出版思想研究[D]．开封：河南大学.

白羽，2014．跟风模仿难造经典励志书[N]．新华书目报，2014-04-07（1）.

柏拉图，1994．理想国[M]．郑斌和，张竹明，译．北京：商务印书馆.

包亚明，1997．文化资本与社会炼金术：布尔迪厄访谈录[M]．上海：上海人民出版社.

包亚明，2000．二十世纪西方美学经典文本：第四卷（后现代景观）[M]．上海：复旦大学出版社.

彼得·科斯洛夫斯基，1999．后现代文化[M]．毛怡红，译．北京：中央编译出版社.

毕天云，2004．布迪厄的"场域-惯习"论[J]．学术探索（1）：32-35.

布尔迪厄，华康德，1998．实践与反思：反思社会学导引[M]．李康，译．北京：中央编译出版社.

蔡翔，陆颖，尹世昌，2013．理想与市场之间：出版单位转企改制后社会责任研究[M]．北京：中国传媒大学出版社.

蔡元培，2004．中国伦理学史[M]．北京：商务印书馆.

查尔斯·詹克斯，2011．现代主义的临界点：后现代主义向何处去？[M]．丁宁，译．北京：北京大学出版社.

陈宏平，朱覃思，2008．从伪书泛滥看出版诚信[J]．中南林业科技大学学报（社会科学版），2（6）：134-136.

陈俊，2013．技术与自由：马尔库塞技术哲学思想研究[M]．北京：中国社会科学出版社.

陈立旭，2012．我们缺的是什么德：当前中国道德危机审视[J]．探索与争鸣，1（6）：47-50.

陈熙涵，2011．出版人应珍视自己的文化使命[N]．文汇报，2011-3-18（6）.

陈香，2008．30 年中国流行阅读史：精神之痒[EB/OL]．（2008-04-28）[2018-07-25]．http://www.zhlzw.com/lz/news/ 66503_2.html.

陈向明，2000．质的研究方法与社会科学研究[M]．北京：教育科学出版社.

陈昕，2013．坚守出版"启蒙大众，追求进步"的使命[J]．中国图书评论（10）：6-11.

陈原，1984．书林漫步续编[M]．北京：生活·读书·新知三联书店.

成中英，2007．面对文明社会：伦理，管理和治理[J]．西安交通大学学报（社会科学版），27（4）：1-5.

程东峰，2010．责任伦理导论[M]．北京：人民出版社.

崔兰，2011．外向扩张与内向完善：编辑文化价值取向的向度思考[J]．现代出版（5）：62-64.

丹尼尔·贝尔，1989．资本主义文化矛盾[M]．赵一凡，蒲隆，任晓晋，译．北京：生活·读书·新知三联书店.

东方早报, 2012. 企鹅出版社-兰登书屋合并[EB/OL].（2012-10-30）[2018-07-21]. http://book.sina. com.cn/news/c/2012-10-30/ 0922354391. shtml.

段桂鉴, 1988. 简论西方主要国家的出版法及其发展趋势[J]. 出版发行研究（6）：46-54.

方秋明, 2004. 汉斯·约纳斯的责任伦理学研究[D]. 上海：复旦大学.

方秋明, 2007. 汉斯·约纳斯论现代技术与责任伦理学[J]. 国外理论动态（8）：90-94.

弗里德里希·包尔生, 1988. 伦理学体系[M]. 何怀宏，廖申白，译. 北京：中国社会科学出版社.

福泽谕吉, 1982. 文明论概略[M]. 北京编译社，译. 北京：商务印书馆.

傅伟中, 2011. 强化社会责任感是建设新闻出版强国的首要任务[J]. 中国出版（5）：23-26.

甘琦, 2012. 出版业：向美国学习还是从美国的错误中学习[M]//贺圣遂，姜华. 出版的品质. 上海：复旦大学出版社：101-117.

甘绍平, 2000. 伦理智慧[M]. 北京：中国发展出版社.

高宣扬, 2008. 论布尔迪厄的"生存心态"概念[J]. 云南大学学报, 7（3）：8-15.

顾永才, 2010. 从利益相关者理论谈出版企业社会责任[J]. 编辑之友（8）：28-30.

关力, 2003. 选题跟风的病因及诊治[J]. 新闻出版交流（3）：20.

郭金鸿, 2008. 道德责任论[M]. 北京：人民出版社.

郭庆光, 1999. 传播学教程[M]. 北京：中国人民大学出版社.

国办发, 2013. 国务院办公厅关于印发国家新闻出版广电总局主要职责内设机构和人员编制规定的通知[EB/ OL].（2013-07-17）[2016-01-02]. http://www.gov.cn/zwgk/2013-07/17/content_ 2449645.htm.

韩升, 2006. 伦理与道德之辨正[J]. 伦理学研究（1）：90-92.

汉默顿, 2005. 思想的盛宴[M]. 吴琼，等译. 北京：九州出版社.

郝振省, 2008. 出版文化理性研究[M]. 北京：中国书籍出版社.

何炳松, 1992. 商务印书馆被毁纪略[C]//商务印书馆九十五年. 北京：商务印书馆.

何怀宏, 1994. 良心论[M]. 上海：上海三联书店.

何军民, 2009. 出版伦理：利益追求和文化使命之间的博弈[J]. 中国出版（10）：24-25.

何明星，李爽, 2012. "小舢板"何以闯大洋？——国外中小出版社的发展之路考察[J]. 出版广角（6）：34-40.

何永国, 2009. 出版工作者职业道德研究[D]. 南京：南京大学.

和龚, 2011. 后改制时代：中小出版社遭遇发展之困[N]. 中华读书报, 2011-09-28（6）.

贺圣遂，姜华, 2012. 出版的品质[M]. 上海：复旦大学出版社.

赫伯特·马尔库塞, 2006. 单向度的人[M]. 刘继，译. 上海：上海译文出版社.

黑格尔, 2009. 法哲学原理[M]. 范扬，张企泰，译. 北京：商务印书馆.

胡立昀, 2014. 浅谈如何把好图书审读过程中的政治关[J]. 传播与版权（11）：38-39.

华南理工大学广州学院, 2013. 原创科普图书质量堪忧 追求利润致科普变质变味[EB/OL].（2013-04-06）[2017-05-06]. http://lib.gcu.edu.cn/home/?action-viewnews-itemid-61520130327/ 6163fd4a-e110-4246-89bb-885dea920a08.html.

黄宝忠, 2007. 近代中国民营出版业研究：以商务印书馆和中华书局为考察对象[D]. 杭州：浙江大学.

黄海宁，1999．透析"跟风出版"[J]．中国出版（6）：25-26．

黄会林，1998．当代大众文化研究[M]．北京：北京师范大学出版社．

黄健中，1998．比较伦理学[M]．济南：山东人民出版社．

黄小希，2011．新闻出版总署进一步规范养生保健类图书出版秩序[EB/OL]．（2014-07-05）
　　[2018-01-01]．http:// www.zwbk.org/MyLemmaShow.aspx?lid=184866．

惠西平，2002．跟风与创新[J]．出版参考（18）：4．

吉尔·利波维茨基，2007．责任的落寞：新民主时期的无痛伦理观[M]．倪复生，方仁杰，译．北
　　京：中国人民大学出版社．

贾世传，李冰洁，2005．21世纪编辑责任撷谈[J]．辽宁师范大学学报（社会科学版），28（5）：
　　125-128．

蒋志臻，2012．新形势下出版伦理的失范与规范[J]．中国出版（23）：58-60．

《简明伦理学辞典》编辑委员会，1987．简明伦理学辞典[Z]．兰州：甘肃人民出版社．

康德，2009．实践理性批判[M]．韩水法，译．北京：商务印书馆．

柯蒂斯，2000．我们真的需要编辑？[M]//格罗斯．编辑人的世界．齐若兰，译．北京：中国
　　工人出版社．

柯伟，史东娟，2014．对出版图书编校质量的思考[J]．内蒙古科技与经济（22）：145-146．

克利福德·G．克里斯蒂安，马克·法克勒，金·B．罗特佐尔，等，2000．媒体伦理学：案例
　　与道德论据[M]．5版．张晓辉，译．北京：华夏出版社．

蒯明峰，2011．基于健康养生书市场现状的出版社会责任研究[D]．合肥：中国科学技术大学．

雷鸣，1995．论市场经济与出版伦理[J]．编辑学报（2）：72-77．

李国霖，2006．大众出版结构与阅读的异化[J]．出版科学（5）：18-19．

李建华，刘仁贵，2012．伦理与道德关系再认识[J]．江苏行政学院学报（6）：24-29．

李金龙，2008．论编辑责任的缺失与整饬[J]．河北大学成人教育学院学报，10（2）：86-87．

李连英，2007．伪书泛滥：出版之痛，文化之痛[J]．全国新书目（22）：34-35．

李庆西，2012．贝内特·瑟夫与兰登书屋[M]//贺圣遂，姜华．出版的品质．上海：复旦大学出
　　版社：39-61．

李忠尚，1994．第三条道路？——马尔库塞和哈贝马斯的社会批判理论研究[M]．北京：学苑
　　出版社．

林聚任，2010．林聚任讲默顿[M]．北京：北京大学出版社．

林琳，2012．现代科学技术的伦理反思：从"我"到"类"的责任[M]．北京：经济管理出
　　版社．

凌国华，2013．对教材质量应坚守一种文化敬畏感[EB/OL]．http://www.cssn.cn/zx/xshshj/xsnew/
　　201402/t20140226_1001858.shtml．（2013-12-20）[2018-07-25]．

刘昶，2005．1995—2005大众出版市场风云回眸（上）[N]．中国图书商报，2005-01-07（54）．

刘朗，2007．兰登书屋的出版性格[J]．四川党的建设（城市版）（5）：65．

刘力，2013．畅销网络小说遭100多个网站盗版[EB/OL]．（2013-11-05）[2017-11-05]．http:
　　//tech.163.com/13/1105/18/ 9CUH3S4D000915BF.html．

刘少华，兰蓉蓉，2012．后改制时代出版单位价值取向和社会责任[J]．中国出版（6）：47-49．

刘伟见，2003．当出版遭遇伦理[J]．出版参考（1）：23．

刘伟见，2012．基于利益相关者的我国出版企业社会责任评价体系研究[D]．北京：中国科学院大学，中国科学院研究生院．

刘晓娟，常晓武，2012．书业诚信体系下的打榜潜流[J]．出版参考（z1）：11-12．

刘新，2004．是非注水书[J]．出版广角（3）：24-25．

刘忠孝，陈桂芝，马倩，2012．先秦儒家伦理文化研究[M]．北京：人民出版社．

卢梭，2008．卢梭的民主哲学[M]．刘烨，译．呼和浩特：内蒙古文化出版社．

罗贵权，2008．文化发展为何要把社会效益放在首位[N]．人民日报，2008-01-31（8）．

罗国杰，1984．伦理学名词解释[Z]．北京：人民出版社．

吕达，2000．陆费逵教育论著选[M]．北京：人民教育出版社．

马克斯·韦伯，2004．学术与政治[M]．钱永祥，译．桂林：广西师范大学出版社．

马文韬，2012．翁泽尔德：世纪出版家[M]//贺圣遂，姜华．出版的品质．上海：复旦大学出版社：75-87．

米歇尔·鲍曼，2003．道德的市场[M]．肖君，黄承业，译．北京：中国社会科学出版社．

苗力田，1992．亚里士多德全集（第八卷）[M]．北京：中国人民大学出版社．

牟宗三，2005．生命的学问[M]．桂林：广西师范大学出版社．

诺贝特·埃利亚斯，斯蒂芬·门内尔，约翰·古德斯布洛姆，2005．论文明、权力与知识：诺贝特·埃利亚斯文选[M]．刘佳林，译．南京：南京大学出版社．

欧阳雪芹，2002．百年中国畅销书的回顾与思考[J]．苏州大学学报（哲学社会科学版）（2）：139-141．

欧阳志荣，2014．后改制时代创新出版社激励机制的思考[J]．中国出版（15）：60-62．

皮埃尔·布尔迪厄，2003．实践感[M]．蒋梓华，译．南京：译林出版社．

齐格蒙·鲍曼，2002．生活在碎片之中：论后现代道德[M]．郁建兴，周俊，周莹，译．上海：学林出版社．

渠敬东，2014．职业伦理与公民道德：涂尔干对国家与社会之关系的新构建[J]．社会学研究（7），110-131．

瞿海源，毕恒达，刘长萱，2013．社会及行为科学研究法（二）：质性研究法[M]．北京：社会科学文献出版社．

人民网，2014．习近平主持召开文艺工作座谈会强调：坚持以人民为中心的创作导向[EB/OL]．（2014-10-16）[2017-01-02]．http://culture.people.com.cn/n/2014/1016/c87423-25844402.html．

人民网，2014．新闻出版广电总局处罚 10 种编校质量不合格少儿图书[EB/OL]．（2014-06-27）[2018-07-25]．http://news.163.com/14/0627/11/9VO92TTD00014JB6.html．

任文京，2012．时刻不忘强化图书编辑责任意识[J]．中国出版（6）：45-47．

师曾志，1997．出版传播事业中把关人的地位和要求[J]．编辑之友（5）：34-35．

史春风，2006．商务印书馆与中国近代文化[M]．北京：北京大学出版社．

叔本华，2009．伦理学的两个基本问题[M]．任立，译．北京：商务印书馆．

司马云杰，2003．文化价值论：关于文化建构价值意识的学说[M]．西安：陕西人民出版社．

司马长风，2003．出版道德的缺失与出版人的责任[J]．中国编辑（6）：60-61．

宋原放，等，2000．上海书业公所与上海书业公会[Z]．上海：上海出版志．

孙琳，2014．重构场域：出场学场域十论[M]．北京：人民日报出版社．

唐伶俐，裴良健，2012．中美出版法律制度之比较[J]．旅游纵览（下半月）（10）：85-86．

唐文明，2002．与命与仁：原始儒家伦理精神与现代性问题[M]．保定：河北大学出版社．

田常清，2011．企业化背景下的出版价值追求[D]．长沙：湖南师范大学．

童翠萍，2005．顺着"跟风"这根藤[J]．中国图书评论（3）：6-9．

汪曙华，2013．论当前我国出版伦理的失范与规范[J]．东南传播（8）：42-44．

王飞，2008．伦克的技术伦理思想评介[J]．自然辩证法研究，24（3）：57-63．

王国银，2006．德性伦理研究[M]．长春：吉林人民出版社．

王建辉，2007．出版企业的社会责任[J]．中国编辑（3）：4-6．

王建辉，等，2009．出版人：国人对你的期许没有变（下）[J]．编辑之友（8）：11-16．

王军，2000．编辑责任的理论界说[J]．中国出版（7）：39-40．

王谦，2012．图书打榜的猫腻[J]．出版广角（6）：12-14．

王山而，2005．伪书，让我们的"精神方舟"千疮百孔[J]．编辑学刊（3）：50-53．

王一川，2001．当代大众文化与中国大众文化学[J]．艺术广角（2）：4-10．

王一方，2003．畅销书的市场理论和实务[J]．编辑之友（5）：12-16．

王愿石，2013．伪书问题及其治理[J]．赤峰学院学报（汉文哲学社会科学版）（11）：137-138．

韦德，2000．做得好，还要做得对：编辑工作的伦理道德层面[M]//格罗斯．编辑人的世界．齐
　　若兰，译．北京：中国工人出版社．

魏玉山，陈磊．2009．国外出版行业协会的历史与现状[J]．出版发行研究（3），9．

温泽远，2012．韬奋先生留下的财富[M]//出版的品质．上海：复旦大学出版社：175．

吴培华，2010．后改制时代才是改革的重头戏[J]．出版广角（4）：4．

西塞罗，2009．论老年·论友谊·论责任[M]．徐奕春，译．北京：商务印书馆．

肖燕，2006．文化消费时代编辑的角色定位及文化责任[D]．长沙：湖南师范大学．

小林一博，2004．出版大崩溃[M]．甄西，译．上海：上海三联书店．

辛文，2004．坚决遏制低俗出版风：自治区出版工作专题会议综述[J]．新疆新闻出版（5）：23-24．

新闻出版总署，2002．新闻出版总署关于贯彻落实《关于深化新闻出版广播影视业改革的若干
　　意见》的实施细则[EB/OL]．（2002-07-02）[2016-10-20]．http：//www.lawxp.com/statute/
　　s857758.html.

徐凤梅，2013．严格遵守出版规范 自觉抵制低俗出版[J]．出版广角（18）：47-48．

徐雨，2000．美国中小出版社如何操作[J]．出版参考（18）：8．

许淳熙，1995．科技期刊编辑出版中伦理问题的分析与对策[J]．中国科技期刊研究，6（2）：
　　30-32．

许纪霖，2011．读书人站起来[M]．北京：中国人民大学出版社．

续鸿鸣，2007．民营书业：走上责任与荣誉的红地毯[N]．中国文化报，2007-01-12（2）．

亚里士多德，1992．尼各马科伦理学[M]．苗力田，译．北京：中国人民大学出版社．

阎孟伟，2006．"道德危机"及其社会根源[J]．道德与文明（2）：45-48．

燕道成，2010．传媒责任伦理研究[D]．长沙：中南大学．

杨锋，2005．伪书畅销成因和伪书现象思考[J]．出版科学（4）：75-77，47．

杨桂丽，2009．责任，商机与可持续发展：出版企业社会责任浅析[J]．编辑之友（11）：29-30．

杨虎，肖东发，2014．"六维"视角下的畅销书概念界定[J]．编辑之友（11）：13-16．

杨影，2010．"色情版"格林童话杭州新华书店开售 不堪入目[EB/OL]．（2010-12-03）[2016-03-02]．http:// news.sohu.com/20101203/n278078998.shtml．

杨状振，2009．世界出版业巡礼之三德国人文社科书籍的出版状况[J]．对外传播（7）：55-56．

姚福申，2004．中国编辑出版史[M]．上海：复旦大学出版社：516．

姚介厚，2005．西方哲学史：古代希腊与罗马哲学（下）[M]．南京：江苏人民出版社，凤凰出版社：799．

叶再生，1993．出版史研究（第1辑）[M]．北京：中国书籍出版社．

伊恩·麦高文，詹姆士·迈考尔，2000．国际出版原则与实践[M]．徐明强，译．北京：中国书籍出版社．

伊曼努尔·康德，2002．道德形而上学原理[M]．苗力田，译．上海：上海人民出版社．

伊曼努尔·康德，2009．道德形而上学基础[M]．孙少伟，译．北京：中国社会科学出版社．

佚名，2009．出版人，国人对你的期许没有变（上）[J]．编辑之友（7）：15．

余乔乔，2001．在午夜之星下奋斗了一生：法国著名的午夜出版社社长热罗姆·兰东先生去世[J]．外国文学动态（4）：26-27．

俞晓群，2009．何种资质的人适合从事编辑工作[N]．中国新闻出版报，2009-03-30（6）．

俞晓群，2015．大众出版文库：我一生的追求[J]．中国编辑（1）：78-80，94．

苑广阔，2014．图书界"马云乱象"背后是"出版乱局"[EB/OL]．（2014-12-15）[2018-08-02]．http:// www.chinanews.com/cul/2014/12-15/6877485.shtml．

约翰·穆勒，2010．论自由[M]．顾肃泽，译．南京：译林出版社．

约翰·斯图尔特·穆勒，2009．功利主义[M]．北京：中国社会科学出版社．

曾钊新，涂争鸣，1993．心灵的碰撞：伦理社会学的虚与实[M]．长沙：湖南人民出版社．

翟兴波，李璐，2009．书名背后的出版伦理失范[J]．文艺生活·文艺伦理（8）：87-88．

展江，2010．媒介专业操守：能够建立理论框架吗？——基于伦理与道德分殊的一种尝试[J]．南京社会科学（1）：123-129．

张贺，2012．中国出版业将迈入"后改制时代"[N]．人民日报，2012-02-16（15）．

张宏，2012．艾伦·莱恩：明心见性：真正出版人的造就和养成[M]//贺圣遂，姜华．出版的品质．上海：复旦大学出版社：61-74．

张静庐，1984．在出版界二十年：张静庐自传[M]．上海：上海书店．

张立美，2014．畅销书"买榜"不能任之由之[J]．现代阅读（7）：39．

张立舒，2012．中国高校出版企业社会责任意识研究[D]．包头：内蒙古科技大学．

张文红，2008.蓦然回首 书事流金：近30年中国大陆畅销书出版与阅读分析[J]．出版广角（10）：11-17．

张西山，2007．编辑的文化视界[M]．北京：人民出版社．

张贤明，2000．论政治责任[M]．长春：吉林大学出版社．

张意，2005．文化与符号权力：布尔迪厄的文化社会学导论[M]．北京：中国社会科学出版社．

张元济，1981．张元济札[M]．北京：商务印书馆．

张元济，2008．张元济全集（第四卷）·诗文[M]．北京：商务印书馆．

张云静，王正，2009．抵制低俗图书 弘扬优秀文化：本刊召开全国部分出版社座谈会会议纪要[J]．博览群书（10）：121-126．

张中江，2015．挥别"八分钟"梁文道主理"看理想"[EB/OL]．（2015-10-26）[2017-02-01]．http://
　　www.sohu.com/ a/37768947_115403.

章祖德，2012．汤姆·麦奇勒：一位特立独行的出版家[M]//贺圣遂，姜华．出版的品质．上海：
　　复旦大学出版社：87-101.

长冈义幸，2006．出版大冒险[M]．甄西，译．北京：国际文化出版公司.

赵婷，2008．国外出版行业协会运作模式[J]．编辑之友（4）：95-96.

赵武平，2004．俗些，俗些，再俗些：纽约时报书评主编更迭的缘起和是非[N]．南方周末，
　　2004-08-19（14）.

甄西，2004．日本出版界的伦理纲领[J]．中国出版（9）：20.

郑富兴，2011．从习俗伦理责任到道德责任：西方责任伦理思想的现代性变迁[J]．伦理学研究
　　（3）：47-51.

郑丽园，1997．美国《纽约时报书评》如何选书与评书（上）[J]．出版参考（4）：13.

郑明哲，2013．道德力量的来源：基于生命哲学的阐释[M]．北京：世界图书出版公司.

郑晓红，2005．低俗图书与出版者的道德责任[J]．中国出版（6）：24-26.

植田康夫，2011．出版大畅销[M]．甄西，译．北京：国际文化出版公司.

中国出版工作者协会，2004．中国出版工作者职业道德准则[J]．北京联合大学学报（人文社会
　　科学版）（2）：24.

中国社会科学院语言研究所词典编辑室，1996．现代汉语词典（修订本）[M]．北京：商务印
　　书馆.

中国图书商报，2012．刘瑞琳打造出版业"理想国"：不能只闷着头出书[EB/OL]．（2012-07-09）
　　[2017-05-06]．http://news2.jschina.com.cn/system/2012/07/09/013722640.shtml.

中国作家网，2007．图书出版道德利益为先：出版物以"性"为卖点问题调查[EB/OL]．（2007-
　　03-19）[2017-05-04]．http://www.chinawriter.com.cn/2007/2007-03-19/23279.html.

中华人民共和国中央人民政府网，2014．出版界谈学习习近平总书记文艺座谈会上讲话体会
　　[EB/OL]．（2014-10-30）[2016-02-01]．http://www.gov.cn/xinwen/2014-10/30/content_2773194.
　　htm.

钟丽君，2010．试论图书编辑的职业精神[J]．中国出版（14）：25-26.

曾钊新，涂争鸣，1993．心灵的碰撞：伦理社会学的虚与实[M]．长沙：湖南人民出版社.

周百义，2008．出版的文化守望[M]．北京：中国书籍出版社.

周百义，芦珊珊，2008．畅销书出版三十年[J]．出版科学（6）：5-15.

周辅成，1987．西方伦理学名著选辑（下卷）[M]．北京：商务印书馆.

周海忠，2009．出版伦理缺失之痛[J]．出版参考（9）：1.

周一苗，2009．1897—1949商务印书馆社会责任观研究[D]．南京：南京大学.

周勇剑，2010．国有出版企业社会责任现状及对策研究[D]．上海：上海交通大学.

朱步冲，2014．沉重的光环，我们所必需了解的勇气[J]．三联生活周刊（14）：56.

朱光明，2010．研究技术教育中的体验——谈现象学的研究：教育现象学研究的主题提炼和实
　　例写作[M]//质性研究：反思与评论．重庆：重庆大学出版社：73.

朱贻庭，2002．伦理学大辞典[M]．上海：上海辞书出版社：36.

庄孔韶，2002．人类学通论[M]．太原：山西教育出版社：21.

邹平林，杜早华，2011. 社会转型时期的道德危机略论[J]. 山西师大学报（社会科学版），
　　38（1）：32-35.

邹萍，2009. 美国中小出版社"过冬"贴士[N]. 中国图书商报，2009-02-10（8）.

ALIA V, BRENNAN B, HOFFMASTER B, 1996. Deadlines and diversity: journalism ethics in a
　　changing world[J]. Canadian literature, 21(156): 179-180.

BEST S, KELLNER D, 1991. Postmodern theory: critical interrogations[M]. London: Macmillan
　　Education LTD.

BOURDIEU P, 1986. The forms of capitals[M]// RICHARDSON J G. Handbook of theory and
　　research for the sociology of education.New York: Greenwood Press: 241-258.

BOURDIEU P, WACQUANT J D, 1992. An invitation to reflexive sociology[M]. Chicago: The
　　University of Chicago Press.

COLE J Y E, 1981. Responsibilities of the American Book Community[M]. Washington D.C. :
　　Library of Congress.

DENIS MCQUAIL, 2003. Media Accountability and Freedom of Publication[M], Oxford: Oxford
　　University Press.

HAJI I, CUYPERS S E, 2008. Moral responsibility, authenticity, and the education [M]. New
　　York:Routledge.

IVOR SHAPIRO, 2006. Why they lie: probing the explanations for journalistic cheating[J]. Canadian
　　journal of communication, 31(1): 216-266.

JONAS H, 1985. The imperative of responsibility: in search of an ethics for the technological age[M].
　　Chicago: University of Chicago Press.

LEWIN K, 1951. Psychology Ecology (1943)[M]. Harper and Row.

LIN Y T, 1935. My country and my people[M]. New York: The John Day Company.

LISA DEAKIN, MARTINE DOCKING, CHRIS GRAF, et al. 2014. Best practice guidelines on
　　publishing ethics: a publisher's perspective, Second Edition[M], New Jersey: John Wiley & Sons,
　　Ltd.

MARWICK A. 1998. The Sixties: culture revolution in Britain, France, Italy and America c. 1958-c.
　　1974[M]. London: Oxford University Press, 5.

MERTON R K, 1975. Structural analysis in sociology[M]// COSER L A.The idea of social structure：
　　papers in honor of Robert K.Merton. New York: The Free Press: 35-36.

SAI，2012. 多亏这本书，让我对他失望[EB/OL]. (2012-12-15) [2018-07-25]. http: //book. douban.
　　com/subject/20366457/.

STRIKE K A, 2000. Liberalism, communitarianism, and the space between: in praise of kindness[J].
　　The journal of moral education, 29(2): 133-137.

SYDNEYCARTON, 2008. 一本编校质量严重不合格的书：《张岱评传》错谬举隅[EB/OL].
　　(2008-04-21) [2018-07-25]. https: //www. douban. com/group/topic/3014004/.

VERBEKE G, 1990. Moral education in Aristotle[M]. Washington, D.C.: Catholic University of
　　America Press.

VOGEL L, 1996. Editor's introduction-Hans Jonas's Exodus: from German existentialism to
　　post-holocaust theology[M]. Evanston: Northwestern University Press.

附　　录

附录 1　网络时代读者的图书认知与态度调查问卷

亲爱的朋友：

您好！

我是河北大学新闻传播学院的一名教师，为了完成我的科研项目，需要了解网络时代下读者对各类图书的阅读与认知态度状况，以便为我的研究提供有效依据，希望得到您的协助。

本调查以随机抽样的方式选择被调查对象，您是其中一位。我将对所有被调查者的回答进行汇总，统计分析，但不会涉及您的个人具体情况。您所谈及的一切都会依据中国的有关法律完全保密，请您真实填写，不必有任何的顾虑。

占用了您宝贵的时间，非常感谢！

个人基本信息：

您的性别：①男（　　　）　　②女（　　　）

您的年龄：＿＿＿＿＿＿周岁

您的文化程度：①小学　②初中　③高中（含中专）　④大专
⑤本科　⑥硕士及以上

问卷填写要求： 1）请您对下列关于图书阅读的不同观点表明自己的看法，选择一个最接近的答案 2）希望您每个题都做选择，并在右边对应的选项空格处打"√"	非常同意	同意	不知道	不同意	非常不同意
1. 如果图书里有不少错别字或句法等错误，我就会认为该书编校质量太差，内容再好也不是好书					

续表

问卷填写要求： 1）请您对下列关于图书阅读的不同观点表明自己的看法，选择一个最接近的答案 2）希望您每个题都做选择，并在右边对应的选项空格处打"√"	非常同意	同意	不知道	不同意	非常不同意
2. 图书文字繁多，难免有些错别字或句法差错，规定内的讹误是可以接受的，不影响该书的质量					
3. 与大众通俗读物不同，少儿读物和教材教辅类图书应当以更高标准减少文字、句法等差错或常识性差错					
4. 某图书大为畅销，周围朋友评价都很好，我也会买来看					
5. 买畅销书的时候，即便是有同名或书名类似的各种版本图书，我也只会找最先畅销的那版，因为其他的都是跟风出版的，价值不如最先畅销的那本					
6. 我认为跟随畅销书而出版同名或相似名的不同版本图书，本身就是对原畅销图书版权的侵犯					
7. 在各种版本的畅销书中，如果不知道哪本是最先畅销的，那我主要根据出版社的品牌进行选择					
8. 某本图书畅销后，同类题材会蜂拥而至，各种版本图书大同小异、鱼目混珠，既造成资源浪费又让读者无所适从					
9. 我很喜欢字大行稀的书，看着舒服，又不差那点钱					
10. 我很喜欢带有插图的书，光看文字很单调，插图可以减轻阅读疲劳					
11. 我对书中插图的要求不高，反正读书就是看字，图画就是文字之外的调剂而已					
12. 我比较注重图书的装帧，一般会选精装本，价钱稍高点也没关系					
13. 图书本身也是一种艺术品，特别是装帧得很有个性的书，可以当作礼物送人					
14. 如果我买的书内容不错，即便作者是冒充的外国人，也无关紧要					
15. 如果我买的书内容全是七拼八凑的，没有什么逻辑性，甚至作者也是假的，我会觉得上当受骗，再也不会购买那个出版社的书					
16. 本来我读了那本书觉得还不错，但一听说它原来是"伪书"（即存在虚假作者、虚假内容、虚假书评等问题的图书）就立即觉得它不值得读了					

问卷填写要求： 1）请您对下列关于图书阅读的不同观点表明自己的看法，选择一个最接近的答案 2）希望您每个题都做选择，并在右边对应的选项空格处打"√"	非常同意	同意	不知道	不同意	非常不同意
17. 经管类、励志类和养生类的图书种类太多了，而且内容大同小异，我觉得如果要买就选择正规出版社，其他都不重要					
18. 卖书跟卖其他东西一样，它宣传的作者再出名、销量再大，那也是打广告，都是骗人的					
19. 选书和选吃的、穿的不一样，精神食粮就应当讲究文化品位，书的内容要大于包装					
20. 我总是先看图书销售排行榜，然后参考它来选书					
21. 图书排行榜很多，不管真假，都是图书的一个业界排名，总能代表它的影响力					
22. 我一般买有用的书，诸如用于专业学习、各种考试、技能提高等，其他并不多					
23. 除了功用性图书，我关注比较多的就是各类畅销书排行榜					
24. 出版商出钱"打榜"（即出版方掏钱买自己的书，使书的销量大增，跻身排行榜）或者"买榜"（即直接用钱买图书排名）也算是广告投入，无伤大雅，不存在欺骗读者的行为					
25. 我觉得读书还是要起到净化心灵的作用，类似"办公室政治""厚黑学"类的书反而是在教人变坏					
26. 我认为无论是何种题材的图书，要有反映现实丑陋一面的，但更重要的是表达真善美，给人正能量					
27. 现代社会竞争激烈，人们压力很大，惊悚小说、黑色漫画可以让人放松，内容夸张、离奇、刺激一点很正常					
28. 图书就应当百花齐放，高雅也好低俗也罢，不用非要求一个面孔，但一定要有新意					
29. 我认为原创文学网站大多因缺少内容把关，要么脱离现实玄幻色彩过浓，要么将现实描述得过于黑暗、肮脏、不堪入目，充满了暴力、色情，非常不适合青少年阅读					
30. 我经常使用手机阅读小说，里面的"热血故事"很多确实很相似，描述也比纸质图书更露骨、更暴力					
31. 网络、手机里的原创文学良莠不齐而又海量存在，作为读者很难从里面发现珍品					

续表

问卷填写要求： 1）请您对下列关于图书阅读的不同观点表明自己的看法，选择一个最接近的答案 2）希望您每个题都做选择，并在右边对应的选项空格处打"√"	非常同意	同意	不知道	不同意	非常不同意
32．对于在线原创作品的盗版问题，我认为读者是没有影响力和话语权的，要想依靠读者付费阅读来抵制盗版是没什么实质作用的					

附录2　深度访谈对象基本信息登记表

编号	单位	年龄/岁	职称/岗位
1	某合资出版公司	30	编辑/图书公司策划中心副主任
2	某媒体出版社	26	编辑
3	某媒体出版社	37	副编审
4	某高校出版社	45	编辑
5	某出版集团	50	编审/某中心副主任
6	某地方教育出版社	46	编审/副总编
7	某地方教育出版社	29	编辑
8	某地方教育出版社	40	副编审
9	某地方科技出版社	36	编辑
10	某地方科技出版社	43	编审/副总编
11	某高校出版研究所	60	教授/所长
12	某图书传播公司	41	副编审/策划部主任
13	某民营出版社	33	项目经理
14	某高校出版社	30	编辑
15	某高校出版社	42	副编审
16	某美术出版社	29	编辑
17	某文艺出版社	28	编辑
18	某数字出版有限公司	32	数字技术部
19	某出版集团	43	集团项目创新办公室
20	某高校出版社	28	市场研发部成员
21	某文化传媒有限公司	36	市场部经理
22	某民营出版社	32	策划部主任

后 记

"逝川与流光，飘忽不相待。"荏苒年华总是以超乎想象的速度飞离我们而去。博士毕业时的如释重负感依稀还在心间，转眼却已是毕业之后的第四个年头；或许是因为博士论文尚待付梓，总觉得如鲠在喉，不得舒畅。

自读博以来，从课堂讨论到庞杂阅读，从聆听教诲到日省吾身，从静坐于图书馆到穿梭于学术论坛，我在"路漫漫其修远兮，吾将上下而求索"的心境中一点点积蓄学术力量。从2013年的夏天开始，博士研究生涯便在毕业选题的"讨论—思考—调研"无数次循环反复中慢慢缩短。在蛰伏了2014年整个雾霾弥漫、偶有微雪飘零的寒冬之后，象征着求学足迹的博士论文终于在2015乙未羊年的开端初见模样。于我而言，如若在所谓"犯太岁"的本命年里，完成博士论文并顺利通过答辩，为整个求学生涯画上一个圆满的句号，那么，无论它的意义是"天道酬勤"还是"天赐运势"，都将是送给自己的一份意义非凡的礼物。

有人说，人生是一场独自修行，修行重在修心；而在我看来，学术研究亦如修行，却是与志同道合者"如切如磋如琢如磨"，修一颗学术之心。"不思量，自难忘。"求学时光不仅是我学术之心播种培育的过程，更是我在正能量的哺喂中不断吸取爱和力量而使心灵茁壮成长的过程。在我对书稿一遍遍梳理、补充、更新中，身边的老师、朋友、家人给予了我很大的帮助。

在我对书稿的一遍遍梳理、补充、更新中，身边的老师、朋友、家人给予了我很大的帮助。回首之处，尽是温暖陪伴；一经触碰，心潮澎湃。

感谢我的博士生导师任文京教授，他身上那种中国传统知识分子气质和家国忧患情怀常常令我心怀敬畏，正是那种忧患才成就了本书对出版责任的探究。感谢河北大学新闻传播学院博士生导师组的白贵教授、胡连利教授、杨秀国教授、孙旭培教授；感谢培育了我十年的母校——河北大学，感谢河北大学新闻传播学院韩立新教授、彭焕萍教授、商建辉教授、杨金花教授；感谢河北出版集团精品策划中心王书华老师、河北大学出版社邓一鸣老师。在我做博士论文期间，无论是选题还是调研、写作，每每遇到瓶颈之处他们都不吝赐教，总能让我如醍醐灌顶、茅塞顿开。

特别感谢北京大学新闻传播学院已故的肖东发教授，自 2013 年在"海峡两岸华文出版与华夏文明出版论坛"结识肖教授以来，他一直关心我的成长，接受我的采访并给我介绍其他出版人，为我完成博士论文提供了很多参考资料。每念及此，都心痛于肖老师的猝然离世。值此书稿付梓之际，借寥寥文字，以慰追思之情。

犹记起，鲁迅在《这也是生活》（被收入《且介亭杂文附集》）中写到："街灯的光穿窗而入，屋子里显出微明，我大略一看，熟识的墙壁，壁端的棱线，熟识的书堆，堆边的未订的画集，外面的进行着的夜，无穷的远方，无数的人们，都和我有关。"是的，当我们意识到"无穷的远方，无数的人们，都和我有关"的时候，则忧患与担当尽在这份责任中！一如本论文所研究之问题，图书出版的社会效益重要的不在当下，而在未来。唯有每一个做书之人怀有对未来的忧患与责任，方能在图书出版工作中养成谨慎节制的职业品质，为出版优秀图书殚精竭虑，守护并开拓我们人类文化的未来！

"学向勤中得，萤窗万卷书。"谨以此书，献给我的爱人和儿子。

甄巍然

2019 年 12 月 2 日夜